KB080108

한 권으로 읽는 서양철학

한 권으로 읽는 서양철학

– 탈레스(고대)에서 롤즈(현대)까지 –

저자 | **오 희 천**

종문화사

저자 서문

　우리 시대에 가장 걱정스러운 일은 우리가 아직도 사유하지 않는다는 사실이다. 생각 없이 살아가고 있다는 말이다. 우리는 늘 무엇인가 생각하면서 생각한다. 그럼에도 불구하고 생각 없이 산다는 것은 무슨 말인가? 마땅히 생각해야 할 것, 우리가 늘 생각하는 것보다 더 중요한 것을 생각하지 않는다는 말이다. 우리는 늘 무엇을 얼마나 더 많이 가지고, 더 잘 먹고, 더 마실까 염려하면서 살아간다. 마치 박 덩이가 박 넝쿨에 매달려 떨어지지 않으려고 아등바등하듯이, 박새가 가시덤불 사이에서 부지런히 다니듯이 명리를 좇아 아등바등하면서도 참으로 중요한 것을 생각하지 않는다. 우리는 늘 'well-being'을 외치고 추구면서도 '잘 있음'(well-being)의 본질에 관해 생각하지 않는다.

　이 책은 지식의 전달을 목표로 하지 않는다. '빅 데이터'의 시대, 정보의 홍수 속에 사는 우리에게 더 많은 지식을 더하는 것이 무슨 의미가 있겠는가. 이 책은 서양철학의 역사에서 중요한 철학자들의 사상을 간략하게 소개하면서 그들의 사상을 통해 '잘 살음'

이 무엇인지 생각할 수 있는 계기를 제공해 주고자 한다. 철학은 삶의 깊이를 깨달음과 함께 부수적으로 사람의 마음을 치료한다. 철학적 사유를 함께 하다 보면 자연스럽게 마음의 면역력이 증강되어 마음의 병이 치유되기 때문이다.

이 책은 저자가 여러 해 동안 서양철학을 강의하면서 생각한 내용들을 정리하여 이미 같은 제목으로 출판되었던 책을 크게 개정하였다. 그 동안 저자의 생각이 바뀐 부분도 있고 새로이 수집된 지식들도 추가되어 개정판을 내게 되었다. 이 책을 읽는 사람들에게 조금이라고 생각할 수 있는 계기가 되기를 바라면서 …

2017년 2월
오 희 천

일반 역사

BC 776년 : 제1회 올림픽 경기

750~550 : 그리스가 지중해와 흑해 연안에 식민지를 개척함

750년 이후 : 소아이아 연안의 그리스 도시들이 동방무역의 중심지가 됨.

490~479년 : 페르시아가 그리스의 도시국가들을 정복하고자 했으나 실패함.

431~404년 : 아테네와 스파르타 사이의 갈등으로 펠로폰네소스 전쟁이 일어나 아테네가 패함.

350년경 : 마케도니아가 세계의 패권국으로 등장함

336~323년 : 알렉산더 대제가 페르시아를 정복하고 대제국을 건설했다.

250년부터 : 로마가 지중해의 패권국이 되었다.

AD 375년부터 : 훈족의 침입으로 민족대이동이 시작되었다.

391년 : 테오도시우스(Theodosius) 황제 때 기독교가 로마의 국교가 되었다.

395년 : 로마가 동로마 제국과 서로마 제국으로 분열되었다.

476년 : 서로마 제국의 멸망.

500년부터 : 프랑켄 족이 세력을 떨치기 시작했다.

800년 : 카알 대제가 황제로 즉위하고, 프랑켄 국은 전성기기를 맞이하다.

843년 : 동 프랑켄 국이 수립되었다.

962년 : 오토 대제가 황제로 즉위하였다.

1074~1122 : 서임권을 놓고 교황과 황제 사이에 갈등이 생기다.

1096년 : 기독교를 통해 예루살렘을 정복하기 위한 십자군전쟁의 시작.

1339~1453 : 잉글랜드와 프랑스 사이의 100년 전쟁.

1453년 : **터키의 콘스탄티노플 점령** : 동로마 제국의 멸망.

1492년 : 콜럼부스가 아메리카 대륙을 발견하다.

1517년 : 루터가 면죄부 판매를 반박하는 95개 명제를 주장하다. 종교개혁의 시작.

1524/25년 : 독일에서 농민혁명이 일어나다.

1545~1563년 : **트리엔트 교회회의** : 반종교개혁과 가톨릭 내부에서 일어난 반종교개혁. 가톨릭이 철저한 자기개혁을 선언하고 종교개혁자들이 공격한 교리들을 하나하나 규명한 중요한 회의.

1581년 : 네덜란드가 스페인으로부터 분리하여 독립하다.

1588년 : 잉글랜드가 스페인령의 아르마다를 침략했으나 실패하다.

1618~1648년 : 30년 전쟁.

1661~1715년 : 프랑스의 루이 14세의 통치 - "짐이 곧 국가다"(절대군주국).

1685년 : 앙리 4세가 반포했던 낭트칙령이 철회되고 위그노 교도들은 프랑스에서 도주하다.

1688/1689년 : **명예혁명과 권리장전** : 영국에서 표현의 자유와 의회민주주의가 정착됨.

1740~1780 : 마리아 테레시아가 오스트리아의 여왕이 되다.

1740~1786년: 프리드리히 2세가 프로이센의 왕이 되다(계몽된 절대 군주제).

1756~1763년 : 7년 전쟁 : 프리드리히 2세가 슐레지엔을 정복하다. 잉글랜드가 북아메리카와 인도에서 프랑스를 축출하였다.

1776년 : 아메리카의 독립선언

1789년 : 프랑스혁명의 시작. 인권과 시민권의 계몽

1793/1794년 : 자코뱅 당이 루이 16세와 마리 앙투아네트를 처형하고 독재정권이 출범함.

학문과 문화

문학 : 호메로스의 '일리아스'와 '오디세이아'(750년경).

학문과 기술 : 피타고라스의 정리, 자기(磁氣)의 원리.

고전예술 : 올림피아의 제우스 신전; 아크로폴리스 광장에 세워진 아테네의 파르테논 신전; 아이스킬로스(525~456)와 소포클레스(497~406)의 비극; 유리피데스(480~406)의 "안티고네"와 "오이디푸스"; 아리스토파네스(445~385)의 희극 "구름"

역사기록 : 헤로도투스(484~425); 투키디데스(460~396); 크세노폰(430~354).

헬레니즘 문화 : 알렉산드리아에서 학문발전: 유클리드(Eucleides)의 기하학(300); 아르키메데스(Archimedes)의 지레의 원리(250).

로마제국 시대 : 수로건설, 둥근 천장 건축양식, 난방시설, 회반죽 사용; 히에로니무스(Hieronymus; 345-420)의 라틴어 성경 불가타 역본.

인문주의 : 14세기의 페트라르카(Petrarca)와 보카치오(Boccacio); 에라스무스(Erasmus, 1467-1536); 셰익스피어(Shakespeare, 1564-1616).

르네상스 : 베드로 성당(1506년 ~); 라파엘(1483-1520); 레오나르도 다 빈치(1452-1519); 미켈란젤로(1475-1564); 구텐베르크(J. Gutenberg)의 인쇄술(1445); 코페르니쿠스의 지동설.

계몽시대(18세기) : 이성, 자유, 관용, 인간성과 과학의 발전을 지향하는 정신운동. 볼테르(11694-1778)가 학문과 신앙의 자유를 주장함. G. E. 레싱(1729-81)이 '지혜자 나단'; 하이든(1732-1809); 모차르트(1756-91); 방적기 발명(1738); 와트의 증기기관(1769); 직조기(1785).

서양철학 개관

1. 소크라테스 이전의 철학자들

만물의 아르케(arche), 즉 만물의 근원적 원리 또는 근원적 물질이 무엇인지 탐구함. 그들은 신화를 통해 우주의 기원을 설명하고자 했던 이전의 신화적 시대와는 달리 자연의 사물들을 통해 사물들의 근원이 되는 자연, 즉 아르케(그것이 근원적 물질이든 근원적 원리이든)가 무엇인지 설명하고자 함.

a. **밀레토스의 탈레스(Thales: 625∼545)** : 만물의 아르케는 물.

b. **사모스 출신의 피타고라스(580∼500)** : '만물의 아르케는 수', 즉 비율.

c. **에베소의 헤라클레이토스(536∼470)** : 생성과 소멸의 영원한 운동의 근원은 '로고스'.

d. **엘레아의 파르메니데스(540∼480)** : 아르케(참으로 존재하는 것)은 '존재', 즉 영원히 존재하는 불변의 '하나'이며, 현상의 사물들은 '비존재'이다.

e. **아낙사고라스(500∼428)** : 아르케는 합목적적인 '정신'.

f. **압데라의 데모크리토스(460∼360)** : 아르케는 '원자'.

2. 고대 그리스 철학

a. **소피스트** :

그들은 페리클레스 시대에 '지혜의 교사'를 자처하며 등장한 직업적인 철학자들로 이리저리 떠돌아다니며 돈을 받고 수사학, 법학, 정치학 및 모든 종류의 생활의 지혜를 가르쳐 주었다. 그들의 철학적 입장은 상대주의와 회의주의였다.

b. **소크라테스(470~399)** :

'산파술'(μαιευτική: maieutike)의 방법을 통해 아테네 사람들에게 진리와 덕을 깨우쳐 주고자 했다. 이때 그는 대화 상대자들에게 일상적인 예를 들어 그들이 알고 있다고 생각하는 것이 실상은 제대로 알고 있는 것이 아님을 깨우쳐 주었다. 그의 목표는 일차적으로 그들이 무지함을 일깨워 주는 것이었다, 그런 다음 진리 특히 그 중에서도 사람다움이 무엇인지 일깨워주고자 했다.

c. 플라톤(427-347) :

여러 대화편들에서 소크라테스의 활동과 죽음을 기록하였으며, 소크라테스의 윤리적 교훈들을 이데아론으로 체계화했다. 후에는 영원한 이데아들의 철학적 인식으로부터 정의로운 이상국가 수립을 구상했다.

d. 아리스토텔레스(384-322) :

플라톤의 세계관의 근거가 되는 이데아론을 비판했으며, 경험적 방법론과 분석적 사유를 통해 세계를 목적론적으로 설명했다. 한 개체는 자기 내부에 목적(형상)을 가지고 있는데, 그 목적이 또한 그 목적을 실현하고자 하는 힘이기도 하다. 아리스토텔레스는 이런 힘을 "엔텔레케이아"(ἐντελέχεια)라 부르는데, 생명체의 경우 최초의 엔텔레케이아는 "영"이다.

3. 헬레니즘 시대의 철학

헬레니즘 시대와 함께 아테네는 '세계의 대학'이 되었다. 플라톤의 '아카데미아'와 아리스토텔레스의 '페리파토스' 이외에도 새로운 학교들이 등장했다.

a. 사모스의 에피쿠로스(341-271)는 정치를 떠나 은둔생활을 권장했으며, 죽음과 신들을 두려워하지 않는 평정심을 가르쳤다. 행복은 외적으로나 내적으로나 '흔들리지 않는 마음'(아타락시아)에 있다.

b. 키티온의 제논(336-263), 키케로(105-43), 마르쿠스 아우렐리우스 황제(121-180)와 같은 스토아 철학자들은 감정에 따라 흔들리지 말고 이성과 도덕에 따라 냉정함을 유지하라고 가르쳤다. 신플라톤주의의 플로티노스(204-269)는 무아의 상태에서 이데아들의 신비한 직관을 가르쳤다.

4. 초기 기독교와 중세시대

a. **교부시대**: 테르툴리아누스(150-222), 아타나시우스(295-375) 그리고 특히 아우구스티누스(354-430)와 같은 교부들은 플라톤과 신플라톤 철학에 기초해 기독교 철학(신학)을 정립했다.

b. **스콜라 철학 신앙적 진리를 이성을 통해 파악하고자 함. 보편논쟁 :** 보편 실재론(안셀무스의 초월적 실재론; 아퀴나스의 내재적 실재론), 둔스 스코투스와 오캄의 유명론.

c. **신비주의**: 마이스터 에크하르트(Meister Eckhart, 1260-1327)에 의하면 인간은 하나님과 세계 사이의 중간자로서 하나님과의 내적

합일을 추구해야 한다.

5. 르네상스 시대의 철학

- 쿠자누스(1401-1464, Kusanus, 또는 Nikolaus von Cues): 모든 대립들의 통일성인 하나님은 무한한 우주에서 단지 상대적으로만 이해될 수 있다. 모든 종교는 신적 진리의 일면을 반영한다.
- 마키아벨리(1469-1527): 절대군주국을 주창함.
- 파라켈수스(Paracelsus, 1493-1541): 모든 존재자는 동일하게 창조되었다. 인간은 소우주이며, 세계는 대우주이다. 자연과 정신의 통일성을 주장함.

6. 근대철학

a. 영국 경험론: 감각적 인상들이 모든 인식의 토대이다.

로크(1632-1704): 인간의 의식에는 본유관념이 없으며, 따라서 의식은 태어날 때 "백지"(tabla rasa)와 같다. 모든 인식은 외적 경험과 내적 경험에서 시작된다.

흄(1711-1776): 모든 지식에 대한 철저한 회의론. 인과율은 자연의 법칙이 아니라 표상들이 습관적이고 연상적인 결합에 근거한다.

b. 대륙의 합리론: 본유관념에 근거하여 형이상학을 해명하고자 함.

데카르트(1576-1650): 연역적 방법론을 통해 명석하고 판명한 인식을 추구함. '생각하는 나'가 모든 자명한 인식의 토대. 본유관념들은 명석하고 판명하게 파악될 수 있으며 따라서 의심의 여지가 없이 확실하다. 철학은 수학적 방법론에 따라 자명하게 건설되어야 한다.

스피노자(1632-1677): 사유(영혼)와 연장(물질)은 유일한 무한실체인 신의 속성들임.

라이프니츠(1656-1716): 세계는 영적인 힘인 창문 없는 모나드들이 조화를 이루어 형성된 전체. 모나드들은 표상들의 명확성에 따라 무생물적 자연으로부터 핵심 모나드이 신에 이르기까지 등급의 차이가 있다.

칸트(1724-1804): 순수이성비판과 실천이성비판을 통한 형이상학 해명. 경험적 자료들이 선험적 카테고리들에 의해 정돈되어 인식이 성립됨. 형이상학의 대상인 신, 세계, 영혼은 순수이성의 이념들이며, 실천이성에 의해 요청된다.

| Contents |

1장
철학이란 무엇인가?

1장
철학이란 무엇인가?

철학(哲學)은 한자의 의미에서 볼 때 '밝혀(哲) 앎(學)'을 의미한다. 이것은 자연적 상태에서는 드러나 있지 않은 것을 밝혀 보는 것을 말한다. 무엇을 알기(보기) 위해서는 먼저 그것이 드러나야 한다. 감추어져 있는 그것(진리)를 밝혀 드러내기 위해서는 먼저 정돈된 마음이 필요하다. 마음이 정돈되지 않은 상태에서는 겉으로 드러나 있는 피상적인 것밖에 보이지 않는다. 정돈된 '마음의 눈'을 '혜안'(慧眼)이라 한다. 여기서 우리는 한자어 '慧'(혜)에 주목할 필요가 있다. '慧'는 '彗'(혜)와 '心'(심)의 합성어이고 '彗'는 '가지런한 빗자루를 손에 쥐고 있는 형상'이다. 따라서 '慧'는 '가지런한 빗자루를 마음의 손으로 잡고 있음'이라 할 수 있겠다. 그리고 이때 '혜안'이 열려 평소에는 드러나지 않았던 것이 비로소 드러나 보이게 된다. 그렇다면 언제 사물을 꿰뚫어 보는 혜안이 열리는가? 사유할 때 비로소 혜안이 열린다.

사유를 통해 혜안이 열리고 감추어져 있던 것이 밝히 드러나게 된다. 그렇다면 이렇게 밝혀질 때 드러나는 것은 무엇인가? 사유할 때 무엇이 드러나는가? 사유에서 드러나는 것은 사유하는 작용과 불가분적이다. 사유란 무엇인가? 사유(思惟)는 무엇보다 '생각'이다. 보다 정확하게 말하면 '최고의 것, 최선의 것을 지향하는 마음의 작용'이다. '생각'(思)은 '囟'(정수리 신)과 '心'(마음)의 합성어인데, 이때 '신'(囟)은 정수리의 뼈가 아직 굳지 않아 숨구멍이 열려있는 어린아이의 정수리를 상형한 글자이다. 따라서 '생각'(思)은 정수리의 뼈가 아직 굳지 않고 열려 있어 '타자를 지향하는 마음의 작용'1)이라 할 수 있을 것이다. 그런데 이때 마음이 지향하여 추구하는 것은 '최고의 것'(惟)2)이다. 따라서 사유란 '최고의 것, 즉 마음이 가장 가치 있다고 여기는 것을 지향하여 추구하는 마음의 총체적 작용'이라 할 수 있다. 언제 사유하는가? 우리는 늘 무엇인가 생각하면서 살지만 사실은 참으로 사유해야 할 것을 사유하지 않는다.

목전의 것에 대해 회의적인 시각을 가진 자만이 물을 수 있고, 물을 수 있는 자만이 사유할 수 있다. 물음이야말로 모든 사유의 출발점이다. 회의적인 시각은 목전의 것이 절대적이지 않다는 충격에서 비롯된다. 이런 충격과 놀라움을 가지는 사람은 의심하게 되며 의심하는 자만이 보다 근원적인 것을 찾아 물을 수 있다. 의

---

1) '사유'란 개념에서 '思'(생각)라는 글자에는 '사랑함'이란 뜻이 들어있는데, 이때 '사랑함'은 '에로스'(eros)로서 무엇인가를 추구한다는 의미이다.

2) '惟'는 '心'(마음)과 '隹'(새 추)의 합성어인데 이때 '崔'(높을 최; 높고 큼)와 같은 의미로 사용된다. 따라서 '惟'는 '최고의 것으로 마음에 떠오른 것'이라 할 수 있다.

심하는 사람은 물음을 제기하고 묻는 자는 보다 근원적인 것을 묻는다. 따라서 모든 의심과 물음은 궁극적으로 놀라움에서 출발한다. 놀라움에는 '존재적 충격'과 '존재론적 충격'이 있다.

먼저 존재적 충격에 관해 살펴보자. 인간은 다른 사람들과 함께 어울려 살 뿐만 아니라 사람이 아닌 다른 존재자들과 관계를 맺고 있기도 하다. 이 존재자들은 단순히 인간 주변에 있는 존재자들이 아니라 인간과 도구적 관계에 있다. 인간은 이 존재자들을 도구로 사용한다. 이 존재자들은 단순히 인간 앞에 놓여있는 사물들이 아니라 인간을 위해 있는 존재자들이다. 보다 정확하게 말해 인간이 그 존재자들을 자신의 목적을 위한 도구로 사용한다. 인간은 도구적 존재자(homo faber)이다.

인간은 이웃들과 관계를 맺으며, 인간 이외의 존재자들과도 도구적 관계를 맺고 산다. 그리고 이런 관계는 무한히 연장된다. 인간이 맺고 있는 이런 관계의 그물망인 총체적 관계성을 하이데거는 '세계'라고 하며, 이와 같이 총체적 관계성 속에서 사는 인간을 '세계내 존재자'라 한다. 그런데 일상적 상태에서 이런 관계는 '아무런 관계도 아닌 관계'라는 특징을 가진다. 우리는 아무 관계없는 세계에 살고 있다. 관계의 그물망으로서 세계는 무의식의 지평이며, 그 지평에서 이루어지는 관계는 아무 관계도 없는 관계들이다. 나는 저 남아메리카의 정글에 있는 어떤 존재자와 무의식의 지평인 세계 속에서 관계를 맺고 있지만 그 관계는 나에게 아무런 관계도 없다. 세계는 나에게 있어서 아무것도 아니며, 단지 존재자와 만남을 가능하게 하는 지평일 뿐이다. 이런 세계는 일상성과 평균성을 그 특징으로 한다. 인간은 우선 일상적이고 평균적인 세계 속에서 '세상사람'(das man)으로 살아간다. 그는 잡담을 하고 오락과 스포츠를 즐기면서 자신의 고유한 존재를 잊고 살아간다.

그런데 일상적인 인간이 어떤 존재자와 특별한 관계를 맺을 때가 있다. 한 존재자가 두드러지게 관심의 대상으로 부각되는 때가 있다. 어떤 때인가? 어떤 것이 있어야 하는데 없을 때, 즉 그것이 결여되어 있을 때 그 존재자가 특별한 하나의 대상으로서 내 앞에 나타난다. 예를 들어 목수가 망치를 가지고 작업을 할 때 그 망치가 정상적으로 작동하는 한 그것은 목수와 아무런 관계도 없는 관계에 있다. 그런데 만일 그 망치의 자루가 부러졌다면 목수는 일을 하는데 심각한 어려움을 당한다. 이때 비로소 망치는 목수에게 특별한 존재자로 다가온다. 망치는 그에게 충격이 되며 하나의 놀라움의 원인이 된다. 이런 충격을 '존재적 충격'이라 하자. 이때 망치는 목수에게 하나의 문제(problem)가 된다.[3] 그리고 그 문제는 '망치란 무엇인가?', '망치의 기능은 무엇인가?' 등과 같은 물음이 된다. 이 물음이 앎의 욕구를 촉발한다. 놀라움이 물음을 야기하고 이 물음에서 앎의 욕구가 비롯되기 때문에 놀라움은 모든 지식의 출발이다.

그런데 인간은 단순히 존재적 충격만을 경험하는 것이 아니라

---

3) '문제'(Problem)를 가리키는 그리스어 '프로블레마'(πρόβλημα)는 '프로스'(πρός: 앞에)와 '블레마'(βλῆμα: 던져진 것)의 합성어이다. 그리고 '블레마'는 '발로'(βάλλω: 내가 던지다)라는 동사의 과거분사이다. 따라서 Problem은 '앞에 던져져 있는 것'이란 뜻이다. 이것은 나와 관계가 없는 관계에 있던 어떤 것이 내 앞에 나의 관심을 끄는 대상으로 부각되어 있다는 말이다. 어떤 것이 필요한데 없을 때 또는 고장이 났을 때 그것이 나에게 아쉬워지며 하나의 문제가 된다.

때로는 그의 전 존재를 흔드는 충격, 즉 '존재론적 충격'을 경험하기도 한다. 이 충격은 인간이 존재자로서 비존재의 위협에 직면할 때 경험하는 충격이다. 인간이 느끼는 비존재의 위협이란 그가 더 이상 존재하지 않을 가능성으로서의 죽음을 말한다. 그리고 이 죽음은 너의 죽음이 아니라 나의 죽음이다. 당연히 그 죽음은 먼 미래에 나에게 닥칠 것이다. 그러나 그 죽음은 이미 지금 확실하게 나와 관계를 맺고 있지 않은가? 이때 죽음의 존재론적 충격에 접한 '나'는 '세상사람'으로부터 벗어나 실존적 인간이 된다. 이 순간에 비로소 나는 생각하기 시작한다. 바로 이 순간 나는 다른 사람의 사상을 배우고 반복하는 것과 실존적인 나의 고유한 생각 사이의 차이를 알게 된다. 실존적인 나의 생각은 빌려 타는 자전거와 같은 것이 아니다. 이때 나는 그 생각의 주인이기 때문이다. 내가 그 생각에 사로잡혀 있는 것이 아니다. 바로 이 지점이 지식과 지혜의 분기점이다. 죽음의 존재론적 충격은 인간을 지혜로 이끈다. 죽음은 어떻게 인간을 지혜롭게 만드는가? 죽음은, 보다 정확하게 말하자면 죽음에 대한 의식은 인간을 성숙하게 만든다. 어린 아이들은 자신의 죽음을 생각하지 않는다. 그러나 죽음을 의식하면서 어린이는 성숙해지기 시작한다. 그 시기를 대개 사춘기라고 볼 수도 있을 것이다. 한편 죽음에 관한 의식은 인간을 인간다운 인간이 되게 한다. 인간다운 인간이란 '죽을 수밖에 없는 존재'를 의미하기 때문이다. 실제로 그리스어에서는 '인간적인'이란 개념과 '죽을 수밖에 없는'이란 개념이 동의어이다. 이런 의미에서 식물과 동물은 죽을 수밖에 없는 존재자들이 아니다. 그들은 그들이 죽을 것이라는 것을 알지 못하기 때문이다. 그들은 그들이 죽어야 한다는 것을 알지 못한다. 물론 그들이 죽는 것은 사실이다. 그러나 그들은 죽음과 그들과의 철저한 개인적인 관계를 알지 못한다. 죽는 존재자가 죽을 수밖에 없는 것이 아니라, 죽어야 한다는 의식을 가지고 있는 존재자만이 죽을 수밖에 없다. 뿐만 아니라 식물과 동물은 인간과 같은 의미에서 살아있지 않다고 말할 수도 있다. 실제로 살아있는 존재자는 죽을 수밖에 없는 존재자뿐이다. 죽을 수밖에 없는 존재자만이 그의 삶이 유한하다는 것을 알고 바로 거기에 삶의 본질이 있기 때문이다. 철학이 죽음의 의식과 함께 시작된다고 말한다면 그것은 결코 기분 좋은 일이 아니다. 그러나 그것은 철학의 가장 중요한 테마가 죽음이라는 것을 의미하는 것은 아니다. 오히려 철학은 삶에 관해 다룬다. 철학은 삶이란 무엇이며 어떻게 잘 살 수 있느냐 하는 문제를 다룬다. 그렇지만 인간을 진정한 인간, 즉 죽을 수밖에 없는 존재자가 되게 하고 동시에 살아있는 존재자가 되게 하는 것은 예견된 죽음이다. 인간은 자신이 죽을 수밖에 없는 존재자임을 알 때 삶에 관해 진지하게 생각하기 때문이다. 플라톤의 대화편『파이돈』 (Phaidon)에서 소크라테스는 철학은 죽음을 준비하는 것이라고 말한다. 죽음을 준비한다는 것은 무엇인가? 우리가 살고 있는 이 죽을 수밖에 없는 인간의 삶에 관해 진지하게 생각하는 것이 아니겠는가? 삶, 즉 나의 고유하고 유일하며 되풀이할 수 없는 삶을 나를 위해 그렇게 유일회적인 어떤 것으로 만드는 것은 바로 죽음에 대한 의식이다. 인간이 살면서 추구하는 모든 것들은 죽음의 불가피성을 의식한 인간이 그 죽음에 대해 저항하는 형식들이다. 살아있는 순간이 인간 개개인을 위해 대단히 의미 있는 여건으로 바뀌는 것은 인간이 죽음을 의식하고 있기 때문이다. 만일 죽음이 없다면 세상에는 볼 것은 많고 그렇게 할 수 있는 많은 시간은 있지만 해야 할 일은 대단히 적을 것이다. 우리가 하는 거의 모든 것들은 죽음을 피하기 위해서이다. 그리고 죽음이 없다면 생각할 일도 없을 것이다.

존재론적 충격은 죽음을 통해서만 경험되는 것은 아니다. 칸트는 밤하늘의 별을 볼 때와 인간의 내면에 있는 양심을 볼 때 놀라움을 느낀다고 했다. 이때 그가 느낀 놀라움이 바로 존재론적 충격이라 할 수 있을 것이다. 밤하늘의 별을 볼 때 인생의 작음과 무상함을 느꼈을 것이며, 인간의 내면에 작용하는 양심을 보고 한 인간이 온 우주보다 크다는 것을 깨닫게 되었을 것이다.

존재론적 충격을 경험한 인간은 비로소 삶의 의미에 대해 묻기 시작한다. 더 나아가 그는 인간을 포함한 모든 존재자의 의미에 대해 묻기 시작한다. 이런 물음을 철학적 물음이라 하자. 바로 이런 관점에서 칸트는 "인간이란 무엇인가?"라는 물음을 철학의 근본적인 물음이라 했으며[4] 아리스토텔레스는 "존재자는 존재자로서 무엇인가?"라는 물음을 제일철학의 근본적인 물음이라고 보았다. 그렇다면 이런 물음들에서 무엇이 드러나는가?

---

4) 칸트에 의하면 인간론에서 제기되는 이런 물음은 다시 다음과 같은 세 종류의 물음들로 세분된다. "나는 무엇을 알 수 있는가?"(인식론), "나는 무엇을 행해야 하는가?"(윤리학), "나는 무엇을 바랄 수 있는가?"(종교).

존재론적 충격에서 촉발된 앞의 두 종류의 물음에서 우리의 마음에 최고의 것으로 떠오른 것은 피상적으로는 드러나지 않았던 '무늬'(文) 또는 '결'(理)이다. 존재하는 모든 것은 무늬 또는 결을 가지고 있다. 결이 없는 것은 없다. 나뭇결, 물결, 살결, 바람결 등. 그리고 존재자들이 가지는 무늬의 종류에 따라 그 존재자는 다른 존재자와 구분된다. 어떤 것이 다른 것과 다르다는 것은 그것의 무늬가 다른 것과 다르기 때문이다. 무늬는 그 무늬를 가진 존재자의 본질이다. 그리고 이것은 개별적인 존재자의 경우만이 아니라 유와 종으로서의 존재자에게도 해당된다. 짐승의 무늬와 사람의 무늬가 다르며, 개와 고양이의 무늬가 다르다. 그리고 최고의 유개념인 '존재자 일반'도 그의 고유한 무늬를 가진다. 존재자 일반의 무늬는 존재자를 존재자로서 가능하게 하기 때문에 '존재자로서의 존재자'라 할 수 있는데, 우리는 그 무늬를 '존재자의 존재'라 한다. 이상의 논의를 종합해 볼 때 사유에 의해 밝혀져야 할 무늬는 바로 존재자의 '존재'이다. 그리고 이렇게 밝혀져야 할 존재자 일반의 무늬는 크게 '천문'(天文), 즉 '하늘의 무늬'와 '인문'(人文), 즉 '사람의 무늬'로 구분될 수 있겠다. 천문이란 존재자 일반의 존재이며, 인문은 인간의 존재이다.

2장

철학의 과제

2장
철학의 과제

철학에서 '밝혀 알고자 하는' 것은 궁극적으로 천문과 인문이다. 그리고 천문과 인문을 아는 것을 지혜(知慧)라 한다. "누가 지혜자와 같으며 누가 사물의 이치를 아는 자이냐?"(전 8:1) 철학을 의미하는 그리스어 '필로소피아'(φιλοσοφία)는 '필리아'(φίλια: 사랑)와 '소피아'(σοφία: 지혜)의 합성어로 '지혜를 사랑하는 것'이다. 지혜를 사랑한다는 것이 무엇인지 알기 위해 먼저 '사랑'과 '지혜'란 개념이 무엇인지 알아야 하겠다. '사랑'이란 '사람다움'의 근거라 할 수 있는데[1], 사람다움은 '바른 관계'를 본질로 한다. 그리고 모든 관계는 '주고받음'을 본질로 한다. 따라서 사랑을 구성하는 본질적인 두 요소는 '주는 것'과 '받는 것'이다. 참 사람은 자기에게 넘

---

[1] 믿음, 즉 상호신뢰와 소망과 사랑 이 세 가지는 사람답기 위해 항상 있어야 할 요소들이며 그 중에서도 사랑은 사람다움의 가장 본질적인 요소이다. 믿음, 소망, 사랑은 사람의 본질적 존재(방식)이다. 어떤 점에서 그런가? 모든 존재자들은 무엇인가 한다. 아무것도 하지 않는 존재자는 없다. 학생은 공부한다(?) 사람은 '사람한다'. 그리고 진정으로 '사람하는' 사람은 '사랑한다'. '사람(이)함'의 본질은 사랑함이기 때문이다. 사랑은 사람이 하는 행위이다. 사람은 사람한다. 즉 사람은 사랑한다.

치는 것을 나누어 주고, 자기에게 부족한 것을 받는다(추구한다). 나누어 주는 것을 '아가페'라 한다. 받는 것은 다시 두 가지 요소로 구성된다. '필리아'와 '에로스'가 그것이다. '필리아'는 형제와 동료들 사이의 우정이며, '에로스'는 남녀 사이의 사랑이다. 그러나 두 형태의 사랑에는 모두 공통적으로 무엇인가 부족한 것을 추구한다는 의미가 있다. 나에게 없는 것을 추구하는 것이 그것이며, 모범이 되는 사람을 본받고자 하는 것이 그것이다. '필로소피아'로서 '철학'이란 개념을 구성하는 또 다른 한 요소는 '지혜'(智慧 또는 知慧)이다. 따라서 철학, 즉 '지혜를 사랑함'은 지혜를 추구함이다. 그렇다면 철학에서 추구하는 지혜란 무엇인가? '지혜'란 개념에서 '지'(智 또는 知)는 '앎'(알음)을 의미하며, '혜'(慧)는 그 앎의 방식과 관련된다. '꿰뚫어 봄'을 의미하는 '혜안'이란 단어에서 알 수 있듯이 '혜'는 앎의 방식이 '근원적인 것에 이르기까지 꿰뚫음'을 가리킨다. 바로 이런 점에서 지혜는 한 사물의 객관적 사실성을 아는 지식과 구별된다.[2] 지혜, 즉 천문과 인문을 밝혀 앎이 철학의 과제이다.

---

2) 지혜를 의미하는 독일어 'Weisheit'와 지식을 의미하는 'Wissen' 그리고 영어의 'wise'(지혜로운)는 모두 같은 어족에 속하는 인도-게르만어의 'weid'(보다)에서 유래했다. 그리스어의 '오이다'(οἶδα: 내가 보았다)와 '이데인'(ἰδεῖν: to see)도 'weid'에서 유래했으며, 라틴어의 'video'(내가 본다)와 산스크리트어의 'veda'(앎, 지식, 깨달음)도 'weid'에서 기원되었다. 어원적으로 볼 때 '알다'와 '보다'는 원래 동일한 의미이다. 따라서 '지혜'와 '혜안'은 같은 의미라 할 수 있겠다. '지혜롭다'는 표현과 '혜안이 있다'는 표현도 같은 의미로 볼 수 있겠다. 그런데 여기서 '보다'는 것은 '감각을 통해 보는 것'(눈으로 봄, 귀로 들어봄, 손으로 만져봄, 입으로 먹어봄, 코로 맡아봄)과 '이성을 통해 보는 것'으로 구분된다. 그리고 이성을 통해 보는 것은 다시 '지성적 직관으로서 이성'(νοῦς, 누스)을 통해 보는 것과 '추론적 이성'(διάνοια, 디아노이아)을 통해 보는 것으로 구분할 수 있겠다. 지혜는 지성적 직관을 통해 보는 것이며, 지식은 추론적 이성을 통해 보는 것을 의미한다. 지식이나 지혜는 '이성을 통해 보는 것'이다.

지혜란 사물의 이치, 즉 사물의 결(무늬)을 아는 것이며, 따라서 존재자의 존재를 아는 것이다. 철학은 존재자의 존재를 밝혀 알고자 한다. 따라서 철학은 존재론이다. 존재란 무엇인가?

　우리는 어떤 존재자의 존재에 관해 말할 때 '~이다'란 표현을 사용한다. 개별적 존재자는 '이러저러한 속성들을 가지는 존재자이다.' 이때 '이러저러한 속성들'은 그 존재자의 존재방식을 가리킨다. 그리고 이런 속성들은 그 존재자만이 가지는 고유한 본질이다. 그런데 존재자 일반은 어떤 속성도 가지지 않고 단순히 '존재자 이다.' 따라서 존재자 일반의 본질은 '~이다' 이외의 어떤 것도 아니다. 존재란 바로 이 '~이다'의 명사화 형태로 존재자 일반을 존재하게 하는 근원, 즉 아리스토텔레스의 표현대로 "존재자로서의 존재자"이다. 철학은 존재론으로서 존재자를 존재자로서 가능하게 하는 '존재자로서의 존재자'를 다룬다.

　철학은 존재론이다, 그리고 존재론은 형태가 있는 모든 존재자들의 근원을 다루는 학문이기 때문에 형이상학(形而上學)이라 할 수 있다. 형이상학이란 용어는 원래 헬라어 '메타피시카'(μεταφύσικα)에서 유래한 개념이다. 여기서 형이상학을 의미하는 그리스어 '메타피시카'란 개념이 어떻게 형성되었으며, 그 개념이 어떻게 하여 '형이상학'으로 번역되었는지 살펴보자. AD 70년경 로도스의 안드로니코스는 아리스토텔레스의 저작을 정리하면서 자연학의 영역에 포함될 수 없는 성격의 저술들이 있음을 발견하고, 그 저술들을 자연학(피시카: φύσικα) 뒤에 위치시켰는데, 여기서 '자연학 뒤에'를 의미하는 '메타피시카'란 용어가 형성되었다. 한편 그 용어는 어원적으로 볼 때 '메타'(μετα-: 뒤에, 넘어서, 위에)와 '피시스'(φύσις: 자연)의 합성어로 '자연적 사물을 넘어서'란 뜻이다. 따라서 '메타피시카' 는 자연적 사물을 넘어서는 것을 다루는 학문영역이라 볼 수 있다. 주역의 『계사전』(繫辭傳) 상편에 보면 "形以上者謂道. 形以下者謂器"(형이상자라위도, 형이하자위기)란 구절이 있는데, 이 구절은 "형상을 가진 것보다 위에 있는 것, 즉 형상을 초월해 있는 것은 도이고, 형상보다 아래에서 그 형상을 본떠서 가지고 있는 것은 기(器), 즉 사물이다"란 의미이다. 계사전의 이 구절에 기초하여 형상을 가진 자연적 사물을 넘어서 있는 것, 즉 '형이상자'를 다루는 학인 '메타피시카'가 '형이상학'이란 용어로 번역되었다. '형이상학'이란 용어는 헬라어 '메타피시카'를 그 어원적 의미에 따라 번역한 것이다.

철학의 궁극적 과제는 결국 형이상학인데, 형이상학은 다시 존재자 일반의 무늬인 존재의 문제를 다루는 '일반 형이상학'(metaphysica generalis)과 인간이란 특수한 존재자의 고유한 존재방식인 인간의 무늬를 다루는 '특수 형이상학'(metaphysica specialis) 또는 '인간론'으로 구분될 수 있다.[3] 따라서 모든 철학의 가장 핵심적인 과제는 존재자 일반의 무늬를 다루는 형이상학과 인간의 무늬를 다루는 인간론이다. 이제 철학의 역사에서 형이상학과 인간론에 관한 철학자들의 견해를 살펴보자.

---

3) '특수 형이상학'은 원래 근대철학에서 신, 세계, 영혼과 자유의 문제를 다루는 철학분야이다. 그런데 여기서 인간론을 특수 형이상학에 포함시킨 것은 '인간론'이 이런 문제들을 포괄적으로 다루기 때문이다.

이상의 논의를 요약하면 다음과 같은 도식으로 표현할 수 있을 것이다.

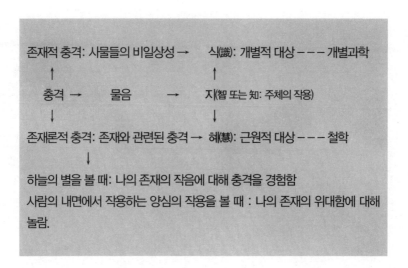

3장
고대철학

3장
고대철학

그리스에서 신화의 시대가 끝나고 철학적 사고가 시작된 것은 기원전 7~6세기에 밀레토스를 중심으로 한 이오니아(Ionia) 지방에서 활동한 탈레스 때부터였다. 이오니아 지방의 철학자들은 우주의 기원을 설명함에 있어서 이전의 신화시대와는 달리 자연을 통해 자연의 근원을 설명하고자 했다. 고대철학은 대체로 시간적으로는 소크라테스를 중심으로 하여 그 이전과 이후로 구분될 수 있다. 그리고 소크라테스 이전 철학의 주요 무대는 주로 소아시아의 밀레토스 지방, 이탈리아 남부와 그리스 주변의 도서지방이었다. 그리스 본토인 아티카 반도에서 본격적으로 철학이 꽃피기 시작한 것은 소피스트와 소크라테스가 등장하면서부터 였다. 탐구의 주제와 관련해서도 소크라테스 이전의 철학자들은 주로 만물의 근원 또는 만물이 생성하고 소멸하며 존재하는 원리에 관심을 가지고 있었다. 한편 소크라테스 이후의 철학자들은 형이상학적 문제와 동시에 인간의 문제에도 관심을 가지게 되었다.

3.1. 자연철학: 유물론과 우주진화론(cosmogony)에 기초한 세계관

앞에서 보았듯이 소크라테스 이전의 철학자들은 주로 소아시아의 밀레토스 지방과 이탈리아 남부와 그리스 주변의 섬들에서 활동했다. 그들은 세상의 기원에 관해 다양한 방식으로 설명했다. 그러나 그들이 모두 '자연'을 통해 '자연'을 설명하고자 했다는 점에서는 일치한다. 감각적으로 경험할 수 있는 자연의 사물들을 통해 근원이 되는 자연을 설명하고자 했다는 것이다. 여기서 우리는 '자연'(自然)이란 개념의 이중적 의미에 주목할 필요가 있다. '자연'이란 개념은 어원적으로 볼 때 '스스로(自) 그렇게 있는 것(然)'[1]인데, 다음과 같이 이중적 의미로 사용될 수 있을 것이다.

① '스스로 그렇게 있는 것'은 인간에 의해 제작되지 않고 본래부터 그렇게 있는 것을 의미한다. 그런데 여기서 잠시 생각해 보자. 그 자연은 인간과 관련하여 볼 때, 스스로 그렇게 있지만 그보다 더 근원적인 어떤 다른 것에서 기원된 것은 아닌가? 만일 우리가 경험하는 자연이 보다 근원적인 어떤 것에서 기원되었다면 진정한 의미에서 스스로 그렇게 있는 것은 무엇인가?

② 진정한 의미에서 '스스로 그렇게 있는 것'은 그 자신은 어떤

---

1) '자연'을 가리키는 헬라어 '퓌시스'(φύσις)는 '생산하다, 자라다, 발생하다'는 뜻의 동사 '퓌에인'(φύειν)에서 유래했으며, 라틴어 '나투라'(natura)는 '나스코르'(nascor: 태어나다)의 과거분사 '나스키타'(nascita: 태어난 것)에서 유래했다.

다른 것에서 기원되지 않았으면서 그렇게 있는 모든 것들의 근원
이 되는 어떤 것일 것이다.

②의 자연은 생산하는 자연이기 때문에 '능산적 자연'(能産的 自然:
natura naturans)이며, ①의 자연은 능산적 자연에 의해 산출된 자연이
기 때문에 '소산적 자연'(所産的 自然: natura naturata)이라 할 수 있겠다.
영어의 'nature'와 독일어의 'Natur'는 라틴어 'nascita'(태어난 것)에서
유래한 개념으로 소산적 자연을 가리킨다고 볼 수 있겠다. 따라
서 '자연을 통해 자연을 설명하고자 했다'는 것은 소산적 자연을
통해 능산적 자연을 설명하고자 했다는 의미이다.[2]

이전의 신화적 시대에는 사람들이 신화, 즉 신들의 이야기를 통
해 자연을 설명하고자 했다. 그런데 이제 철학자들은 자연, 즉 현
상계의 사물들을 통해 그 사물들의 근원이 되는 자연, 즉 만물의
'아르케'(ἀρχή; arche)를 설명하고자 했다. 그리스어 '아르케'는 시초,
즉 최초 상태를 의미한다. 그리스 철학자들은 만물이 형성되기 이
전의 최초 상태에 관심을 가졌을 뿐, 그것이 어떻게 그런 상태로
형성되었는지에 관해서는 알 수도 없었고 알고 싶어 하지도 않았
을 것이다. 그것이 근원적인 한 점의 대폭발(빅뱅, Big Bang: Urknall)[3]

---

2) 스피노자는 자연을 '능산적 자연'과 '소산적 자연'으로 구분했는데, 이런 구분은 아리스토텔
레스가 "제1원인"(prima causa)과 "제1결과"(primum causatum)를 구분한데서 유래한다. 스
콜라철학에서는 '능산적 자연'이 신적인 존재자로 이해되었으며, 스피노자에게 있어서 소산
적 자연은 능산적 자연의 '양태'(mode)이다.

3) 빅뱅이론에 의하면 우주가 형성되기 이전에 흔히 '블랙 홀'이라 부르기도 하는 근원적인 한
점이 있었다. 물론 이 점은 시간과 공간이 형성되기 이전의 상태이기 때문에 물리학적 의미에
서 공간을 차지하는 어떤 점이라고 할 수는 없다. 오히려 시간과 공간과 질료가 지극히 작지
만 엄청난 응집력을 가진 이 근원적인 한 점에 응축되어 있었다. 이 점은 물리학적으로 본다
면 무(無)라고 할 수 있는 한 점이다. 바로 이 점의 폭발에 의해 비로소 시간과 공간 질료가 생
성되었다.

에 의한 것이든 아니면 신에 의해 창조되었든 말이다. 그들은 우주의 최초 상태가 영원하고 무질서한 질료(카오스)였을 것이라고 생각했다. 그렇지만 아르케로서 카오스는 절대적인 무(無)가 아니라 아직 구체적으로 규정되지는 않았지만 이미 존재하는 어떤 상태를 말하는 것이었다. 무로부터는 아무것도 생성될 수 없기 때문이다.(ex nihilo nihil fit) 그들은 철저히 유물론과 우주진화론(cosmogony)의 관점에서 세계를 설명하고자 했다.

3.2. 이오니아의 철학자들

만물의 아르케를 설명할 때 밀레토스의 철학자들은 다양하게 분화된 만물은 그 최초 상태에서 아직 분화되지 않은 단순한 어떤 상태에 있었을 것이란 추측에서 출발하는 것처럼 보인다. 구약성서는 그런 카오스 상태에 관해 다음과 같이 말한다. "땅이 혼돈하고 공허하며 흑암이 깊음 위에 있고 하나님의 영은 수면 위에 운행하시니라."(창세기 1:2) 밀레토스의 철학자들은 최초의 우주의 상태를 묘사하는 창세기 1장 2절을 알고 있었을 수도 있다. 창세기와 유사한 창조설화들이 당시 근동지방에 많이 퍼져 있었을 것이기 때문이다.

3.2.1. 탈레스(Thales, 기원전 약 624~546)

탈레스는 소아시아 이오니아 지방의 밀레토스에서 태어난 그리스 철학자, 정치가, 수학자이자 과학자였으며, 고대의 일곱 현인들 중 가장 뛰어난 사람이었다고 한다.[4] 아리스토텔레스에 의하면 그는 철학과 모든 학문의 아버지이다.

탈레스는 천문학에도 상당한 조예가 깊어 일식에 관한 바벨론의 옛 기록들을 참조하여 기원전 585년에 일어난 일식을 정확하게 예언했다고 한다. 그는 이집트로 가 거기서 기하학적 지식을 습득하여 그리스에 전수해 주었다. 피라미드의 그림자를 이용해 그 높이를 정확하게 재기도 했다고 한다. 그는 막대기를 세워 놓고 그 막대기의 그림자가 막대기의 길이와 똑같아질 때까지 기다려 바로 그 시점에 피라미드의 그림자 길이를 쟀다. 그 시점에는 그림자의 길이와 피라미드의 높이가 같기 때문이다.

탈레스는 모든 존재자의 아르케(근원)를 물이라고 생각했다. 우리는 만물의 근원이 물이라는 그의 명제를 축자적으로 해석하기보다는 오히려 상징적인 의미로 이해해야 할 것이다. 니체에 의하면 "그리스 철학은 하나의 소박한 생각, 즉 물이 만물의 근원이며 모태라는 명제와 함께 시작되는 것처럼 보인다."[5] 여기서 물이 만

---

4) 일곱 현인들은 고대 그리스의 뛰어난 정치가이자 철학자였다. 약간의 견해차는 있지만 대체로 그들의 이름은 다음과 같다. 밀레토스의 탈레스, 미틸레네의 피타코스, 아테네의 솔론, 스파르타의 킬론, 고린도의 페리안드로스, 프리네의 비아스, 린도스의 클레오불로스. 그들이 델피 신전에 모여 아폴로에게 그들이 터득한 지혜를 제물로 바칠 때 각자 한 마디씩 금언을 말했다. 그들은 지금도 사람들이 즐겨 사용하는 "너 자신을 알라", "매사에 중용을 지키라" 등의 교훈들을 아폴로에게 드렸다. 실제로 일곱 현인들이 교훈으로 남긴 모든 금언들이 비문에 기록되어 델피 신전 근처에 세워져 지나가는 사람들이 볼 수 있도록 했다고 한다. 참조, B. Snell, *Leben und Meinungen der Sieben Weisen*, München 1952.

5) F. Nietzsche, *Die Philosophie im tragischen Zeitalter der Griechen*, Werke, Berlin/New York 1973, III, 2. S. 307.

물의 근원이라는 명제는 탈레스의 명제를 가리킨다. 니체는 이 명제가 아직도 우리에게 의미가 있다고 생각하면서 그 이유로 다음과 같은 세 가지를 제시한다.

첫째, 그 명제는 사물의 근원에 관해 무엇인가를 말하고 있다. 둘째, 그 명제는 신화적 요소를 통하지 않고 만물의 근원을 설명하고자 한다. 셋째, 그 명제에는 유치하기는 하지만 모든 것은 하나에서 기원되었다는 사상이 들어있다.

첫 번째 제시된 이유는 "물이 만물의 근원"이라는 탈레스의 주장을 종교적인 맥락과 관련되며, 두 번째 이유는 그 명제를 자연과학적인 언표로서 제시한다. 그리고 세 번째 제시된 이유에 의해 그 주장은 철학적인 명제가 된다. 탈레스는 만물의 근원인 그 하나, 즉 모든 존재자들의 근원이 되는 존재 자체를 물이라는 상징을 통해 제시하고자 했을 것이다. 탈레스가 만물의 생성과 소멸의 근원을 물이라고 했을 때 그가 물을 통해 드러내고자 했던 것은 우리가 감각을 통해 경험하는 대상으로서의 물이 아니라 존재 자체였을 것이다.

탈레스는 끊임없이 변하는 다양한 만물의 근원이 변치 않는 하나라는 사실을, 즉 모든 존재자의 근원이 존재자체라는 사실을 물이라는 상징을 통해 제시하고자 했을 것이다. 탈레스는 만물은 다양한데, 그렇게 다양한 것은 만물이 다양한 이유는 '자체 속에 다양을 포함하고 있는 하나'에서 기원되었기 때문이라고 생각했을 것이다. 물이 수증기로 변하고 얼음으로 변하지만 여전히 하나의 물이듯이 말이다. 동양철학의 관점에서 보면 그가 말하는 물은

'물과 같은 기운'이라고 볼 수도 있을 것이다. 만물의 근원은 음(陰)과 양(陽)의 두 '기'(氣)인데, 만물은 음과 양의 이 두 기운이 오행(五行)의 원리, 즉 화, 수, 목, 금, 토의 상호작용에 따라 생성되고 소멸된다. 지구에서 일어나는 만물의 생성과 소멸은 태양과 수성, 금성, 화성, 목성과 토성이 지구와 멀어지고 가까워질 때 일어나는 변화에 의존한다는 것이다.

3.2.2. 아낙시만드로스(Anaximandros, 기원전 약 610~546)

아낙시만드로스는 소위 "축의 시대"[6](Achsenzeit; axial age) 초기에 등장한 최초의 그리스 철학자들 중 하나였다. 우주의 기원에 관한 그의 이론은 그리스의 신비주의 전통과 탈레스에 의해 영향을 받았다고 할 수 있다. 그는 원초적 '혼돈'(카오스; χάος)으로부터 만물이 형성되었다는 그리스의 신비주의 전통에 따라 탈레스가 만물의 아르케로 제시한 물 대신 '아페이론'(ἄπειρον: 무규정자)이란 추상

---

[6] "축의 시대"란 용어는 독일의 철학자 야스퍼스가 『역사의 기원과 목표』(Vom Ursprung und Ziel der Geschichte, 1949)란 책에서 처음 사용한 개념으로 기원전 800~200년 사이의 인류 역사의 결정적 전환기를 가리킨다. 야스퍼스에 의하면 이 시기는 오늘날 인류 문화와 문명의 토대가 된 철학적, 기술적 진보가 중국, 인도, 이란, 근동, 고대 그리스에서 동시에 이루어진 시기이다. 현대 인류의 정신적 토대가 마련된 시기이다.
중국에서는 공자와 노자에 의해 유교와 도교가 탄생했으며, 인도에서는 기원전 800~600년 범아일여(梵我一如) 사상을 가르치는 우파니샤드('스승 가까이에 앉다')에 기초해 힌두교가 탄생했고, 그후 기원전 500년경에는 불교가 탄생했다.
근동의 이스라엘에서는 기원전 8세기에 엘리야, 엘리사, 아모스, 호세아, 미가와 같은 선지자들이 등장했고, 7세기에는 이사야, 6세기에는 예레미야, 스바냐, 나훔, 5세기에는 에스겔, 제2이사야, 학개, 스가랴 등이 등장하여 영적, 정신적 삶을 이끌었다.
이란에서는 기원전 7세기 혹은 6세기에 차라투스트라(Zarathustra; 영어로는 Zoroaster)가 등장하여 세계는 선과 악의 투쟁의 장소라고 가르치며 조로아스터교를 창시했다. 그리스에서는 기원전 6세기 중반부터 오늘날 서양 세계관의 기초가 되는 사상이 형성되었다.

적인 개념을 사용했다. 그리고 이런 주장은 아주 자연스런 논리적 추론이기도 하다. 현상계의 모든 존재자들은 같은 것이 하나도 없는데, 이것은 모든 존재자들이 다른 것과 다르게 규정되어 있기 때문이다. 그것들은 다른 것들과 한계(경계)를 통해 구분되기 때문에 유한하다. 바로 이렇게 규정되기 이전의 상태는 아직 규정되지 않은 어떤 상태, 즉 무규정적 상태였을 것이다. 그것은 유한한 것으로 구분되기 이전의 상태이기 때문에 '무한자'였을 것이다.

그렇다면 이 규정되지 않은 것이 어떻게 규정될 수 있었는가? 이 무한한 것이 어떻게 유한한 것으로 나타나는가? 아낙시만드로스에 의하면 원초적 질료인 무규정자가 대립적인 두 요소로 분리됨으로써 무규정자로부터 가장 먼저 따뜻한 것과 차가운 것이 분리되었고, 다음에는 액체와 고체가 분리되었고, 마지막에는 만물이 형성되었다. 아낙시만드로스의 이런 소박한 주장은 다음과 같이 논리적으로 설명될 수 있겠다. 존재한다는 것은 이러저러하게 규정되어 '있음'인데, '무규정자'는 아직 규정되지 않은 상태이기 때문에 무(無)이다. 무규정자는 그 최초 상태에서 무(규정자)이다. 그러나 무는 동시에 (무)규정자가 존재하는 방식이기도 하다. 무규정자는 '무(규정자)'(무)이면서 동시에 '(무)규정자'(존재: 存在)이다. 따라서 무규정자는 이미 '존재'와 '무'라는 모순되는 두 요소를 동시에 가진다. 바로 이 모순되는 두 요소들이 서로 충돌함으로써 무규정자가 분리된다. 무규정자가 규정되는 것이다.[7]

---

7) 아낙시만드로스와 같이 '축의 시대'에 등장한 동양의 도가사상에서는 존재와 무라는 개념대

50 한 권으로 읽는 서양철학

이상에서 보았듯이 아낙시만드로스에 의하면 만물은 무규정자에 내재하는 모순되는 두 요소들의 상호대립 작용에 의해 형성되었으며, 그런 원리에 따라 생성되고 소멸된다. 그리고 소멸되는 모든 것은 최초의 무규정자에게로 다시 돌아간다. 아낙시만드로스는 이런 원리를 다음과 같은 시를 통해 표현했다.

> 만물이 처음 생성된 곳,
> 만물의 소멸도 그곳을 향해 일어난다.
> 필연성에 따라.
> 만물은 서로 각자에게 정의를 주며,
> 그들의 부정의에 대해 보상금을 지불하기 때문이다.
> 시간의 법칙에 따라.[8]

만물의 생성과 소멸에 관한 아낙시만드로스의 이런 원리는 후에 헤라클레이토스에게서 다시 발견되며, 헤겔에게서 '절대적 부정성의 원리'인 변증법으로 다시 나타나고, 하이데거에게서는 순수한 '존재론적 차이의 사건'[9]으로서 나타난다.

신 음(陰)과 양(陽)이란 개념을 사용해 만물의 생성과 소멸의 원리를 설명한다. 도가사상에 의하면 태초에 도(道)가 있었는데 이 도가 음과 양으로 분리되고 음과 양으로부터 만물이 형성되었다. 이때 '도'는 아낙시만드로스의 '무규정자'이며, 음과 양은 더움과 차가움(존재와 무)이라 할 수 있다.

8) Hermann Diels, Walther Kranz (Hrsg. und Übers.): *Die Fragmente der Vorsokratiker. Griechisch und deutsch, Bd. 1.* Berlin 1922 (4. Auflage).

9) 모든 존재자는 '있으면서 동시에 없다.' 어떤 하나의 존재자가 여기 있다. 그런데 그 존재자는 저기 없다. 그것은 지금 있다. 그런데 어제는 없었으며 내일은 없을 것이다. 이와 같이 모든 존재자에게는 언제나 '지금 있음'(현존)과 '지금 없음'(부재)이 동시에 일어난다. 다시 말하면 존재자는 있음과 없음의 방식으로 '존재한다'. 존재론적 차이란 바로 존재자 내에서 일어나는

아낙시만드로스는 생명체의 탄생에 관해서는 물이 생명체의 근원이라고 보았다. 최초 생명체는 습기에서 자연발생적으로 탄생하여 가시로 덮인 껍질에 싸여 있었다. 그렇게 탄생한 생명체가 시간이 지나면서 건조한 땅에 도달하게 되었고, 다음에는 껍질을 깨고 한동안 다른 방식으로 생명을 유지했다.

그는 또한 모든 생명체에게는 영이 있는데 그 영은 공기와 같다고 생각했다. 그가 이렇게 생각한 것은 숨을 쉬는 생명체의 생명이 '들숨'과 '날숨'에 의존한다는 사실 때문이었을 것이다. 여기서 그가 말하는 공기란 에테르 또는 기(氣)와 같다고 할 수 있겠다.

3.2.3. 아낙시메네스(Anaximenes, 기원전 약 585~528 또는 524)

아난시메네스는 『자연에 관하여』에서 만물의 아르케가 공기라고 주장하였다. 그는 아낙시만드로스가 아르케로서 제시하는 '무규정자'의 실체가 공기라고 생각했다. 공기가 굳어져 물과 바위가 생겼고, 희박해져 불이 생겨났다. 신적인 존재자도 공기로부터 생성되었거나 아니면 공기 자체이다. 그러나 그가 말하는 공기는 우리가 호흡하는 그런 공기가 아니라 오히려 만물에 내재하는 어떤 기운(氣)이라고 생각하는 것이 타당할 것이다.

아낙시메네스가 만물의 근원이 공기라고 했을 때, 그는 그 근원의 영적인 특성을 주목한 것이라고 볼 수 있다. 만물은 물질적

'존재하기'의 이 순수한 '차이의 사건'이다.

인 질료로 이루어져 있지만, 그 근원은 질료가 아니라 영적인 어떤 것이라고 생각했을 것이다. 만물의 근원인 그 공기는 아낙시만드로스에서와 마찬가지로 영적인 기운을 의미한다고 볼 수 있겠다.

3.2.4. 사모스의 피타고라스(Pythagoras, 기원전 약 570~510)

위에서 제시된 밀레토스의 세 철학자들은 근원이 되는 아르케가 무엇인가를 밝히고자 했는데 반해, 피타고라스는 그 근원으로부터 '어떻게' 만물이 생성되었는가에 관심을 가졌다. 어떻게 만물이 하나도 같은 것이 없이 다르게 생성되었을까? 그는 그 이유를 수(數) 또는 '수적인 비율'(λóγος)에서 찾았다. 우리는 사물들을 질, 양, 관계, 양상에 따라 구분하는데, 이때 사물들 사이의 양적인 관계는 수를 통해 나타낸다. 그리고 그 관계를 수를 통해 표현할 때 일정한 단위를 기준으로 한다. 2진법과 10진법이 바로 그 단위이다. 5라는 수는 10진법으로 양적인 관계를 나타낼 때 10을 기준으로 할 때 5만큼의 양, 즉 5/10을 나타낸다. 수란 보다 엄밀한 의미에서 사물들 사이의 양적 관계를 나타내는 수적인 비율을 의미한다고 할 수 있다. 피타고라스가 만물의 근원을 수에서 찾았다고 하는 것은 만물의 다양성의 근원이 서로 다른 수적인 비율에 있음을 발견했다는 것이다.

아낙시만드로스가 무규정자가 규정됨으로써 만물이 생성되었다고 주장했다면, 피타고라스는 만물이 다양한 이유를 무규정자가 서로 다른 비율로 규정되었기 때문이라고 주장함으로써 아낙시만드로스의 이론을 보충했다. 그리고 우주의 만물이 조화를 이루고 있는 것은 만물이 조화로운 수적인 비율, 즉 황금비율에 따라 규정되었기 때문이다. 이제 수적인 규정과 함께 '하모니'라는 중요한 개념이 피타고라스에게 나타난다. 만물이 잘 조화되어 있는 것도 바로 이 비율의 조화 때문이라는 것이다. 무규정적 상태의 아르케가 일정한 체계에 따라 규정됨으로써 조화로운 우주(코스모스)가 형성되었다는 것이다. "하늘의 건물은 조화와 수이다." "지혜자들은 하늘과 땅, 신들과 인간들은 공동체를 형성하고 우정과 질서, 정의를 공유한다고 가르치며, 따라서 그들은 그 모든 것을 코스모스라고 부른다."[10]

바벨론과 힌두교에서 그렇듯이 피타고라스에게도 수는 객관적 세계의 근원적 원리이다. 다시 말해 객관적 세계는 수의 원리에 따라 조화를 이루고 운행된다는 것이다. 수는 만물의 근원이며 우주의 토대가 되는 조화이다. 수는 또한 조형 예술에서의 비율과 음악에서 리듬의 우주적 근본원리이기도 하다. 모든 숫자에는 만물이 가진 모든 고유한 속성들이 상징적으로 표현되어 있다.

숫자 0은 비존재, 드러나지 않은 것, 한정되지 않은 것, 영원한 것을 상징한다. 질적으로나 양적으로 아직 전혀 규정되지 않

---

10) 만물이 적절한 수적인 비율(로고스)에 따라 규정되었기 때문에 조화를 이루고 있다는 피타고라스의 사상에 관해서는 참조, 박종현,『희랍사상의 이해』(1982), 53~55쪽; W. K. C. Guthrie,*A History of Greek Philosophy*, Vol. I, Cambridge 1977, 222~224쪽.

은 상태를 상징한다. 피타고라스에게 0은 완전한 형상, 즉 모든 것이 거기서 시작되어 그 안에 포함되어 있는 '모나드'(Monade)[11]이다. 영은 '세계 알'이다.[12] 빈 원으로서 영은 죽음의 비존재와 동시에 생명의 총체성을 상징하기도 한다. 죽음과 생명이 모두 '영의 원'(영원)에서 통합되어 있다.

숫자 1은 최초의 단일성이며, 시작이며, 창조자, 최초의 부동의 원동자를 상징한다. 그것은 모든 가능성의 총화이며 절대적 존재이다. 그것은 중심이며 불가분적인 것이다. 씨눈과 같은 상태에 있어 아직 분화되지 않은 것이다. 그것은 둘이 되어 다(多)로 분화되었다 다시 궁극적인 하나로 다시 돌아가는 원리이다.

숫자 2는 이원성, 주기적인 변화, 다양성, 투쟁, 의존성, 다름, 다루기 어려움, 뿌리 깊음, 균형, 안정성, 반성, 대립적인 양 극단, 인간의 양성, 욕망을 상징한다. 이원성을 가지는 것은 모두 대립적인 한 쌍으로 존재하기 때문이다. 1이 하나의 점을 나타내듯이 2는 연장(선)을 나타낸다.

숫자 3은 다양성, 창조의 힘, 성장, 이원성을 극복하는 전진 운동, 표현, 종합을 상징한다. 3은 전부를 상징한다. 3은 '모든'이란 단어 대신 사용할 수 있는 첫 번째 수이다. 한 번이나 두 번은 우연일 수 있지만 세 번 일어난다면 그것은 확실하다. 3은 우주 전

---

11) '모나드'에 관해서는 근대철학의 라이프니츠에 관한 설명을 참조하라.

12) 알이 부화되어 병아리가 태어나듯이 세계는 '세계 알'이 깨어져 탄생했다. 따라서 알은 생명, 다산, 환생, 영원을 상징한다. 세계의 여러 나라들에는 알에 관한 전설들이 많다. 이집트, 페르시아, 페니키아, 인도에서는 세계가 생명의 상징인 거대한 알에서 태어났다고 믿었다. 중국의 신화에 의하면 태초에 혼돈이 있었는데 이 혼돈이 바로 알의 형태를 하고 있었다고 한다.

체를 지배하는 힘이다. 우주는 하늘, 땅, 물의 세 부분으로 나누어지며, 사람은 몸, 영혼, 정신의 세 부분으로 구성되어 있으며, 인생에는 출생, 삶, 죽음이 있으며, 시작, 중간, 끝이 있으며, 과거, 현재, 미래가 있다. 3은 영(靈)을 상징하는 하늘의 수이다. 숫자 4가 몸을 상징하듯이 말이다. 이 두 숫자가 합쳐지면 7이 되어 성경에서 유래한 1주일을 형성된다. 3x4는 12로 일 년의 12개월과 12간지의 수이다. 3은 아버지, 어머니, 아들로 구성된 보편적인 신성을 나타내는데, 이런 신성은 인간의 가정에서도 반영되어 있다. 그밖에도 3과 관련된 여러 사례들은 많이 있다.

숫자 4는 공간적 형상화를 상징한다. 4는 공간을 나타내는 도식이며, 원환운동이나 역동성이 아닌 안정성을 상징한다. 4는 전체성, 총체성, 완성, 공속성,(共屬性) 땅, 질서, 합리성, 차원, 상대성, 정의를 의미한다. 만물을 구성하는 기본적인 4원소들이 있으며, 4개 방위가 있으며, 4계절이 있다. 에덴동산에서 네 방향으로 강이 흘렀는데, 이는 십자가를 상징한다.

숫자 5는 인간의 소우주를 상징한다. 5는 사람의 수이다. 사람이 팔과 다리를 벌렸을 때 5각형이 형성된다. 끝이 없는 5각형은 완성을 상징하며 순환의 힘을 상징한다. 5는 순환수이다. 5를 제곱하면 마지막 숫자는 언제나 5가 되는 순환수이다. 원이 전체를 상징하듯이 5도 전체를 상징한다. 주사위의 다섯 눈 모양은 중심의 수이며, 하늘과 땅이 만나는 수이며, 4개 방위의 중심 수이다. 5는 명상과 종교 활동을 상징하기도 한다. 오감, 잎이 다섯인 꽃과 다섯 조각으로 갈라진 잎은 소우주를 상징한다.

숫자 6은 균형과 조화의 수이며, 통일성과 대립성을 동시에 상징한다. 6은 사랑, 건강, 아름다움, 행운을 나타낸다. 창조는 6일 만에 이루어졌다.

숫자 7은 우주, 소우주의 수이다. 완전성과 총체성의 수이다. 7에는 하늘의 수 3과 땅의 수이자 인간의 수인 4가 포함되어 있기 때문에 영적인 것과 세속적인 것을 모두 포괄하는 첫 번째 수이다. 7은 완전, 확실성, 안정, 충만, 재통합, 종합을 상징한다. 7은 또한 처녀성을 상징하기도 하기 때문에 성모 마리아의 수이다.

7일간의 금식과 참회 이후 8일째 되는 날은 풍요와 갱신의 날이다. 8 즉 7+1은 옥타브와 새로운 시작의 수이다. 8각형은 사각형이 원으로 변하기 시작하는 임계점이며 원이 사각형으로 변하는 임계점이다. 세례를 베풀 때 쓰는 성수반은 8각형으로 중생의 장소를 상징한다. 산상수훈에는 8가지 복이 언급되어 있다. 중국에서는 8이 부(富)의 상징이며, 따라서 8의 반복은 만사형통을 상징한다. 2008년 8월 8일 8시 8분 8초에 북경에서 29차 올림픽 경기가 개막되었다.

9, 즉 3x3은 완성, 충족, 시작과 끝, 전체를 상징하며 지상천국을 상징한다.

10은 우주의 수이며, 창조의 패러다임이다. 10은 모든 수를 다 포괄하며 따라서 만물과 모든 가능성을 포함한다. 10은 모든 계산의 뿌리, 즉 전환점이다. 10은 모든 것을 포괄하는 것이다. 법, 질서, 지배를 상징한다. 1+2+3+4=10은 신성을 상징한다. 10은 두 손에 근거하며, 따라서 완전성을 의미하며, 모든 계산의 토대이다.

10은 원주의 수 9와 중심의 수 1의 합이며, 따라서 완전성이다. 10계명이 있으며, 열 처녀 비유가 있으며 십일조가 있다.

11은 죄의 숫자이다. 과도함, 위험을 상징한다. 10이 완전한 수이자 법이기 때문에 11은 이 둘을 위반한 것이다.

12는 완전한 순환, 즉 우주의 질서를 상징한다. 3x4로서 12는 정신계와 세계의 물질계의 질서이다.

3.2.5. 파르메니데스(Parmenides, 기원전 약 540~470)

모든 존재자들의 변치 않는 근원에 대해 '존재'(ἐόν)라는 개념을 사용한 최초의 철학자는 이탈리아 남부 엘레아 지방의 파르메니데스였다. 물론 우리는 위에서 이미 모든 존재자들의 존재론적 또는 발생론적 근원을 '존재자체'라고 불렀지만, 이것은 어디까지나 해석자로서 우리의 개념이지 탈레스나 아낙시만드로스가 사용한 표현은 아니었다. 파르메니데스에 이르러 비로소 만물의 아르케에 관해 '존재' 또는 '존재자'란 개념이 사용되기 시작했다.

파르메니데스의 사상은 「자연에 관하여」란 그의 교훈시에 잘 나타난다. 그 시의 전반부는 어느 시인이 수레를 타고 태양계를 넘어 밤과 낮의 경계 저편에서 정의의 여신 '디케'(δίκη)에 의해 진리를 탐구하는 두 종류의 길, 즉 "사유의 길"과 "감각적 경험의 길"에 관해 교훈을 받는 내용이다. 사유의 길은 '존재자가 있으며 그것은 무일 수 없다'고 가르친다. 다시 말하면 '참으로 존재하는 것'(ὀντῶς ὄν)에 대해서는 그것이 존재하면서 동시에 존재하지 않을 수 있다고 말할 수 없다는 것이다. 존재하지 않는 것은 생각할 수도 없고 말할 수도 없기 때문이다. 파르메니데스에게 있어서 사유와 존재는 일치한다. 언제 어디서나 변하지 않고 영원히 존재하는 이런 존재자는 오직 사유를 통해서만 인식될 수 있다. 그 존재자는 생성되고 소멸되지 않는다. 그 존재자는 하나의 전체이기 때문이다. 그 존재자에게는 과거도 없고 미래도 없으며 오직 영원한 현재만이 있을 뿐이다. 그것은 하나의 전체이기 때문이다. 파르메니데스의 이런 사상은 "존재자가 있으며 그것은 없을 수 없다"는 그의 명제에서 잘 나타난다. 이 명제에서 파르메니데스가 의도하는 존재자는 어떤 존재자인가? 없을 수 없는 존재자는 어떤 존재자인가? 현상의 존재자들은 여기 있으면 저기에는 없다. 지금 있는 존재자도 언젠가는 사라져 없어진다. 한 존재자가 사라지면서 그 존재자는 다른 존재자로 생성된다. 있다가도 없어지고 없다가도 있어지는 것이 현상의 존재자들이다. 현상의 존재자들은 없을 수 있다. 그렇다면 없을 수 없는 존재자는 현상의 존재자는 아니다. 그 존재자는 존재자체이다. 현상의 존재자들은 없을 수 있지만 존재자체는 언제나 있다. 현상의 존재자들은 사라지면서 다른 존재자로 존재한다.[13] 그러나 존재자체는 언제나 존재한다.

---

13) 존재자는 사라짐을 그 본질로 한다. 하나의 존재자는 있으면서 동시에 없다. 있으면서 동시에 없을 수 있다는 말이다. 따라서 하나의 존재자 내에는 '있음'(존재)과 '없음'(무)이 동시에 작용한다. '있음'과 '없음'은 모든 존재자의 본질적인 존재방식이다. 다시 말해 모든 존재자는 있음에서 없음으로 운동한다. 이런 운동을 우리는 소멸이라 한다. 그리고 이런 소멸은 동시에 다른 존재자로의 생성이기도 하다.
모든 존재자를 구성하는 원자들은 그 내부에 원자핵을 중심으로 양전자와 음전자가 서로 충돌하고 있다. 음과 양의 이런 충돌에 의해 에너지가 발생하고 존재자는 불타 없어진다(소멸한다). 그런데 이렇게 사라지는 존재자들 가운데서 특히 인간은 그의 사라짐을 미리 앞

예를 들어 개별적인 꽃들은 피고 지지만 여전히 꽃이다. 개별적인 꽃들은 피었다 지지만 여전히 '꽃'이다. 어떤 것이 가능한 것이건 현실적인 것이건, 꿈속에서이건 생각에서이건 있지 않는가? 모든 존재자들은 생성되고 소멸되지만 그것들은 생성과 소멸의 방식으로 있지 않는가? 그러므로 모든 있는 것들을 있게 하는 근거는 '있음', 즉 존재이다.

그렇다면 이 '존재'란 무엇인가? 우리가 '지금 여기에 꽃이 있다'고 말할 때 이 표현에는 그 꽃이 이전에는 지금 여기에 없었으며 (또는 있었으며) 후에도 없을 것임이 (또는 있을 것임이) 동시에 함축되어 있다. 이것은 그 꽃이 여기에 없다가 있게 되었으며(생성) 후에는 있다가 없어지게 될(소멸) 것임을 의미한다. 그런데 생성되고 소멸되는 것은 무엇인가? 이 꽃 저 꽃이다. 그러나 그 꽃은 생성되고 소멸됨에도 불구하고 그런 방식으로 존재한다. 존재는 모든 존재자들이 생성되고 소멸됨에도 불구하고 언제나 존재한다. " … 존재자가 있다. 왜냐하면 그것은 존재이고 무가 아니기 때문이다."(Parmenides, Fragmente B6). 파르메니데스가 존재라고 할 때 그 존재는 영원히 변치 않는 '참으로 존재하는 것'이다. 현상세계의 다양한 것들은 존재하는 것이 아니다. 따라서 그것들은 '비존재'(μὴ ὄν; 非存在)이다.[14] 존재하는 것은 변하지 않으며, 변하는 것들은 참

당겨 사를 수 있는 존재자이다. 인간은 그의 사라짐을 사를 줄 아는 존재자이다. 인간은 자기를 부정할 줄 아는 존재자이다. 이렇게 자기를 '사름'이 바로 인간의 삶(살음)이다. 이것은 인간만이 죽을 줄 아는 존재자라는 사실과도 일치한다.

14) 여기서 '비존재'(非存在)란 '절대 무'를 의미하는 개념이 아니라 '참으로 존재하는 것이 아닌(非) 방식으로 존재하는 것'이란 의미이다. 그것은 생성되고 소멸되는 현상계의 모든 존

으로 존재하는 것이 아니기 때문이다. 우리의 현상세계가 비존재라면 현상세계에 관한 우리의 지식은 참된 인식이 아니라 가상이다. 현상계는 '참으로 그렇게 존재하는 것'이 아니라 존재하는 것처럼 보일 뿐이다.

존재는 생성되고 소멸되는 다양한 현상들이 아니기 때문에 그것은 하나이다. 그리고 그것은 여럿이 아니기 때문에 운동하지 않는다. 왜냐하면 운동은 이곳에서 저곳으로 운동이기 때문이다. 운동은 무에서 유로, 유에서 무로의 운동인데, 존재는 오직 하나이고, 존재할 뿐 무가 아니기 때문에 존재는 운동하지 않는다.

한편 "감각적 경험의 길"은 기만에 이르게 하는 길로 존재자는 존재하면서 동시에 존재하지 않을 수 있다고 가르친다. 파르메니데스에 의하면 다음의 명제는 이런 탐구의 길을 대표하는 명제이다. "존재자가 없으며 그것이 없다는 것은 당연하다." 여신은 파르메니데스에게 무지한 사람들이 걷는 이런 길을 조심하라고 경고한다. 그의 이런 경고는 그들의 이성은 제 기능을 발휘하지 못하고 존재와 무를 동일시한다는 뜻쇼이다. 파르메니데스가 말하는 이런 기만의 길은 아마도 모든 존재자는 끊임없이 운동한다고 주장하는 헤라클레이토스를 염두에 둔 것이 아닌가 생각된다. 헤라클레이토스에 의하면 우리가 일상적으로 경험하는 현상세계에서는 하나의 사물이 지금 여기에 있으면 지금 저기에는 없다. 그 존재자는 있으면서 동시에 없는 것이다. 파르메니데스는 헤라클레

재자들을 가리킨다.

이토스의 이런 주장은 논의의 출발점이 잘못되었다고 본다. 즉 헤라클레이토스는 사유의 길이 아닌 감각의 길에서 존재자를 바라보기 때문이다. 여기서 우리는 파르메니데스와 헤라클레이토스가 동일하게 '존재자'란 개념을 사용하지만 그 내용은 전혀 다름을 주목해야 한다. 헤라클레이토스는 파르메니데스가 말하는 '존재자'를 인정하지 않는다. 그에게 있어서 존재자는 파르메니데스의 '비존재'를 의미한다.

탐구의 두 길 : 1. 사유의 길 → 진리 = 존재자(없을 수 없는 존재자)

2. 감각적 경험의 길 → 비진리(기만) = 존재자(없을 수 있는 존재자)

「자연에 관하여」란 시의 후반부에 보면 다양하게 변하는 모든 개별적 존재자들은 단지 존재자체의 현상이라는 내용이 전개된다. 파르메니데스에게 있어서 보편적 진리로서 참으로 존재하는 만물의 아르케는 '존재' 또는 '존재자'이며, 생성되고 소멸되는 개별적인 존재자들은 존재하기는 하지만 존재자와 같은 방식으로 존재하지 않기 때문에 '비존재'(μὴ ὄν; me on)이다.

존재와 비존재 사이의 철저한 구분은 파르메니데스의 시 후반부에서도 여전히 유효하지만 상당히 완화된 모습으로 나타난다. 생성되고 소멸되는 세계는 완전한 무가 아니라 '존재의 현상'(비존재;)이라는 것이다. 비록 그 현상에서 존재가 명백하게 드러나지는 않지만 암시적으로 드러난다. 파르메니데스의 시 후반부에서는 생성되고 소멸되는 세계와 존재와의 관계가 주제로 다루어진다. 존재와 현상세계와의 관계를 좀 더 살펴보자. 왜냐하면 이것은 후에 플라톤의 철학을 이해하는데 중요하기 때문이다.

현상세계가 '존재의 나타남'이라면 그 세계는 존재와 전혀 무관하지 않다. 우리가 살고 있는 세계가 비존재이기는 하지만 그렇다고 해서 기만적인 환상이라고 간주되어서는 안 된다. 파르메니데스가 그의 시 후반부에서 의도하는 것은 '이름지음'(규정됨)을 통해 만물이 정돈되었음을 밝히는 것이다. '이름지음'을 통해 존재가 개별적인 존재자들로 구체화되었다는 것이다. 이때 '이름지음'은 '규정됨'과 같은 의미로 이해되어야 한다. 파르메니데스에 의하면 세계가 현재와 같은 모습으로 있는 것은 무로부터 창조하는 신의 창조행위에 의해서가 아니라 빛과 어두움에 따라 규정되는 구별과 질서의 결과이다. 여기서 빛은 존재를 상징하며 어두움은 무를 상징한다. 따라서 빛과 어두움에 따른 '이름 지음'이란 존재와 무 사이의 모순작용에 의해 규정됨을 의미한다. 여기서 우리는 존재를 이중적인 의미로 이해해야 할 것이다. 불변적이고 운동하지 않으며 만물의 존재론적 근원인 영원한 존재자체는 무규정자이기 때문에, 자신 속에 '존재'와 '무'라는 모순적인 두 요소를 가진다. 즉, 아르케로서 존재자체는 그 최초 상태에서 아직 전혀 규정되지 않았기 때문에 무이다. 그러나 이 무는 존재자체가 '존재(방식)'이다. 따라서 존재자체는 '존재'와 '무'의 방식으로 존재한다. 이 두 요소의 모순작용에 의해 만물이 생성되었다. 그리고 이렇게 생성된 만물은 존재의 현상이다. 이때 가상 또는 현상의 원인은 존재자체이다. 존재와 무의 모순작용은 사물들의 존재를 방해하는 것이 아니라 생성의 세계를 고유한 방식으로 존재하게 한다. 그 모순작용은 이름 지음을 통해 세계를 창조하는 힘이다.[15]

존재는 인간의 인식에 의해 파악될 수 없다. 인간은 언제나 현상의 존재자만 인식할 수 있기 때문이다. 인간의 인식작용은 참된 인식, 즉 진리의 인식이 아니라 존재의 현상인 존재자만을 인식할 수 있다. 그렇다면 존재에 대한 인식은 인간에게 완전히 차단되어 있는가? 이미 언급되었듯이 존재자는 존재의 현상이다. 따라서 우리는 존재자를 존재의 현상으로서 파악할 수 있는 가능성과 단순한 현상으로서 파악할 수 있는 두 가지 가능성을 가진다. 전자는 현상을 통해 존재를 인식하는 '누스'(voῦς: 정신, 이성)의 작용이며, 후자는 경험적 인식으로 파르메니데스는 그것을 '독사'(의견; δοχά)라 한다. 파르메니데스에 의하면 오직 누스만이 존재를 볼 수 있다 (voεῖν).

그러나 누스에 의해 존재를 인식할 수 있기는 하지만 우리는 그 존재의 속성이 어떠한지에 관해서는 알 수 없다. 왜냐하면 우리는 오직 현상세계에서 경험할 수 있는 존재자들에 대해서만 그 속성을 알 수 있기 때문이다. 존재자체에 관해서 우리는 단지 '존재는 존재자가 아니라'는 부정적인 방식으로만 말할 수 있을 뿐이다. 존재자체는 직접적으로는 지각되지 않는다. 존재자체는 그의 시간적 규정인 '도식'(σῆμα), 즉 존재의 현상을 매개로해서만 파

---

15) 노자의 『도덕경』 제1장에 보면 다음과 같은 구절이 있다. "無名 天地之始 有名 萬物之母." (무명이 천지의 시작이며 유명은 만물의 근원이다.) 이 구절에서 "無名"은 만물이 형성되기 이전의 무규정적인 상태를 말하며, "有名"은 무규정자가 '이름 지어짐'을 통해 규정됨을 의미한다고 볼 수 있겠다.

악된다. 이 도식은 우리를 존재의 이해로 이끌어 주는 길잡이의
역할을 한다. 길잡이가 되는 이런 도식에서 비로소 우리는 존재자
체의 속성을 파악한다. 다시 말해 생성되고 소멸되는 이 도식들
에 비추어 볼 때 존재자체는 부동성과 영원성으로 파악된다. 여기
서 '세마'는 존재파악과 관련하여 어떤 기능을 하는가? 일자로서
의 존재자체에 관한 사유는 다양한 세마들을 매개로 해서 일어나
기 때문에, 존재자체에 차이가 발생하며, 이 차이가 다시 부정됨으
로써 존재이해가 이루어진다. 다시 말해 존재자체는 서로 다른 세
마들을 통해 서로 다르게 나타나지만 여전히 동일한 존재자체이
기 때문에 이런 다름은 아무것도 아니다. 이와 같이 누스에 의한
존재파악의 과정에서 우리는 '독사'(의견)의 일면성으로부터 벗어나
─ 독사는 언제나 이것 또는 저것에 고정된다 ─ 존재의 불가지성
을 인식하게 된다. 존재는 이것도 아니고 저것도 아니다.[16] 존재
는 존재자가 아니다. 존재자가 아니기 때문에 존재는 불변적이고
영원한 어떤 것이다. 왜냐하면 존재자는 생멸하고 유한하기 때문
이다. 누스의 능력을 통해 우리는 '알지 못하는 신적인 존재자'를
알 수 있다. 독사가 개별적 존재자들을 인식하는데 반해, 누스는
보편을 직관하는 능력이다. '누스'는 개별적인 것들을 보고 거기서
보편을 직관한다. 이때 '누스'는 개별적인 것들을 비교하여 보편

---

16) 인간의 존재이해는 단지 그 존재가 '존재자가 아님', 즉 무(無)라는 사실을 이해하는 것이다.
인간은 그가 존재한다는 사실 이외에 존재에 관해서 아무것도 알 수 없다. 왜냐하면 그는 존
재하기 때문이다. 그가 존재하는 한 그는 그의 존재를 알 수 없다. 이것은 마치 우리가 눈을
가지고 사물을 볼 수는 있지만 그 눈 자체는 볼 수 없는 것과 마찬가지이다. 우리는 눈에 보이
는 다른 사물들에 비추어 우리가 눈을 가지고 있다는 사실을 알 수는 있지만 그 눈을 볼 수는
없다.

을 추론하는 능력인 '디아노이아'(dianoia; 추론적 이성)와는 다르다. '디아노이아'는 개별적인 것들을 서로 비교함으로써 어떤 것의 구체적 속성을 파악한다. 하나의 꽃을 나무의 속성이나 돌의 속성과 비교하여 그것들과 다른 고유한 속성을 가진 '꽃'으로 파악한다. 이에 반해 누스는 보편의 속성을 파악할 수는 없다. 누스는 단지 보편은 개별적인 것들이 아니라는 사실을 직관할 수 있을 뿐이다. 존재자 일반을 생성되고 소멸되는 것들이라고 본다면 존재는 이와는 다른 것, 즉 불생불멸하는 것으로 누스에 의해 직관되며, 존재자를 드러나 있는 것으로 본다면 존재는 그렇게 드러나 있는 것 속에 드러나 있지 않은 것으로 직관된다.

3.2.6. 헤라클레이토스(Heracleitos, 기원전 약 544~484)

밀레토스의 다른 철학자들과 마찬가지로 헤라클레이토스도 만물의 근원을 질료적 관점에서 설명하고자 했다. 그러나 그는 단순히 질료적인 측면만이 아니라 그 질료들이 작용하는 근원적 원리에도 주목하여 그 원리를 "로고스"(λόγος)라 했다. 그의 이런 생각은 그의 단편에 나오는 다음의 주장에 잘 나타난다.

> "이 세상은 어떤 신이나 어떤 인간에 의해 창조된 것이 아니다. 이 세상은 비율(λόγος)에 따라 불타오르고 비율에 따라 꺼지는 영원히 살아있는 불이었으며 불일 것이다."(단편 30)

위의 주장에서 우리는 중요한 두 개념을 발견한다. "비율", 즉 "로고스"라는 개념과 "불"이라는 개념이 그것이다. "불"은 만물의 토대가 되는 근원적인 물질이다. 그러나 이 물질은 우리가 경험적으로 관찰할 수 있는 불꽃이 아니다. 그것은 영(靈)이나 정신과 동일시될 수 있는 가장 순수한 형태의 질료이다. 그것은 아낙시메네스가 만물의 아르케라고 말하는 "공기"와 마찬가지로 영적인 어떤 기운이라 할 수 있겠다.

"로고스"는 만물이 그에 따라 생성되고 소멸되는 원리(理; 결)이다. 이 원리는 만물에 공통되는 '이법'(理法)으로, 만물은 이 법을 따르며, 인간도 이 법을 따라야 한다.[17] 이 법은 어떤 것인가? 헤라클레이토스에 의하면 "싸움이 공통되는 것이며, 다툼은 정당하고 모든 것들은 다툼과 필연성에 따라 생기는 것임을 알아야 한다"(단편 80). 싸움과 다툼은 세계 질서의 원동력이며, 대립되는 것들의 긴장은 조화와 균형의 원천이다. 낮과 밤은 대립되는 것이지만 그 둘이 합해져 하루가 된다. 오르는 길과 내리는 길은 다른 길이 아니고 하나의 같은 길이다. 로고스는 현상의 존재자들 내에서 일어나는 '존재사건'인데, 이 존재사건은 만물이 생성되고 소멸되는 운동 원리로서 싸움, 즉 모순운동 이외의 다른 것이 아니다. 존재사건으로서의 로고스는 존재자 내에서 일어나는 '자기모순 운동'으로 헤라클레이토스는 이 원리를 빛과 어두움의 대립이란 상징을 통해 표현한다. 그에게 있어서 만물의 아버지, 즉 아르

---

17) 법(法)과 결(理)은 같은 의미이다. 法은 '물이 흘러감'을 나타낸다고 볼 수 있기 때문이다.

케는 싸움이다. 로고스는 실체가 아니라 변증법이다. 로고스는 이렇게 만물들이 생성되고 소멸되는 변증법의 원리이다.

위의 인용문에서 알 수 있듯이 헤라클레이토스에 의하면 만물은 가장 순수한 형태의 질료적 요소인 불이 로고스에 따라 불타오르고 꺼짐으로써 생성되고 소멸된다. 이때 불은 로고스의 질료적 측면이고, 로고스는 불의 작용적 측면이라고 보아야 할 것이다. 로고스는 불이 작용하는 '결'(理)이며, 불은 '기'(氣)와 같다고 할 수 있을 것이다. 理와 氣는 동일 실체의 두 측면이다. 음(陰)과 양(陽)의 두 기가 오행(五行)의 이치(理)에 따라 상호작용함으로써 만물이 생성 소멸한다. 물론 이때 '이'(理)와 '기'(氣)는 서로 떠날 수 없으나, 서로 섞이지도 않는다.(理氣不相離 理氣不相雜)

헤라클레이토스에 의하면 만물은 끊임없이 소멸되어 가는 과정에 있다. 그의 이런 주장은 '존재자는 운동하지 않는다'는 파르메니데스의 주장과 정면으로 대립되는 것처럼 보인다. 과연 그의 주장과 파르메니데스의 주장은 전혀 다른가? 아니면 단지 관점의 차이에 불과한 것인가? 여기서 잠시 그 둘의 차이점을 살펴보자.

파르메니데스는 만물의 '아르케'로서 참으로 존재하는 것을 존재(자)라고 하며, 이 존재자에게만 실재성을 인정한다. 그리고 이 존재자는 하나이기 때문에 운동하지 않으며, 현상으로서 사물들은 끊임없이 운동하기 때문에 실재하는 것이 아니라고 한다. 파르메니데스가 참으로 존재하는 존재자에 초점을 맞춰 운동을 부정하는데 반해, 헤라클레이토스는 참으로 존재하는 것, 즉 불과 현상의 존재자들이 모두 끊임없이 운동한다고 보았다. 그렇다고 해서 파르메니데스가 운동을 전적으로 부정한 것은 아니었다. 그도 현상의 사물들은 끊임없이 운동한다고 보았다. 그러나 그는 그렇기 때문에 그 사물들은 참으로 존재한다고 할 수 없다고 보았다. 파르메니데스와 달리 헤라클레이토스는 만물의 근원이 불이 운동하듯이 현상계의 사물들도 운동한다고 보았다. 따라서 파르메니데스와 헤라클레이토스의 차이는 운동하는 것이 무엇이냐에 관한 관점의 차이였다고 볼 수 있다. 파르메니데스는 참으로 존재하는 '존재자'는 운동하지 않는다고 생각하는데 반해, 헤라클레이토스는 현상 존재자와 그의 근원인 불과 로고스도 운동한다고 보았다.

3.3. 원자론자들

밀레토스의 철학자들은 만물이 아직 규정되지 않은 하나에서 시작되었다고 보았는데, 원자론자들은 그 하나를 구성하는 요소들이 무엇인가에 주목하였다. 그들은 밀레토스 철학자들의 견해를 과학적으로 보완하였다. 만물의 근원인 그 하나는 '더 이상 나눌 수 없는'(ἄτομος; atomos) 원자들로 가득 차 있다고 보았다. 그들의 주장에 따르면 '무규정자'는 물질 이전의 물질, 즉 '근원물질'로 가득 차 있는 하나의 장(場)과 같다고 할 수 있을 것이다.

3.3.1. 엠페도클레스 (Empedocles, 기원전 492~432)

시칠리아의 아크라가스에서 태어난 엠페도클레스는 물질세계를 구성하고 있는 최후의 원소들이 있으며, 그 원소들이 바로 우리가 자연계에서 지각하는 모든 다양한 것들의 원리라고 생각했다. 그가 주장하는 원소들은 물, 불, 공기 그리고 흙이다. 비록 그는 이 원소들을 위의 네 원소들에만 국한시키는 오류를 범하긴 했지만 기본적인 단위원소들을 통해 만물을 설명하고자 하는 현대적인 생각을 시도하였다. 그의 기계론적 사고의 특징은 이들 네 개의 원소들이 사랑과 미움의 원리에 따라 뭉치고 흩어진다는 것이다.

3.3.2. 데모크리토스 (Democritos, 460~370)

압데라 출신의 데모크리토스는 엠페도클레스의 기계론에 아직 남아있는 의인화(擬人化)의 요소, 즉 미움과 사랑의 원리에 의해 네 원소들이 뭉치고 흩어진다는 사상을 완전히 극복하였다. 그는 존재자를 설명하기 위해 신적인 존재자를 전제하지 않았으며, 인간과 관련된 어떤 표상들도 사용하지 않고 순수한 기계론적 사고를 고수한다. 그에 의하면 존재자의 아르케는 '더 이상 나눌 수 없는' 어떤 것, 즉 원자들이다. 그런데 이 원자들은 크기와 형태에 있어서는 서로 다르지만 질적으로는 동일하다. 데모크리토스는 원자를 설명하기 위해 "텅 빈 공간"과 "영원한 운동"이란 개념을 사용한다. 그에 의하면 시원을 알 수 없는 영원 전부터 이 텅 빈 공간에 원자들이 운동하고 있는데, 존재하는 모든 것은 바로 이 원자들로부터 형성되었다. 따라서 우리의 감각적 지각에서 볼 때는 존재자들이 형태와 형식과 색깔 등에 있어서는 서로 다르지만 '본질에 있어서는'(φύσει: 자연에 따르면) 모두 동일하게 원자들로 이루어져 있다. 따라서 데모크리토스에 의하면 현상세계의 자연은 "텅 빈 공간에서 떠다니는 원자들"에 불과하다. 신이 자연을 다스리는 것도 아니고, 합목적성이나 유의미성이 있는 것도 아니며, 어떤 우연도 없다. 오직 모든 것은 '양자'(量子, quantum)의 합법칙성에 근거하여 저절로 일어난다. 이 법칙을 알면 자연에서 일어나는 사건을 미리 예견할 수 있다.

3.3.3. 아낙사고라스 (Anaxagoras, 500~420)

아낙사고라스는 '누스'(정신; voῦς)를 새로운 원리로 도입함으로써 엠페도클레스와 데모크리토스를 모두 비판한다. '정신'이 모든 운동의 원인이며, 모든 것을 합리적으로 통제한다. 아낙사고라스는 정신, 즉 '누스'를 신적인 어떤 것으로 생각했다. 누스는 영원하고 자발적이며, 스스로 존재하며, 전지하고 전능하다. 데모크리토스가 단지 원자들의 운동에만 주목한 것과 달리, 아낙사고라스는 그 운동의 궁극적 원인이 정신, 즉 질서지우는 힘의 작용에서 비롯된다고 주장한다. 원자들이 질적으로는 동일하고 단지 양적으로만 서로 다르다는 데모크리토스의 주장과 달리, 아낙사고라스에 의하면 원자들은 양적으로 서로 다를 뿐만 아니라 질적으로도 서로 다르다. 그러므로 한 사물의 고유한 본질은 이미 그 사물을 이루고 있는 원자들이 다른 사물들과는 다르기 때문이다.

3.4. 요약

3.4.1. 만물의 아르케와 존재자의 존재

철학은 존재론으로서 만물의 '아르케', 즉 '존재자의 존재'를 해
명하고자 한다. 그런데 '존재자의 존재'란 표현에서 '존재자의'
란 소유격은 주격의 역할을 하기도 하고 목적격의 역할을 하기
도 한다. 소유격을 목적격으로 이해하면 '존재'는 '존재자를 존
재하게 하는 것'이다. 존재는 존재자가 바로 그렇게 현존하게 하
는 것이며, 존재자가 그런 모양으로 형상화되어 드러나게 하는
것이다.[18] 여기서 우리는 존재자가 드러나 현존하게 하는 것(존재)
의 양면성에 주목해야 한다. 존재자를 존재하게 하는 존재는 존
재자의 근거가 되기 때문에 '실체'(實體; substance)라 할 수 있는데, 이
때 실체는 '체'(體)의 요소와 '용'(用)의 요소를 가진다. '체'를 '질료
적 요소'(氣)라 한다면, '용'은 체의 '작용원리'(理)라 할 수 있을 것
이다.[19] 그런데 여기서 질료적 요소를 물질과 동일시해서는 안 될

---

18) '존재'란 개념은 어원적으로 볼 때 존재하는 것의 존재의 실재성을 의미한다. 존재는 존재자
의 확실성과 진리를 가리킨다. "Being' in its etymological root is thus more than a statement
of identity between subject and attribute; it is more than a descriptive term for a phenome-
non. It denotes the reality of existence of who or what is; it states his/her/its authenticity and
truth." (E. Fromm, *To have or to Be*, Harper & Row 1976, p. 24.

19) 도는 변화가 무궁한 천지만물(유, 有)의 본체인 '무'인데, 이 무는 체(體)와 용(用)의 요소
를 가진다. 체는 도의 본체 또는 근본이며, 용은 체의 작용이다. 도의 체와 용에 관해 주희는
다음과 같이 적절하게 설명하였다. "형이상(形而上)인 것으로부터 말한다면 아득한 것(沖
漠者)이 체가 되며, 그것이 사물 사이에서 발현하는 것이 용이 된다. 형이하인 것으로서 말
한다면 사물이 또 체가 되고 그 사물의 이치가 발현하는 것이 용이 된다."

것이다. 그것은 '비물질적인 물질'이며, 따라서 단순한 힘 또는 기운(氣運)이라 할 수 있을 것이다. 그리고 힘 또는 기운은 '작용하는 힘'(作用力)이기 때문에 체와 용은 동일한 것이라 할 수도 있을 것이다.

　존재는 존재자의 근거가 되는 실체이다. 따라서 존재는 존재자를 존재하게 하는 것이기 때문에 '참으로 존재하는 것'(ὄντως ὄν; ontos on)이라 할 수 있으며, 존재자는 존재가 나타나 있는 것(현상)이기 때문에 참으로 존재하는 것이라 할 수 없다. 그것은 아낙시만드로스가 주장하듯이 만물이 거기로부터 기원되어 거기로 돌아가는 "동일자"이다. 이 경우 존재론은 존재자의 근원(ἀρχή; arche)이 되는 실체를 다루는 학문이 된다. 이런 의미의 존재론은 소크라테스 이전의 자연철학자들에게서 시작되었는데, 특히 파르메니데스가 대표적인 인물이다. 만물의 근원은 물이나 불이나 다른 어떤 원소들이 아니라 "모든 존재자에게 속하는 존재"라는 아리스토텔레스의 견해는 근원물질을 추상적인 개념으로 표현한 것이다. 아리스토텔레스의 존재개념과 그와 관련된 전통은 존재를 질료적 관점에서 이해하였는데, 그의 이런 존재개념은 결국 만물의 근원 또는 근원물질(Urstoff)이 무엇인지 묻는 소크라테스 이전 철학자들에까지 소급된다. 아리스토텔레스에 의하면 하나의 개체는 질료와 형상으로 구성되는데, 이때 질료는 바로 이런 근원물질이라 할 수 있겠다. 근원물질인 질료가 본질형상(εἶδος)에 따라 구체화된 것이 개체이다. 아리스토텔레스가 말하는 "모든 존재자에게 속하는 존재"는 근본적으로 자연 이외의 다른 것이 아니다. 물론 이때 '자연'은 포괄적이고 우주적인 자연이며, 스피노자의 개념대로 "능산적 자연"(natura naturans)이다.

파르메니데스는 이전의 철학자들이 '참으로 존재하는 것'에 대해 사용한 다양한 개념들 대신 '존재'란 개념을 사용하였다. 아낙시만드로스는 모든 존재자의 근원이 되는 실체에 대해 "무규정자"(τò ἄπειρον)란 개념을 사용하였으며. 탈레스는 "물"이라 했고, 아낙시메네스는 "공기"라 했으며, 헤라클레이토스는 "불"이라 했다. 원자론자들은 "원자"라 했다. 물론 이들이 사용한 다양한 개념들은 축자적으로 생각해서는 안 된다. 탈레스의 "물"은 물과 같은 어떤 기운이며, 아낙시메네스의 공기는 공기와 같은 어떤 기운이며, 헤라클레이토스의 불은 불과 같은 어떤 기운이라고 이해되어야 할 것이다. 그것은 마치 창세기 1장에 나타나는 "혼돈"과 "공허" 또는 "수면"과 같은 무규정적인 어떤 기운이었을 것이다. 그것은 현대의 양자물리학에서 말하는 "양자장", "역장", "힐베르트 공간"과 같은 것이라고 생각되어야 할 것이다. 그것은 동양철학의 기(氣)와 같은 어떤 기운일 것이다. 그것은 도(道)의 체(體)에 해당된다 할 수 있을 것이다. 그것은 아낙시만드로스의 개념대로 아직 만물로 구체화되기 이전의 "무규정자"(τò ἄπειρον)라고 보아야 할 것이다. 그것은 형태화되기 이전의 무(無)이다.

그러나 실체로서의 존재, 즉 모든 존재자들이 형상화되기 이전의 '근원적 무'는 '절대무'가 아니다. 왜냐하면 '절대무'로부터는 아무것도 생길 수 없기 때문이다(Ex nihilo nihil fit). 근원적 무는 모든 존재자들의 근원인 근원적 존재이다. 이것은 모든 존재현상들의 근원으로서 결코 다른 것으로 변하지 않는 실체(οὐσία)이다. 존재론의 문제는 결국 아리스토텔레스가 말하듯이 모든 존재자들의 근거를 이루는 실체가 무엇이냐 하는 물음이다.[20]

근원적 무로서 존재자의 존재에 관한 탐구는 파르메니데스에 의해 처음으로 본격적으로 다루어졌다. 파르메니데스는 존재(ἐόν)와 현상(δοκοῦντα)를 구분한다. 그의 이런 구분은 후에 원자론자들과 플라톤에게 영향을 주었다. 그에게 있어서 '존재'는 가장 원초적인 존재자(ὄντως ὄν)로서 생성소멸하지 않으며, 현상은 파생적이고 2차적인 존재자로서 끊임없이 생성되고 소멸된다(Parmenides, VS 28, B 2; B 8). 아리스토텔레스가 자연철학자들의 철학을 우시아(οὐσία), 즉 원초적 존재자에 대한 탐구라고 규정한 것은 바로 이런 의미에서였을 것이다.(참조, Met. VII, 1 1028 b 4)

3.4.2. 실체존재론과 양자론

자연철학자들과 원자론자들이 말하는 근원적 무로서의 존재는 기(氣)와 같은 것이다. 양자론은 이 근원적 존재공간인 이 기를 '양자장'(量子場)이라 하는데, 이 장(場)은 단순한 진공이 아니라 힘이 작용하는 역장(力場), 보다 정확하게 말하면 힘과 방향이 함께

---

20) "예나 지금이나, 그리고 언제나 제기되었지만 결코 만족할 만하게 해명되지 못한 질문은 '존재자는 무엇인가?' 하는 물음인데, 이 물음의 의미는 '실체(ousia)가 무엇이냐?' 하는 물음 이외의 다른 것이 아니다. 왜냐하면 이 존재자는 한편에서는 하나이며, 다른 한편에서는 하나보다 많으며, 한편에서는 수적으로 유한하며 다른 한편에서는 무한하기 때문이다. 따라서 우리는 무엇보다 먼저 이런 의미에서 존재하는 것이 무엇이냐 하는데 우리의 탐구를 집중해야 한다."(*Kategorienlehre*, 2. Aufl. III, S. 225.

작용하는 벡터공간(힐베르트공간)이다. 그렇다면 이 공간에서는 어떤 일이 일어나며, 그 공간은 어떻게 구성되어 있는가?

현대물리학은 플랑크의 플랑크상수(h), 즉 양자의 발견과 함께 전기를 맞는다. 질량을 지닌 물체는 언제나 에너지, 즉 힘으로 전환될 수 있는데, 질량으로 전환되기 이전의 상태는 입자 형태의 '에너지 장'이었다는 것이다. 플랑크는 이 에너지 입자를 양자(quantum)라 불렀다.

고전물리학은 입자와 그 입자의 이동을 매개하는 에테르를 전제한다. 그러나 에테르는 마이컬슨과 몰리의 실험(Michelson-Morley experiment)에 의해 존재하지 않음이 밝혀지면서, 전자기파와 같은 입자의 이동을 설명하기 위해 파동설이 제기되었다. 전자기파는 입자가 아니라 파동이라는 것이다. 그러나 아인슈타인에 의해 태양의 빛은 광자(光子) 또는 광양자(光量子; photon)로 구성되어 있음이 밝혀졌다. 에테르가 존재하지 않는다면 입자인 전기파가 전달되기 위해서는 그 입자가 동시에 파동일 경우에만 가능하다. 입자성과 파동성을 동시에 가진 입자가 플랑크상수(h)에 해당하는 양자이다. 기본입자는 스스로 힘을 유발하고, 이 힘에 의해 영향을 받을 뿐만 아니라 동시에 기본입자 스스로 일정한 힘의 장으로 재현된다. 기본입자가 입자인 동시에 파동이라는 것은 동일한 실체가 질료이면서 동시에 힘으로 나타나는 것이다.(참조, 구승회 145)

플랑크에 의하면 물체로부터 방출되거나 흡수되는 복사파들은 연속적인 에너지 흐름이 아니라, 불연속적인 어떤 최소량의 단위로 방출되거나 흡수된다. 플랑크는 플랑크상수를 작용양자(quantum of action)라 불렀다. 오늘날 물리량(에너지)의 최소단위를 '양자'라고 부르는 것은 여기서 유래한다.[21] 전자기파 사이의 에너지 흐름은 에너지 양자들의 덩어리에 의해 이루어진다. 양자들은 대칭운동을 하는데, 이 대칭운동은 비대칭적으로 일어나기 때문에 양자들은 서로 연결되어 장을 이룰 수 있으며, 이 장을 '파동장'이라 한다.

하이젠베르크는 양자를 "에너지" 또는 "보편물질"(universale Materie)이라 부르는데, 바로 이 보편물질이 빛으로 전이되고, 이 빛으로부터 물질이 형성된다고 본다.[22] 물질이 되기 이전의 이 보편물질은 다양한 형상만 가지고 있다.[23] 하이젠베르크는 이것을 아리스토텔레스의 형이상학과 관련하여 설명한다. 그는 아리스토텔레스의 "질료"를 보편물질 또는 에너지와 동일시한다. 그리고 기본입자가 산출된다는 것은 이 보편물질이 형상을 통해 물질적 현실태로 나타나는 것이라고 한다(구승회 145). 보편물질이 대칭운동과 비태칭운동을 하는 장이 힐베르트공간이다. 힘들이 작용하는 역장을 현대물리학의 '표준모형'과 관련하여 설명해 보자.

---

21) 엄청난 운동에너지를 갖는 두 입자를 충돌시켰을 때 입자들은 많은 상이한 파편들로 나누어진다. 그런데 이 파편들은 기본입자보다 더 작은 어떤 것이 아니라 그 자체가 다시 하나의 기본입자이다. 새로 생성된 입자가 본래의 입자보다 더 작은 입자도 아니고 가벼운 입자도 아니다. 참조, 구승회, 60쪽; Heisenberg, Schritte über Grenze, München 1984, S. 34.

22) 참조, W. 하이젠베르크, 『물리학과 철학』(구승회 역), 144쪽. 그러나 하이젠베르크에 의하면 물질로 전이되기 이전의 "보편물질"은 일상적인 의미의 물질이 아니라 단순한 형식이다.

23) "물질의 가장 작은 단위들은 실제로는 일상적인 의미에서의 물질들이 아니다. 그것들은 형식, 구조 또는 플라톤의 개념에 따르면 이데아들이다." ("Die kleinsten Einheiten der Materie sind tatsächlich nicht physicalische Objekte im gewöhnlichen Sinne des Wortes; sie sind Formen, Strukturen oder, im Sinne Platos, Ideen, über die man unzweideutig nur in der Sprache der Mathematik reden kann.") Heisenberg, Physik und Philosophie, Stuttgart 2011, 38.

현대물리학의 근간이 되는 '표준모형'에 의하면 137억 년 전 우주 대폭발(빅뱅)과 함께 여러 입자가 생겨났다. 이 입자들은 물질을 쪼갤 수 없을 때까지 쪼개고 났을 때 남는 것으로 12개 기본입자들(쿼크 6개·렙톤 6개)[24]과 이들 사이에서 힘을 전달하며 상호작용을 담당하는 4개의 매개입자들,[25] 그리고 힉스입자(Higgs boson)로 총 17개의 작은 입자(소립자)들이다.[26] 이들 소립자 중에서 힉스입자는 이 16개의 입자 각각에 질량과 성질을 부여하는 역할을 한다. 광자가 전자기장과 관련된 입자이듯이 힉스 입자들은 힉스장을 형성한다. 힉스장은 우주 공간 어디에나 존재한다고 볼 수 있다. 이 장은 현대물리학에서 부정되었던 에테르와 같다고 할 수도 있겠다. 그리고 기본입자들이 힉스장을 지나가면서 얼마나 힉스장과 상호작용을 많이 하는가에 따라 입자의 질량이 결정된다. 상호작용이 강할수록 질량이 무거워진다.

　　기본입자들에는 페르미온과 보존이 있는데, 그 중 페르미온 입자들이 보존 입자들과 상호작용함으로써 장이 형성된다. 보존은 광자, 글루온(gluon), W입자와 Z입자의 4종류인데, 광자에 의해 전자기장이 형성되고, 글루온에 의해 강력장이 형성되고, W입자와 Z입자에 의해 약력장이 형성된다. 이밖에도 중력자에 의해 형성된 중력장과 힉스장이 있다. 이들 5개의 장들이 바로 역장을 이룬

24) 이 입자들은 페르미온(fermion)이란 입자인데, 스핀이 1/2인 입자로 동시에 같은 곳에 존재할 수 없다.
25) 이 입자들을 보존(boson)이라 하는데, 스핀값이 정수이며 동시에 여러 입자가 겹칠 수 있다.
26) 이 17개의 기본입자들이 바로 양자이다.

다. 이때 페르미온들 사이에는 견인력(牽引力; attraction)과 척력(斥力; re-pulsion)이 작용하는데, 입자들 사이의 이런 힘(에너지)들의 상호작용이 곧 존재사건이며, 이런 존재사건에 의해 열려진 역장이 바로 존재의 장이다. 이 장을 화이트헤드의 이론과 관련하여 다음과 같이 설명할 수도 있다.

3.4.3. 실체존재론과 화이트헤드의 형이상학

화이트헤드는 사물을 구성하는 궁극적 실체들을 "현실적 실재들"(actual entities)이라 부른다. 현실적 실재들은 파르메니데스의 "참으로 존재하는 것"(ὀντώς ὄν)이다. 현실적 실재들은 일정한 형태로 고정된 구체적 사물이 아니라 물리학에서 말하는 '운동량과 같은 성격'(vector character)을 지니는 존재론적 힘들이다. "현실적 실재들" 또는 "현실적 사건들"(actual occasions)은 궁극적으로 실제적인 질료들인데, 세계는 바로 이 궁극적인 질료들로 이루어져 있다. 현실적 실재들 너머에 더 현실적인 어떤 것은 없다."(PR, 17)[27] 궁극적 실체들인 이 "현실적 실재들"은 서로 유기적으로 연결되어 하나의 장을 이룬다. 이 장을 '존재의 바다'라 할 수 있다. 현실적 실재들이 유기적 장을 이룰 수 있는 것은 그것들이 내적으로는 결정되어 있지만 외적으로는 자유이기 때문에 가능하다. 라이프니츠의 창문

---

27) 하이데거가 존재를 사건으로 보았듯이 화이트헤드의 현실적 실재들도 물질적 사물들이 아니라 사물들이 생성되기 이전의 사건들이다.

없는 모나드들이 조화를 이루는 것과 마찬가지이다.

그렇다면 무수히 다원적인 "현실적 실재들"에서 어떻게 합리적 질서를 지닌 우주가 형성되었는가? 이를 설명하기 위해 화이트헤드가 도입한 개념이 "영원한 대상들"(eternal objects)이다. 영원한 대상들은 플라톤의 이데아들과 같은 것이다.(PR 46) 이 영원한 대상들이 이미 주어져 있는 무한한 "현실적 실재들"의 바다에 진입해 들어감으로써 현실적 실재들이 구체적으로 규정되어, 잠재적 가능성으로서만 실재하는 영원한 대상들이 현실적으로 구현된다. 무한한 질료로서의 "현실적 실재들"이 "영원한 대상들"과 융합함으로써 비로소 구체적 사물로서 존재하게 된다.[28]

3.5. 아테네를 중심으로 한 철학

3.5.1. 소피스트(Sophist)

사상은 그 시대의 아들이다. 한 시대의 사상은 그 시대의 문화의 영향을 받으며, 한 시대의 문화는 그 시대의 사상의 영향을 받는다. 고대 세계에서 사상적 전기를 맞게 되는 중대한 사건이 있었으니 곧 페르시아와 그리스 사이의 전쟁이 그것이다.

---

28) 이것은 존재자가 "형상"(εἶδος)과 "질료"(ὕλη)로 구성되어 있다는 아리스토텔레스의 주장과도 일치한다.

기원전 5세기에 페르시아 전쟁(500~449)이 끝난 후, 마라톤 전쟁과 살라미스 해전에서 승리로 아테네와 스파르타가 페르시아의 압박에서 벗어난 후, 철학의 중심지는 이오니아 지방에서 아테네를 중심으로 하는 그리스 본토로 옮겨졌으며, 철학의 관심사도 형이상학적인 실체로부터 인간에 대한 탐구로 변화되었다. 이런 변화의 선구적 역할을 한 사람들은 소피스트들이었다.

기원전 494년 이오니아 지방의 최후의 보루였던 밀레토스가 페르시아의 다리오(Dareios) 왕에 의해 함락됨으로써 이오니아의 모든 도시국가들은 페르시아의 식민지가 되었다. 그런데 다리오 왕은 여기서 그치지 않고 아테네까지 정복하고자 했다. 왜냐하면 아테네는 이오니아의 도시국가들이 페르시아에 대항해 항거하도록 도와주고 있었기 때문이다. 이에 490년에 원정대를 보냈으나 마라톤(Marathon)에서 어이없이 패하고 말았다. 486년에 다리오의 뒤를 이은 크세르크세스(Xerxes: BC 486~464)[29]가 그리스의 모든 도시국가들에게 각국의 흙과 물을 조공으로 바칠 것을 요구했다. 이것은 치욕적인 복종을 의미하는 것이었기 때문에 대다수의 국가들이 이 요구를 거부했다. 이에 크세르크세스는 마라톤 전투의 패배를 설욕할 겸 엄청난 대군을 이끌고 그리스 본토로 진격했다. 드디어 아테네 지방과 아티카 지방이 정복되었고, 아테네 시민들은 살라미스와 펠로폰네소스 반도로 피난했다. 남은 것은 고린도 지협의 지상연합군과 살라미스 앞바다의 연합함대뿐이었다. 이제

---

29) 크세르크세스는 구약성경 『에스더서』에 나오는 아하수에로 왕의 그리스 이름이다.

모든 그리스인들이 페르시아의 노예가 될 이 암담한 상황에서 아테네의 명장 테미스토클레스(Themistokles)의 지략으로 페르시아에게 승리를 거두게 되었다. 이것이 유명한 살라미스 해전이다.

페르시아와의 전쟁이 끝난 이후 수십 년 동안 그리스 문명은 크게 발전하였다. 활발한 무역의 결과 경제적으로 풍요로워지게 되었으며, 확장된 교역을 통해 다른 문화들과의 접촉이 이루어졌으며, 다른 문화들의 가치관과 종교적 신념들도 접하게 되었다. 말하자면 그리스 문명이 세계화되었다. 이러한 문명의 발전은 그리스 도시국가들의 사회구조와 정치구조에도 영향을 주었다. 전제 군주적 지배형태가 민주주의 정치형태로 바뀌었으며, 시민들이 직접 정치적 결정에 영향을 줄 수 있게 되었다. 물론 그 시민들은 남자 귀족들에 한정되어 있었지만 말이다. 따라서 아테네의 대표적 정치기구인 민회에 진출하여 거기서 사람들을 설득하는 능력이 중요하게 되었다. 이런 상황에서 많은 사람들이 수사학을 공부하게 된 것은 당연한 일이었다. 다른 사람들을 잘 설득하는 사람이 유능한 사람이며, 따라서 그런 유능함이 중요한 덕(ἀρετή; arete)[30]이 되었다. 과거 호메로스와 헤시오도스 시대에는 사내다움의 조건, 즉 사내의 덕이 '용기'(ἀνδρεία; andreia)와 '정의'(δίκη, dike)였는데 반해 이제는 잘 설득하는 능력, 즉 유능함이 중요한 아레테

---

30) 덕(德)을 의미하는 헬라어 단어 '아레테'(ἀρετή)는 원래 '어떤 것이 그 기능을 잘 발휘함, 유능함, 탁월함'을 가리키는 단어이다. 이 단어가 인간과 관련될 때는 사람이 사람으로서 기능을 잘하는 것, 즉 사람노릇을 잘하는 것을 의미한다. 그리고 어떤 사람이 사람노릇을 잘할 때 우리는 그가 사람답다고 한다. 결국 덕을 의미하는 '아레테'라는 단어는 사람다움을 의미한다고 할 수 있겠다.

가 되었다. 이런 시대적 상황에서 여러 도시들을 돌아다니면서 돈을 받고 그들의 능력을 전수해 주는 지식인 집단이 있었는데, 그 사람들이 바로 소피스트들이었다. 사람들은 그들의 설득력에 대해 경탄하기도 하고 의심을 품기도 했다.

그들의 목표는 젊은이들에게 지혜를 가르치는 것이었다. 그들이 '소피스트'로 일컬어진 것도 지혜, 즉 소피아를 가르치고자 한 그들의 목적에서 유래했다. 그런데 그들에게 있어서 지혜는 무엇보다도 정치적 삶에서의 '노하우'(know-how)였다. 그들에게 있어서 젊은이의 덕은 정치적 분야에서 '노하우'를 가지는 것이었다. 정치적 노하우와 관련하여 당시 소피스트들이 가장 중요하게 생각했던 것은 수사학, 즉 말과 글을 통해 자기를 부각시키는 기술이었다. 정치적 야망을 가진 사람은 바로 그런 기술을 절실하게 필요로 했다. 소피스트들과 정치적 야망을 가진 사람들은 서로 이해관계가 일치했다. 그들의 좌우명은 일인자가 되는 것이었으며, 권력을 획득하고 유지할 줄 아는 것이었으며, 인생을 경영하고 즐길 줄 아는 것이었다. 이것을 위해서라면 모든 것이 정당화되었다.

소피스트들에 의하면 유능한 연설가는 진리를 들어냄으로써가 아니라 단순히 설득함으로써 자신에게 불리한 일을 유리하게 만들 수 있어야 한다. 따라서 플라톤은 소피스트들의 이런 태도를 신랄하게 비판했다. 그들에게 중요한 것은 도대체 사실이나 진리나 정의가 아니라 단지 권력이기 때문이다. 그들은 기본적으로 진리와 인간의 가치에 관한 통찰이 없다는 것이다. 따라서 그들은 지도자가 아니라 호도자(糊塗者: 그럴듯한 말로 사람들을 미혹하여 길을 잘못 인도하는 사람)라는 것이다.[31]

플라톤의 초기 저술들은 대부분 소피스트들에 대한 비판에 초점이 맞춰져 있었다. 사기꾼과 도둑에 관한 비유는 소피스트들을 풍자한 것이다. 만일 유능함이 모든 가치판단의 기준이라면 사기꾼이 진리를 말하는 사람보다 더 훌륭하다. 왜냐하면 진리를 말하는 사람보다 그를 속이는 사람이 더 유능하기 때문이다. 마찬가지로 도둑은 경비원보다 더 유능하다. 그는 경비원의 감시를 뚫었기 때문이다. 그럼에도 불구하고 소피스트들이 유능함을 최고의 덕이라고 주장한 것은 무엇 때문이었는가?

소피스트들은 어떤 절대적인(시간과 장소에 따라 변하지 않는) 진리도 없다는 상대주의적인 세계관을 가지고 있었다. 그들은 법적인 규정들, 윤리적 규범들과 종교적 교리들이 모두 상대적임을 입증하고자 했다. 영원히 타당한 것은 아무것도 없다. 모든 것은 인간에 의해 그렇게 규정되어 있을 뿐이다. 다음과 같은 주장들은 이러한 소피스트들의 상대적인 세계관을 잘 보여주는 대표적인 표현들이다.

"진리는 없다. 진리가 있다 할지라고 우리는 그것을 알 수 없으며,

---

31) '소피스트'라는 개념이 진리와 정의를 경시하고 모든 언어적 기교를 동원하여 오직 상대방을 설득하고 속이는데 주력하는 말을 왜곡하는 자, 즉 '능변으로 속이는 자'라는 의미로 사용되게 된 것은 바로 이와 같은 플라톤의 비판 때문이었다. 플라톤이 볼 때 그들은 단지 '말을 사랑하는 사람들'(φιλόλόγοι, 필로로고이)이지 '지혜를 사랑하는 사람들'(φιλόσοφοι, 필로소포이)은 아니었다. 참조, E. Metzke, *Handbuch der Philosophie*, Heidelberg 1949, S. 275; C. J. Classen (Hrsg.), *Sophistik*, Darmstadt 1971.

알 수 있다 할지라도 다른 사람에게 전할 수 없다."(Gorgias) "어떤 것이 나에게 그렇게 보이는 것은 그것이 나에게 그렇게 나타나기 때문이고, 너에게 그렇게 보이는 것은 너에게 그렇게 나타나기 때문이다. 인간을 떠나서는 어떤 것도 존재하지 않는다. 인간을 떠나서는 객관적인 사태도 영원한 법도 영원한 신도 없다. 인간이 만물의 척도다."(Protagoras)

오늘날 우리 시대를 지배하는 문화는 어떤가? 우리 시대의 주도적인 가치관은 무엇인가? 소피스트 시대와 다른 것이 있는가? 가치의 절대적인 기준이 무엇인가? 양이 질을 지배하는 시대가 아닌가? 경제가 사상을 지배하는 시대가 아닌가? 사상이 경제에 종속된 시대가 아니가? 그런 사상은 더 이상 사상이 아니다. 철학이 존중되지 않는 시대이다. 철학 자신이 그런 방향으로 나가기 때문이 아닌가? 철학이 유용성의 하인이 되고 있는 것은 아닌가? 다시 암흑의 시대인가?

3.5.2. 파르메니데스와 소피스트

우리는 소피스트들의 상대주의적인 세계관이 파르메니데스의 존재론과 대립됨을 어렵지 않게 발견할 수 있다. 절대적 진리가 없다는 고르기아스의 주장이 존재의 영원불변성을 주장하는 파르메니데스의 존재론 자체를 비합리적이라고(ad absurdum) 부정하는 데 반해, 프로타고라스는 경험세계를 초월하는 존재의 영역에 도달하기 위해서는 경험세계의 감각적인 다양함에서 벗어나야 한다는 파르메니데스의 사상에 대해서만 부정적이었던 것 같다. 고르기아스는 사물들의 존재에 대한 물음은 우리가 현상세계에서 경험하는 사물들을 떠나서는 대답될 수 없다고 주장함으로써 존재와 현상을 구분하는 파르메니데스의 이원론적 사상을 비판했다.

여기서 우리가 주목해야 할 것은 비록 프로타고라스가 파르메니데스의 존재론을 비판하기는 했지만, 그가 현상계를 초월하는 존재의 세계를 완전히 부정한 것은 아니었다는 것이다. 오히려 그는 존재에 관해 우리는 알 수 없다는, 보다 정확하게 말해 현상계를 떠나서는 존재를 알 수 없다는 불가지론적 입장을 취하고 있었다. 이러한 사실은 신적인 존재자에 관한 다음과 같은 그의 주장에서 분명해진다.

> "나는 신적인 존재자에 관해, 그 존재자가 존재하는지 존재하지
> 않는지 알지 못하며 그 존재자가 어떤 모양으로 존재하는지도 알
> 지 못한다. 그것을 알 수 없게 하는 많은 것들이 있다. 우리가 그
> 존재자를 감각적으로 지각할 수 없기 때문이기도 하고, 우리의 삶
> 이 너무 짧기 때문이기도 하다."

3.5.3. 소크라테스(Socrates, 470~399)

그리스 본토인 아티카 반도가 철학의 중심지가 된 것은 소피스트와 소크라테스 이후였다. 소크라테스 이전의 철학자들은 주로

그리스 주변 지역들에서 활동했다. 그리고 그들의 주된 철학적 화두는 존재자의 아르케에 관한 것이었다. 그런데 정치적 상황의 변화와 함께 소피스트들이 등장하면서 철학적 물음도 존재자 일반의 아르케에서 인간의 현실적인 삶의 문제로 바뀌게 되었다. 그들은 초월적 존재에 관한 형이상학적 해명보다는 공동체에서의 삶이 중요하다고 생각했다. 한편 소크라테스는 공동체의 삶에서 중요한 가치들에 대해 철학적 물음을 제기했다. 가치를 판단하는 관점에 있어서 소피스트들과 다르다는 말이다. 가치관에 관한 그의 철학적 물음은 소피스트들과 철저히 대립되었다. 소크라테스의 철학의 방법론과 중요한 내용은 무엇인가?

a. 소크라테스의 철학적 방법론: 산파술과 역설(逆說)

소크라테스가 소피스트들에 대항하여 아테네의 시민들을 계몽하기 위해 사용한 방법은 '산파술'(μαιευτική: maieutike)이었다. 그의 산파술은 산파가 아이의 분만을 유도해 내듯이 대화 상대자들이 스스로 무지를 고백하고 진리를 깨우치도록 하는 방법이다. 사람들이 문제를 올바로 보지 못하는 것은 깊이 생각해 보지 않았기 때문이다. 문제의 핵심을 파악하는 것은 그 문제를 조금만 깊이 생각하면 알 수 있었던 것을 알게 되는 것일 뿐이기 때문이다. 소크라테스는 젊은이들이 그들의 생각과 판단에 있어서 지나치게 속단하는 경향이 있음을 발견했다. 그는 산파술의 방법으로 그들로 하여금 지금 단정하고 있는 것이 올바른 지식이 아님을 깨우쳐 주고자 했다.

소크라테스가 산파술의 방법을 통해 젊은이들을 계몽하는 과
정에서 일차적인 목표는 그들이 알고 있는 것이 사실은 참된 앎
이 아님을 일깨워주는 것이었다. 이렇게 무지함을 아는 것을 '무
지의 지'라 한다. "나는 내가 알지 못한다는 것을 안다"라는 유명
한 소크라테스의 역설은 바로 이렇게 무지를 계몽하는 한 방법이
었다. 소크라테스는 젊은이들에게 그들이 잘 알고 있다고 생각하
는 그것이 실제로 그런지 물었다. 그들이 그 사태의 본질을 올바
로 파악하고 있는지 물었다. 그들의 생각과는 다른 것이 있을 수
있지 않느냐고 물었다. 소크라테스는 대화 상대방과 반대되는 의
견을 제시하여 상대의 논리적 모순을 지적함으로써 상대방의 무
지를 일깨우고자 했다는데, 그의 이런 역설적인 논박술을 '엘렝코
스'(ἔλεγχος: 책망, 교차검증, 논박)라 한다. 소크라테스의 이런 방법론은
당시 소피스트들이 즐겨 사용하던 딜레마와 귀류법이라는 논증
기법에 의존하는 것처럼 보인다. 한편 산파술의 방법을 통해서 무
지를 일깨우는 것이 일차적인 목표였다면, 그 다음 단계의 목표는
진리를 제시해 주는 것이다. 인간 존재의 진리를 제시해 주는 것이
다. 무지를 고백하는 사람만이 진리를 찾을 수 있기 때문이다. "너
자신을 알라"[32]는 경구를 통해 소크라테스는 사람의 고유한 덕,
즉 사람을 사람답게 하는 '사람의 무늬'(人文)가 무엇인지 알아 그

---

32) "너 자신을 알라"는 경구는 원래 소크라테스의 말이 아니다. 탈레스가 이 경구를 써서 델피
신전에 걸어놓았다고 한다.

것을 실천하도록 깨우치고자 했다.

b. 소크라테스의 윤리학

소크라테스는 소피스트들과 동시대의 사람이었지만 그들과는
다른 가치관을 역설한다. 소피스트들의 '실용적' 가치를 강조했
는데 반해, 소크라테스는 삶의 궁극적인 목표인 '행복'은 덕의 실
천에 있음을 강조했다. 물론 소피스트들도 궁극적으로는 행복을
추구했겠지만 그 방법론에 있어서는 소크라테스와 전혀 달랐다.
그들은 실용적 유익함을 통해 행복을 추구했지만, 소크라테스는
덕의 실천을 통한 행복을 강조했다. 실용적 가치관이 '소유양식'
에 근거하는데 반해, 덕의 실천은 '존재양식'에 기초한다.[33] 실용
적 가치관에 바탕을 둔 삶의 방식은 소유를 통해 존재를 확인하
려 하는데 반해, '존재양식'에 기초한 삶의 방식은 사람의 본질적
인 존재방식을 알고 실천하는 데서 존재를 확인한다. 소크라테스
에게 있어서 최고의 가치는 행복이며 행복은 사람이 그의 본래적
존재방식인 '사람의 무늬'(人文), 즉 '사람다움'을 알아 그것을 실천
하는데 있다. '엘렝코스'(논박술)를 통해 무지를 일깨우는 것이 소크
라테스의 일차적인 목표였다면, 그의 궁극적인 목표는 아테네 시
민들에게 우연적이고 일시적이 아닌 필연적이고 영원한 참된 진리

---

33) 삶의 양식을 '소유양식'과 '존재양식'으로 구분하는 이런 구분은 "사람의 생명이 그 소유의
넉넉한데 있지 아니하니라."(눅 12:15)는 예수님의 교훈에 기초한다고 볼 수 있을 것이다.

를 깨우쳐 주고 그 진리를 실천하도록 하는데 있었다. 그가 "너 자신을 알라"는 델피신전의 경구를 인용했을 때 그것은 사람다움의 조건이 무엇인지 알아 그것을 실천하라는 것이었다. 그의 최대 관심사는 '인간이 무엇을 알아야 하며 무엇을 행해야 하는가?' 하는 것이었다. 인간은 무엇을 알아야 하고 무엇을 행해야 하는가? 이 물음에 답하기 위해 먼저 인간의 본질적 존재방식이 무엇인가에 관해 주목할 필요가 있다.

모든 존재자는 관계성을 그 본질로 한다. '존재함'(있음, being, Sein)이란 단어의 동사형인 '이다', 'is', 'ist' 등은 계사(coupla)로서 주어와 술어를 매개해 주는 역할을 한다. 계사는 주어로 표현된 하나의 존재자가 다른 존재자들과의 관계성 속에서 어떤 상태에 있는가를 매개해 주는 역할을 한다. 계사는 주어가 다른 존재자들과 관계를 맺고 있는 존재방식을 가리킨다고 볼 수 있다. 주어를 통해 표현된 존재자가 다른 존재자들과의 관계를 통해 이러저러하게 규정될 수 있는 것은 주어가 이미 그 속에 관계성을 본질로 가지고 있기 때문이다. 모든 존재자들은 관계성을 본질로 한다. '존재함' 또는 '있음'은 '관계를 맺고(이어주고) 있음'을 의미한다.

사람도 하나의 존재자로서 '관계성'을 그 본질로 한다. 사람들 사이의 이런 관계성을 우리는 '인간'(人間)이라 부른다. 사람의 본질은 인간, 즉 '사람 사이'에 있다. 사람은 바로 '사이'에 있다. '사람'은 어디에도 없다. 있는 것은 단지 '사람'이라 불리는 이 사람 저 사람뿐이다. 사람 자체는 이 사람도 아니고 저 사람도 아니라 그들 둘 '사이'에 있다. 사람의 본질은 바로 이런 관계성에 있다.

모든 존재자는 관계성을 본질로 한다. 어떤 하나의 존재자가 그 고유한 존재자로서 존재한다는 것은 다른 것과 다른 것으로 드러나 있다는 것인데, 이것은 이미 다른 것과의 관계성을 전제로 한다. 그런데 이런 관계성은 바른 관계와 굽은 관계로 구분될 수 있으며, 관계를 맺는 존재자들의 종류에 따라 자연적 관계와 인위적 관계로 구분될 수 있다.

자연적 사물들은 인과의 원리에 따라 존재하기 때문에 그 관계방식은 인과관계이다. 우리는 이런 관계를 자연스런 관계라고 할 수 있겠다. 인과관계는 관계방식의 한 양식이다. 자연의 사물들이 인과율에 따라 관계가 맺어질 때는 그 관계는 언제나 바른 관계이다.

그런데 관계방식의 또 다른 한 방식이 있으니 인간이 주체로서 다른 존재자들과 맺는 관계가 그것이다. 이런 관계는 인위적 관계라 할 수 있겠다. 이런 관계에서는 인간이 다른 존재자들에게 어떤 태도를 취하느냐에 따라 바른 관계가 맺어지기도 하고 굽은 관계가 맺어지기도 한다. 바른 관계란 인간이 하나의 존재자를 대할 때 ① '그 존재자에게 마땅히 돌아가야 할 것을 돌아가게 하는 것'이며, ② '같은 것을 철저하게 같은 방식으로 대하는 것'이다. 관계맺음의 이치(λόγος; logos)에 따라 관계가 맺어지는 것이다. 이치를 알아 그 이치에 따르는 인간의 속성을 이성(理性; λόγος)이라 한다. 따라서 올바른 관계란 이성의 지시에 따라 맺어지는 관계이며, 우리는 이런 관계를 합리적 관계라고 부른다.

굽은 관계는 그 반대의 관계이다. 구부러진 관계가 맺어지는 것은 관계를 맺는 둘 사이에 무엇인가 비본질적인 것이 개입되기 때문이다. 그런 관계는 이치에 따라 관계를 맺지 않기 때문에, 즉 이성의 지시에 따르지 않기 때문에 비합리적 관계이다. 이성의 지시에 따르지 않고 감성적 요소에 의해 이성이 혼돈해짐으로써 관계가 구부러지게 된다. 혈연과 지연은 관계를 구부러지게 하는 대표적인 예이다.

인간이 다른 존재자들과 – 그 존재자가 자연적 사물들이나 도구들이건 아니면 다른 사람들이건 간에 – 바른 관계로 맺어졌을 때 우리는 그것을 '의'(義: Gerechtigkeit)라고 한다. '의'(義)는 '美'(아름다움)와 '我'(우리)의 합성어로 '아름다운 우리'를 의미한다. 의, 즉 '아름다운 우리'는 사람을 사람답게 하는 것이다. 사람의 사람다움을 '덕'(德)이라 하며, 헬라어로는 '아레테'(ἀρετή)라 한다. 덕'을 가리키는 헬라어 단어 '아레테'(ἀρετή;arete)는 본래 '~다움', '~ 노릇'을 뜻한다. 존재하는 모든 것은 그의 고유한 무늬를 가지는데, 바로 이 무늬에 의해 어떤 것의 '그것다움'(덕)이 결정된다. 모든 것은 그의 고유한 무늬를 가지며, 그 무늬에 따라 그의 고유한 '짓'을 하며, 고유한 '노릇'을 한다. 덕이란 바로 이런 '노릇'과 '짓'을 가리킨다. 새는 '날갯짓'을 하면서 새의 '노릇'을 하고, 사람은 '사람짓'을 하면서 사람노릇을 한다. 따라서 존재하는 모든 것은 덕을 가지며, 서로 덕을 보면서 존재한다. 칼의 고유한 무늬는 '잘 자르는 것'이기 때문에 '잘 자르는 노릇'을 한다. 칼의 이런 덕 때문에 우리는 물건을 자를 때 칼의 덕을 본다. 어떤 사람이 사람다울 때, 그가 사람노릇을 잘 할 때 우리는 그를 덕이 있는 사람이라 한다. 그리고 사람들은 서로 덕을 보면서 살아간다.[34] 따라서 "범사에 감사하라"는 예수의 말씀은 여기에 근거한다고 할 수 있다. '다움'을 표현할 때 사용되는 영어의 '-hood', '-like'와 독일어의 '-keit', '-heit'(-keit나 -heit는 양식, 본질, 속성 등을 가리키는 접미사임)는 모두 '닮음'을 가리키는 접미사이다. 남자다움을 가리킬 때 영어에서는 'man-hood', 'like a man'등의 표현을 쓰며, 독일어에서는 'Männlichkeit'란 표현을 쓴다. 덕이란 '사람다움'을 의미하며, '사람다움'은 '사람(을) 닮음'을 의미한다고 볼 수 있겠다. 그리고 이때 '닮음'이란 말은 그럴듯하다는 뜻이 아니라 '무늬', 즉 원본과 꼭 같은 복사본이란 의미로 이해해야 할 것이다. '인문학'(人文學)이란 말에서 '문'(文)은 '글'이 아니라 '무늬'(紋)를 의미한다.[35] 따라서 '인문'이란 '사람의 무늬'를 의미하며, '문화'(文化)는 '인문화'(人文化), 즉 '사람의 무늬가 됨'을 의미한다. 문학과 예술 등은 문화의 현상들이다. '사람다움'이란 '사람을 닮음', '사람 같음'이란 뜻인데 여기서 중요한 것은 사람을 닮는다는 것이 무엇이냐 하는 것이다. 사람을 닮지 않은 사람이 있단 말인가? 구약성경의 묵시록 특히 다니엘서와 에스겔서에 나오는 "인자"(人子, 사람의 아들)란 개념에 주목할 필요가 있겠다. '사람을 닮음'에서 '사람'은 바로 묵시록에 나오

---

34) '사람다움', 즉 德은 어떻게 실현될 수 있는가? 德은 直(곧음, 바름)과 '心'의 합성어로 '바른 마음의 실천'을 의미한다고 볼 수 있다. 다시 말해, 바른 마음을 실천할 때 사람다움이 구체적으로 실현된다는 말이다.

35) '글'도 일종의 무늬이다. '文'(글)은 상징적 무늬를 가리키고, '紋'(무늬)는 사실적 무늬를 가리킨다. 예를 들어 '책상'은 책상이란 사물의 상징적 무늬이고, 책상의 사실적 무늬는 개개의 책상의 - 만일 그 책상이 나무로 만들어 졌다면 - 문양이다. 그렇다면 왜 사람의 무늬는 '文'이란 글자를 썼는가? 그것은 사람의 무늬인 덕은 사람다움을 가리키는 상징적 무늬이기 때문이다.

는 "인자"와 동일한 의미로 이해해야 할 것이다. 그렇다면 "인자"란 무엇인가? 사람의 아들이 아닌 사람이 있겠는가? '인자'란 개념을 이해하기 위해서는 "인자"와 짐승들이 대비적으로 나타나고 있음에 주목해야 한다. 인자는 사람을 사람으로서 대하는 참사람인 메시아를 상징하며, 짐승은 무력으로 사람을 무자비하게 대하는 고대의 제국들을 상징한다.

사람의 가장 근본적인 덕은 '의'인데, 이 의로움을 위해서는 다시 지혜, 용기, 절제, 정의라는 덕목들이 요구된다. 정의(正義; justice)는 의가 실현되기 위한 필연적 전제이다. 플라톤에 의하면 사람의 고유한 덕은 지혜, 용기, 절제, 정의인데, 이 덕목들 중 최고의 덕목은 정의이다.[36) "모든 사람이 그의 것과 그에게 적합한 것을 가지고 행하는 것"(『국가론』 433 e 12 f.)을 본질로 하는 정의는 모든 덕들이 조화롭게 발휘될 수 있도록 하는 근거이다. 플라톤에 의하면 "정의는 이 세 가지(지혜, 용기, 절제)가 모두 이 나라 안에서 발생할 수 있게 해주고 … 그것들이 보전되도록 해주는 그런 것이다."(『국가론』 433 b-c) 왜 정의가 최고의 덕인가? 둘 사이의 관계가 올바로 맺어지기 위해서는 둘 사이의 관계가 바르게 맺어져야 하는데, 관계가 바르게 맺어지기 위해서는 둘 사이의 관계가 정확해야(just) 한다. 둘 사이의 이런 '관계의 정확함'이 바로 정의(justice)이다. 그리고 그 관계가 정확(just)하기 위해서는 둘 사이의 관계가 적절한

---

36) 정의가 최고의 덕이라는 플라톤의 주장에 관해서는, 참조, W. Pannenberg, *Theologie und Philosophie*, München 1996, S. 44; Brockhaus Enzyklopädie, 7권, 143쪽.

비율에 의해 조화를 이루어야 한다. 이때 '정확함'과 '적절한 비율'은 같은 의미로 이해되어야 할 것이다.[37) 후에 아리스토텔레스가 덕의 본질을 "중용"(μέσοτες; mesotes)이라 한 것은 플라톤의 정의 개념과 다르지 않다고 할 수 있다. 아리스토텔레스에게서 "중용"은 '적절한 비율'(μέσοτες; mesotes), 즉 '지나치거나 모자라지 않음'을 의미하는데, 이것은 플라톤의 정의와 같은 의미로 이해될 수 있을 것이다.

사람다움의 조건과 양심, 즉 인간의 내면에 있는 신적인 본질을 일깨우고자 하는 소크라테스는 당시의 정치인들에게 걸림돌이 되었다. 그것은 부분적으로는 이러한 깊은 윤리의식이 민간종교와 배치되었기 때문이었다. 이런 이유로 그는 체포되어 투옥되었으며 결국 독배를 마시게 되었다. 그의 깊은 윤리의식은 다음과 같은 그의 말에 잘 나타난다.

"나의 동포들이여, 여러분은 나에게 사랑스럽고 귀중한 사람들입니다. 그러나 나는 여러분들의 뜻보다는 신의 뜻에 따르렵니다. 내가 숨 쉬고 기력이 있는 한 나는 진리를 탐구하기를 그치지 않을 것이며, 여러분들을 경고하고 계몽하며, 언제나 내가 그랬듯이 여러분들 모두에게 양심을 일깨워 주기를 그치지 않을 것입니다.

---

37) '정의'(正義)라는 개념에서 '정'(正, 바름)은 '一'(하늘)과 '止'(걸음걸이)의 합성어로 '하늘의 걸음걸이', 즉 하늘(천체)이 확고하게 틀을 잡고 운행하는 이치를 의미한다고 볼 수 있는데, 이때 천체는 정확한 '비율'(Logos)에 따라 운행한다. 따라서 '正'은 하늘이 운행하는 정확한(just) 비율을 가리킨다. '정의'는 적절한 비율(just ratio)에 따라 이루어지는 '아름다운 우리'(義)라 할 수 있을 것이다.

가장 위대하고, 정신의 교육을 통해 가장 고상하게 된 도시의 시
민들인 여러분이 어떻게 돈주머니를 채우기에 급급하고 명예욕에
사로잡힌 것을 부끄러워하지 않습니까? 어떻게 여러분은 윤리적
판단과 진리와 영혼의 개선에는 신경을 쓰지 않습니까?"

3.5.4. 플라톤(Platon, 427-347)

이상에서 우리는 소크라테스 철학의 방법론과 그 내용을 살펴
보았는데, 아리스토텔레스에 의하면 "소크라테스의 철학은 보편
적 개념을 이끌어내고 그렇게 도달된 개념의 실천을 추구하는 양
면적인 특징을 가진다." 우리는 소크라테스의 이런 철학적 특징을
플라톤의 초기 대화편들에서 발견할 수 있다.

플라톤은 그의 초기 대화편들에서 소크라테스를 등장시켜 대
화를 이끌어 나가는데 거기서 소크라테스는 사람들에게 '아레
테'(arete)에 관해 묻는다. 사람들은 소크라테스에게 이렇게 대답
한다. 만일 어떤 사람이 국가를 통치하고, 친구들을 이용하고 적
을 물리칠 수 있다면, 즉 그가 용감하고 분별력이 있고 현명하다
면 우리는 그에게 여러 종류의 아레테들을 발견하게 된다는 것이
다. 소크라테스는 이런 대답에 대해 그런 것들은 모두 아레테의
사례들, 즉 구체적인 개개의 아레테들이지 아레테 자체는 아니라
고 반론을 제기한다. 그렇지만 이런 개개의 아레테들을 그들의 형
식적 구조에서 면밀하게 관찰하면 이런 개별적인 아레테들은 언
제나 동일한 것에 기초하고 있음을 보게 될 것이다. 모든 개별적

인 아레테들의 기초가 되는 바로 그것이 아레테들의 '보편적인 형상'(εἶδος; eidos) 또는 '이데아'(ἰδέα; idea)이다. 이것이 바로 소크라테스가 도출하고자 하는 보편적 개념으로서 '아레테'이다. 그리고 바로 이 보편적 형상으로서의 '에이도스' 또는 '이데아'가 플라톤 철학의 토대를 이룬다.

플라톤 철학은 소크라테스와 마찬가지로 지혜, 용기, 절제, 정의 등과 같은 윤리적 덕목들에서 시작된다. 소크라테스가 평민 출신의 철학자였는데 반해 플라톤은 고위층 귀족 출신이었지만 그의 철학도 소크라테스와 마찬가지로 올바른 사람됨과 올바른 국가를 목표로 하는 실천적인 삶에 초점이 맞춰져 있었다. 그는 소크라테스의 이론을 계승하여 그것을 이데아론으로 발전시켰다. 그의 이데아론이 어떻게 형성되어 윤리학과 형이상학으로 발전되었는지 살펴보자.

3.5.4.1. 동굴의 비유

플라톤의 이데아론은 그의 대화편 『국가론』의 중반부에 나오는 '동굴의 비유'에 잘 나타난다. 그의 이데아론을 이해하기 위해 먼저 이 비유를 살펴보자.

죄수들이 동굴 벽을 향해 쇠사슬에 묶여있는 장면을 생각해 보라. 죄수들은 일생동안 그곳에 묶여 있었으며, 그들의 머리는 동굴 벽을 향해 고정되어 벽 이외에는 어떤 것도 볼 수 없다. 그들 뒤에는 불이 있고, 불과 그들 사이에는 길이 있다. 그 길을 따라 수많은 사람들이 걸어 다니는데, 그들의 그림자가 동굴 벽에 드리워진다. 어떤 사람들은 동물 모양의 것들을 운반한다. 동굴 내부의 죄수들은 언제나 오직 그림자들만 볼 뿐이다. 그들은 그 그림자들이 실제의 사물들이라고 믿는다. 그들은 그 이상의 어떤 것도 알지 못하기 때문이다. 그러나 실제로 그들은 결코 실제의 사람들을 보지 못한다.

그러던 어느 날 죄수들 중 하나가 사슬에서 풀려 실제의 불을 볼 수 있게 된다. 처음에 그는 눈이 부셔 불꽃을 전혀 볼 수 없지만 점차 익숙하게 되어 주변 세계를 보기 시작한다.

다음에 그는 동굴 밖으로 나가게 되어 햇빛을 완전히 보게 되지만 이번에도 밝은 빛에 눈이 부셔 당황한다. 이제 그는 서서히 전에 자신의 삶이 얼마나 가련한 것이었는지 자각하기 시작한다. 지금까지 그는 그림자의 세계에 만족하고 있었다. 그의 뒤에는 밝게 빛나는 충만한 실제 세계가 놓여 있었음에도 불구하고 말이다. 이제 그는 눈이 밝은 빛에 적응함에 따라 동료 죄수들이 보지 못했던 것을 보며, 그들에 대해 안타까운 마음을 가지게 된다. 드디어 그 빛에 완전히 익숙하게 되자 태양을 직접 볼 수 있게까지 된다.

다음에 그는 다시 동굴로 돌아간다. 그의 눈은 더 이상 이 그림자의 세계에 익숙하지 않게 되었다. 그는 동료 죄수들이 쉽게 발견하는 그림자들을 더 이상 식별하지 못한다. 동료들은 그가 동굴 밖으로 여행을 다녀온 후 눈이 멀었다고 생각한다. 그러나 그는 실체의 세계를 보았다. 동료들은 여전히 피상적인 현상 세계에 만

족하고 있다. 그들은 비록 밖으로 나갈 수 있다 할지라도 동굴을
떠나지 않을 것이다.

동굴 안에 갇힌 죄수들에 관한 이 비유에는 실재(實在)의 본질,
즉 이데아에 관한 플라톤의 이론이 인상적으로 제시되어 있다. 플
라톤에 따르면 대다수의 사람들은 동굴 안의 죄수들처럼 그림자
와 같은 현상의 세계에 사로잡혀 그것이 전부인 것처럼 산다. 그
러나 철학적 사유를 하는 사람들은 동굴 밖으로 나가 실재세계의
일들을 경험하고자 한다. 그들만이 진리를 추구하며, 그렇게 추구
하는 사람들만이 진리를 인식할 수 있다. 피상적인 지각의 세계는
끊임없이 변하며 불완전하다. 그러나 철학자들이 추구하는 형상
(이데아)의 세계는 변하지 않으며 완전한 세계이다.[38] 그 세계는 오
감을 가지고 지각될 수 없다. 이데아들은 오직 사유에 의해서만
경험될 수 있다. 그렇다면 사유를 통한 이데아 인식이 어떻게 이
루어지는가? '동굴의 비유'에서 플라톤이 제시하는 이데아의 인식
에 관해 살펴보자. 사유를 통한 이데아 인식이 어떻게 이루어지며,

---

38) 여기서 "형상"은 감각의 눈에 보이는 형상(morphe)이 아니라 이성에 의해 보여진 형상을
말하는데, 이렇게 이성에 의해 보여진 형상을 '이데아'라 한다. 원래 '이데아'(ἰδέα)와 '에이
도스'(εἶδος)는 모두 '호라오'(ὁράω: '내가 보다')라는 동사에서 유래한 개념들이다. '이데
아'는 '호라오'의 제2단순과거 부정사인 '이데인'(ἰδεῖν)에서 유래한 것으로 '보여진 것'이
란 뜻이고, '에이도스'는 '호라오'의 현재완료형인 '오이다'(οἶδα: 내가 보았다)에서 유
래했다.
  플라톤은 사물의 본질과 관련하여 그의 대화편 『파이돈』 초반부에서는 "to ho esti"(τὸ ὁ ἔστι,
what-it-is)란 표현을 사용하고 후반부에서는 '이데아'란 표현을 사용하는데, 여기서 우리는
'이데아', 즉 '이성에 의해 보여진 것'은 바로 '어떤 것을 바로 그것이게 하는 것'(본질; what it
is)임을 알 수 있다. 참조, 김영균, 「플라톤 철학에서 지성(nous)과 인식」(박희영 외, 『플라
톤 철학과 그 영향』, 서광사, 2001), 17~18쪽.

그렇게 인식된 이데아의 종류에 관해 살펴보자.

플라톤에 의하면 인간의 모든 인식은 혼의 작용인데, 혼의 능력은 '감각적 지각'(aisthesis), '추론적 이성'(dianoia 또는 logos) 그리고 '지성적 직관'(nous) 또는 '신적 직관'의 세 종류이다. 이 세 가지 인식 능력을 위의 비유와 관련하여 살펴보자. 감각적 지각의 단계에서 인간의 혼은 감각적인 것에 사로잡혀 대상의 실상에 관한 정확한 인식(episteme)을 가지지 못하고 의견(doxa)을 가질 뿐이다. 감각적 지각은 죄수들이 동굴에 갇혀 쇠사슬에 매여 있는 상태이다. 다음에는 묶여있던 죄수가 사슬에서 풀려나 고개를 돌릴 수 있게 되어 불빛에 드러난 실제의 사물들을 볼 수 있게 된다. 이 단계에서 인간은 '추론적 이성'(dianoia)을 통해 사물의 본질을 직관할 수 있다. 추론적 이성은 고개를 돌리고 시선을 변경하는 '이데아적 환원'의 단계를 거쳐 사물의 본질을 직관한다. 수학을 비롯한 모든 학적 인식이 여기에 속한다. 추론적 이성에 의한 이데아 인식은 디아렉티케(dialektike)의 방식을 통해 수집된 자료들을 지성이 직관함으로써 이루어진다. 우리는 이런 직관을 '이데아적 직관'이라 할 수 있으며, 현상학적 '본질직관'이라고도 할 수 있을 것이다. 다음 단계에서 이제 죄수는 동굴 밖으로 완전히 나가 태양을 보게 된다. 여기서 태양은 모든 존재의 근거인 선의 이데아를 상징한다. 태양의 빛은 사물들이 드러나게 할 뿐만 아니라, 식물들이 자라게도 한다. 태양은 인식론적 근거이면서 동시에 존재론적 근거이다. 이제 인간의 혼은 사물들의 본질을 인식하는데 그치지 않고, 사물들의 존재론적 근거인 선의 이데아를 직관할 수 있게 된다. 이런 인식

은 신적 직관능력인 '누스'에 의해 이루어진다.[39]

3.5.4.2. 이데아론으로서 기하학과 윤리학

플라톤의 이데아론은 본질적으로 기하학의 정신으로부터 형성되었다. 플라톤이 그의 아카데미아 정문에 "기하학을 모르는 사람은 이 문에 들어오지 말라"고 써 붙였다는 사실에서도 알 수 있듯이 기하학은 그의 철학에서 결정적으로 중요한 역할을 하였다. 그렇다면 그의 기하학은 기존의 기하학과 어떻게 달랐으며, 그의 독창적인 기하학 이론이 이데아론과 무슨 관련이 있는가?

기존의 기하학 이론의 특징 : 기하학은 그리스에서 가장 먼저 학문적 체계를 갖춘 학문이었다. 당시의 기하학에서는 이론적 명제가 사용되었고, 그 이론적 명제의 증명이 이루어졌으며, 그렇게 함으로써 그 이론적 명제가 하나의 공리로 확정되었다. 이렇게 확정된 공리는 더 이상 의심할 수 없는 것으로 이를 토대로 해서 또 다른 학문적 이론이 발전될 수 있었다. 예를 들면 다양한 삼각형들을 경험적으로 관찰하여 그 관찰들로부터 '삼각형의 내각의 합은 180도이다'라는 명제를 형성하고 증명함으로써 그 명제를 하나의 공리로 확정하는 작업이 이루어졌다. 기하학이 실용적인 목적으로 이용되었던 고대 바벨론의 기학학과 달리 그리스의 기하학은 지식의 엄밀성, 즉 근거지어진 지식을 추구하였다.

---

39) 인식능력에 관한 이런 구분은 '선분의 비유'를 참조하라.

그러나 플라톤은 기하학이 확실한 지식의 패러다임(모범)으로 머무는데 만족하지 않고, 이론적(보편적) 명제들, 즉 (기하학의 경우에는) 모든 가능한 도형들에 관한 명제들과 관련하여 야기되는 어려움에 주목하였다. 그는 이론적 명제를 주장하기 전에 먼저 그 명제에서 사용되는 도형의 보편성과 필연성이 확보되어야 한다고 생각했다. 그래야 그 도형을 사용하여 이루어지는 기하학적 증명의 엄밀성이 보장될 수 있기 때문이다. 그는 대화편 『국가론』에서 수학자들이 홀수와 짝수, 도형들과 세 종류의 각을 전제한다고, 즉 그들이 마치 이것을 이미 알고 있는 것처럼 전제한다고 비판한다. 그들은 수학에서 사용되는 개념들을 해명하지 않고 바로 명제들에 대한 증명에 임한다는 것이다. 플라톤에 의하면 그리스 기하학은 도형의 속성을 이론적 명제로 진술하는데 치중할 뿐 기하학에서 다루어지는 도형 자체의 보편적 대상성에 관해서는 무관심했다. 그렇다면 기하학에서 다루어지는 도형은 어떤 대상성을 가지는가? 플라톤에 의하면 기하학의 이론적 명제들에서 다루어지는 도형은 결코 경험적인 우연한 도형이 아니라 언제 어디서나 타당한 보편성을 가져야 한다. 플라톤은 이런 보편적 대상에 대해 '이데아'란 개념을 사용한다. 그렇지 않으면 기하학에서 다루어지는 명제들의 보편성과 필연성이 보장되지 않을 것이기 때문이다.

여기서 잠시 '이데아'란 개념이 무엇을 의미하는지 살펴보자. 그리스어 '이데아'(ἰδέα)는 '호라오'(ὁράω, 내가 보다)의 제2단순과거 부정사인 '이데인'(ἰδεῖν, to see)의 과거분사로 '보여진 것'이란 뜻이다. 그리고 이때 보는 주체는 감각적인 시각이 아니라 이성이다. 따라서 이데아란 '이성의 눈에 의해 보여진 것'이다. 예를 들면 탄젠트(Tangente)는 원과 외접하는 직선이 만나는 한 점을 말한다. 우리는 이 점을 표시하기 위해 칠판 위에 그 점을 찍지만 사실 그 점은 없는 점이다. 그 점은 위치가 없는 것으로 단지 이성에 의해서만 보여질 뿐이다. 우리가 기하학에서 탄젠트란 개념을 사용할 때 그것은 이성에 의해 보여진 이데아로서 점을 의미한다. 점뿐만 아니라 직선이나 원의 경우도 마찬가지이다. 그 대상들은 모두 이성에 의해 보이는 대상들이다. 단지 이런 이데아로서 대상들을 표현하기 위해 감각적인 점이나 선이나 원을 그릴 뿐이다. 그리고 이때 이성에 의해 보여진 것은 '그 대상을 바로 그것이게 하는 것', 즉 그 대상의 본질 자체이다.[40] 기하학에서 다루어지는 도형은 감각적 시각에서 보이는 대로의 도형이 아니라 이성에 의해 보여진 도형, 즉 이념적 도형이라는 것이다. 이와 같이 기하학의 대상을 이데아로 생각할 때 비로소 경험적으로 관찰되는 대상들이 부정확함에도 불구하고 기하학은 엄밀한 학(學)으로서 성립할 수 있다. 수학자들은 이런 저런 구체적인 도형들을 사용하여 기하학적 명제들을 진술하는데, 이때 그들이 사용하는 구체적인 도형들은 이데아적 도형의 모상(模像)이라는 것이다. 플라톤은 기하학에서 사용되는 이론적 명제에 지금까지 해명되지 않았던 이데아, 즉 '이론

---

40) 플라톤은 사물의 본질과 관련하여 그의 대화편 『파이돈』 초반부에서는 'to ho esti'(τὸ ὅ ἐστι, what-it-is)란 표현을 사용하고 후반부에서는 '이데아'란 표현을 사용하는데, 여기서 우리는 '이데아', 즉 '이성에 의해 보여진 것'은 바로 '어떤 것을 바로 그것이게 하는 것'임을 알 수 있다. 참조, 김영균, 「플라톤 철학에서 지성(nous)과 인식」(박희영 외, 『플라톤 철학과 그 영향』 서광사, 2001), 17~18쪽.

적 대상'이란 개념을 새로이 도입하였다.

이상에서 보았듯이 플라톤이 이데아란 개념을 처음 사용한 것은 기하학적 대상들과 관련해서이다. 그러나 그 개념은 기하학의 영역에만 국한되지 않았다. 이론적 대상들과 관련된 문제는 다른 분야에서도 마찬가지로 중요한 문제였다. 특히 윤리학과 미학에서 그랬다.

소크라테스와 마찬가지로 플라톤도 공동체 내에서 인간의 올바른 삶을 가장 중요한 것으로 보았다. 올바른 삶이란 사람을 사람답게 하는 덕을 따르는 삶인데, 이 덕이 바로 이데아로서의 덕이다. 기하학적 명제들에서 다루어지는 대상들이 이데아들 이듯이 윤리학적 대상들도 이데아로서의 대상들이라는 것이다. 도덕적 이데아들, 즉 지혜, 용기, 절제, 정의 등은 기하학의 대상들과 마찬가지로 이데아로서의 개념들이다. 이와 같이 플라톤은 소크라테스의 윤리이론을 계승하여 그것을 기하학과 유비적으로 결합시킴으로써 윤리학적 이데아론으로 발전시켰다.

3.5.4.3. 형이상학으로서의 이데아론

플라톤의 형이상학적 이데아론은 파르메니데스의 영향에 의해 형성되었다고 볼 수 있다. 파르메니데스는 존재자로 구체화되기 이전의 근원적 상태에 대해 "존재"라는 개념을 사용하였다. 그는 존재(ἐόν)와 가상(Schein; δοκοῦντα)을 구분하였는데, 그의 이런 구분은 원자론자들과 플라톤의 사상에 영향을 주었다. 파르메니데스에 의하면 만물(τὰ ἐόντα)은 다양하며 생성하고 소멸하는데 반해, 참으로 존재하는 존재는 생성소멸하지 않으며, 움직이지 않으며 변하지 않는다. 그것은 규정되지 않은 하나이며 자체 내에 차이가 없는 것이다.(Parmenides, VS 28, B 2; B 8)

플라톤은 파르메니데스의 '참으로 존재하는 것'에 대해 '이데아'란 개념을 사용한다. '정의가 무엇인가'란 물음에서 시간과 공간을 초월하여 언제나 정의로울 수 있으며 정의로운 모든 것을 정의롭게 하는 어떤 것이 있어야 한다. 플라톤은 이런 것을 "이데아"라 부른다. 그리고 플라톤은 이데아가 모든 개별적인 것을 존재하게 하는 근거이기 때문에 '우시아'(οὐσία)라 부르기도 했다(파이드로스, 65 d-e). '우시아'만이 본래적이고 원초적인 존재자이다. 플라톤에 의하면 존재자의 존재는 존재자를 바로 그것이게 하는 무엇(τίς; what; was)이기 때문에, 'οὐσία'란 개념은 존재자의 본질, 즉 본래적이고 원초적인 존재자와 동일한 개념으로 사용되었다.

플라톤은 파르메니데스의 '참으로 존재하는 것'을 "영원하고 변하지 않는 존재자"(τὸ ὄν ἀεί), "영원히 동일한 존재자"(ἀεὶ κατὰ ταὐτὰ ὄν)라고 생각했다.(『티마이오스』 27 d-28a) 그런 존재자는 감각적 사물이 아닌 '이데아'이다. 한 존재자의 본질로서 이데아는 "순수한 존재자"(εἰλικρινὴς ὄν)이다.(『국가론』 478 e) 감각적 사물들은 다양한 원소들의 결합체로서 끊임없이 변하는데 반해, 이데아들은 불변성과 자기동일성의 특징을 가진다.(『파이드로스』 78 c-d.) 그리고 이데아들은 다른 것들과 섞이지 않은 순수한 본질이기 때문에 "완전한 존재자"(παντελῶς ὄν)이며, 단순히 불가해한 것이나 가상적인 것과 달리 "완전히 인식할 수 있는 것"($\pi\alpha\nu\tau\epsilon\lambda\tilde{\omega}\varsigma$ $\gamma\iota\nu o\sigma\tau\acute{o}\nu$)이다(『국가론』 477 a). 플라톤의 이데아들은 원자론자들의 "원자"와 라이프니츠의 "모나드"와 양자역학에서 양자장을 구성하고 있는 17개의 기본입자들처럼 자기 독립적인 존재방식을 가지면서 현상의 모든 존재자들을 존재하게 하는 '존재자의 존재'라 할 수 있겠다.[41]

플라톤의 형이상학적 이데아론은 그의 대화편 『티마이오스』에 잘 나타난다. 플라톤에 의하면 세계만물은 신에 의해 무에서 창조된 것이 아니다. 만물은 데미우르고스라는 신이 원초적 물질에 형상($\epsilon\tilde{\iota}\delta o\varsigma$)을 줌으로써 '형상화'($\mu o\rho\varphi\acute{\eta}$)되었다는 것이다. "만물의 창조자이자 아버지"(27 c 3f.)인 데미우르고스가 "영원한 것을 본으로 하여"(29 a 3) 세상을 창조했다. 여기서 "영원한 것"은 가시적 사물들의 본이 되는 '본질형상'(에이도스) 또는 '이데아'를 의미한다. 따라서 신은 창조자라기보다는 오히려 일종의 건축가와 같다. 원초적인 물질, 즉 질료(質料: $\tilde{\upsilon}\lambda\eta$)는 창조 이전의 재료로서 이미 있는 것이다. 신은 자기의 의사에 따라 다만 질료에 형상을 주었을 뿐이다. 이것은 창세기 1장에서처럼 하나님이 카오스 상태의 근원물질을 나눔으로써 만물을 형성한 창조의 과정과 같다. 한편 데미우르고스는 세상을 조성할 때 만물에 "세계영혼"을 불어 넣었다. 인간의 영혼도 이 세계영혼의 한 부분이다.

플라톤이 기하학과 윤리학에서 이데아란 개념을 사용하기는 했

---

41) 플라톤의 『티마이오스』에 의하면 데미우르고스는 삼각형과 정다면체를 본으로 하여 세계를 창조했다. 하이젠베르크는 플라톤이 말하는 삼각형과 정다면체가 바로 세계를 구성하는 기본입자들이라고 생각한다. 참조, W. Heisenberg, 『부분과 전체』(유영미 역), 380-391쪽.

지만 그것은 아직 엄밀한 의미의 이데아론은 아니다. 형이상학으로서 이데아론, 즉 이데아란 개념을 존재자 일반에까지 확대하는 이데아론은 플라톤 자신에게도 발견되기는 하지만 주로 이데아론에 대한 아리스토텔레스의 비판과 플라톤주의에서 발견된다.[42] 그렇다면 이런 이데아론은 어떤 과정을 통해 형성되었는가?

이데아론은 기하학적 명제들에서는 아직 문제시되지 않았던 원상(原像)과 모상(模像)의 관계가 모든 존재자들을 이데아와 현상으로 구분하는 독자적인 영역으로 발전됨으로써 형성되었다. 이데아가 원상이라면 현상계의 사물들은 이데아를 조금 나누어 가지고 있는 모상과 같다. 형이상학적 이데아론은 원래 기하학의 학문적 방법으로 도입된 이데아란 개념이 윤리적 이데아와 미학적 이데아의 단계를 거쳐 존재론적으로 확대된 것이다. 이럴 경우 현상계는 이데아의 세계를 "나누어가짐"(μεθεχις; 메텍시스)으로써 형성되었다는 것이다.[43] 더 나아가 형이상학적 이데아론에서는 기하학과 윤리학에서는 아직 문제가 되지 않았던 실재성의 문제가 중요한 주제가 된다. 즉, 동일성, 차이성, 대립성, 통일성, 다양성, 유사성, 아름다움, 지혜, 용기, 절제, 정의, 선 등과 같은 이데아들은 추구되

---

42) 유르겐 미텔쉬트라스는 형이상학적인 이데아론(윤리학과 수학과 관련된 이데아론이 아니라)을 플라톤 자신의 주장이 아니라 플라톤주의의 창작이라고 본다. 따라서 그는 기하학과 윤리학의 영역에서만 이데아에 관해 말하는 것이 타당성이 있다고 주장한다. 참조, Jürgen Mittelstraß, "Platon", in: Otfried Höffe (Hrsg.), *Klassiker der Philosophie I*, 1994 München, S. 47~48.

43) 플라톤의 이데아론이 수학적 이데아론과 윤리적 이데아론을 거쳐 형이상학적 이데아론으로 발전되었다는 사실에 관해서는 참조, Jürgen Mittelstraß, "Platon", in: Otfried Höffe(Hrsg.), *Klassiker der Philosophie I*, München 1994, S. 47~48; Johannes Hirschberger, *Kleine Philosophiegeschichte*, Freiburg 1974, S. 25~29.

어야 할 이념(이상적인 개념)인데 반해, 현상계에 존재하는 사물들의
원상인 형이상학적 이데아들은 현상계의 사물들보다 더 실재성을
가진 것으로 전제된다. 실재성의 정도에 있어서 보면 이데아들은
완전한 실재성을 가지는데 반해, 현상계의 사물들은 부분적인 실
재성만을 가진다. 현상계의 사물들이 실재한다고 할 수 있는 것
은 그것들이 각자의 이데아들을 일부 나누어가지기 때문이다. 인
간, 동물, 식물 등 현상계의 사물들이 실재성을 가지는 것은 그들
의 완전한 실재성인 이데아들을 일부 나누어 가지기 때문이다.

그렇다면 인간에 의해 만들어진 도구들도 이데아를 가지는가?
이 경우 그 도구들의 이데아는 인간에 의해 생각된 설계도일 것이
다. 따라서 그것들에게는 형이상학적 이데아들과 같은 실재성을
인정할 수가 없을 것이다. 다만 기하학적 이데아와 윤리적 이데아
와 같은 개념적 실재성이 인정될 수 있을 것이다. 그러므로 플라
톤에게 있어서 이데아는 '이상적 개념'(이념)으로서의 이데아와 형이
상학적 의미의 이데아로 구분하는 것이 좋을 것이다. 이런 구분을
보다 분명하게 하기 위해 전자의 이데아들에 대해서는 플라톤을
따라 '이데아'란 개념을 사용하고, 후자의 이데아에 대해서는 아리
스토텔레스를 따라 '에이도스'(εἶδος: 본질)라는 개념을 사용하는 것
이 좋을 듯하다.[44) 한편 이데아론이 형이상학적으로 확장됨으로

---

44) 원래 '이데아'(ἰδέα)와 '에이도스'(εἶδος)는 모두 '호라오'(ὁράω: '내가 보다')라는 동사에
서 유래한 개념들이다. '이데아'는 '호라오'의 제2단순과거 부정사인 '이데인'(ἰδεῖν)에서 유
래한 것으로 '보여진 것'이란 뜻이고, '에이도스'는 '호라오'의 현재완료형인 '오이다'(οἶδα:
내가 보았다)에서 유래했다. 아리스토텔레스에게 있어서 수학적 이데아나 윤리적 이데아
들은 인간의 오성에 선천적으로 미리 갖추어져 있는 개념으로서 카테고리들이며, 형이상학
적 이데아들은 하나의 개체를 구성하는 본질적인 요소로서 '형상'(에이도스)이다. 아리스

써 머리카락이나 때와 같은 하찮은 대상들에게도 그에 상응하는 이데아들이 있다고 보아야 하느냐 하는 문제가 발생하는데, 플라톤은 그런 대상들에게는 이데아를 인정할 수 없다고 한다.

3.5.4.4. 이데아들의 '코이노니아'(κοινωνία, 조화)와 선(善)의 이데아.

앞에서 우리는 플라톤의 이데아론이 어떻게 수학적 이데아론과 윤리적 이데아론을 거쳐 형이상학적으로 확장되었는지 보았다. 그리고 이렇게 확장된 이데아론에서 현상계와 이데아의 세계는 '메텍시스'(μέθεξις: 참여함, 나누어 가짐)의 관계에 있음을 보았다. 그런데 이데아론에서 간과해서는 안 될 다른 하나는 이데아들 사이의 관계이다. 플라톤에게 있어서 이데아론이 형이상학으로 확장됨으로써 이데아와 현상계의 실재성의 문제가 중요한 주제로 대두된 사실은 앞에서 살펴보았다. 그런데 또 한 가지 간과해서는 안 될 문제는 이데아들 사이의 상호관계이다. 하나의 이데아는 그 자체로 완결된 이데아가 아니다. 이데아들은 다른 이데아들과 함께 가장 잘 조화를 이룰 때 비로소 완전한 이데아일 수 있다는 것이다.

플라톤에 의하면 개개의 이데아들은 각자 그들만의 고유성을

토텔레스는 인간의 이성에 미리 갖추어져 있는 선천적인 개념들을 10개의 카테고리들로 정리하며, 형이상학적 이데아들은 질료와 함께 사물들을 구성하고 있는 형상(에이도스)이라고 주장한다. 아리스토텔레스의 이런 구분을 플라톤에게도 적용하는 것이 합리적인 것처럼 보인다. 즉 기하학과 윤리적 이데아들에 대해서는 이데아란 개념을 사용하고, 형이상학적 이데아들에 대해서는 에이도스라는 개념을 사용하는 것이 플라톤을 이해하는데 편리해 보인다. 후에 칸트는 플라톤의 본질개념들과 아리스토텔레스의 10개의 카테고리들을 12개의 카테고리들로 정리한다. 칸트는 이 카테고리들이 인간의 오성에 선험적으로 미리 갖추어져 있다는 의미에서 그것들을 "순수오성개념"이라 부르기도 한다.

가지고 있지만, 서로 무관하게 존재하지는 않는다. 이데아들은 후에 라이프니츠가 만물의 실체라고 주장하는 '모나드'들과 같다고 할 수 있다. 라이프니츠에 의하면 모나드들은 창문이 없어 서로 침투하지 않으면서 서로 조화를 이루어 하나의 개체를 형성한다. 마찬가지로 플라톤도 독자적인 이데아들이 서로 조화를 이룰 때 하나의 이상적인 상태나 대상이 형성될 수 있다고 생각한다. 플라톤은 이데아들 사이의 이런 조화로운 관계를 이데아들의 '코이노니아'(κοινωνία), 즉 이데아들의 조화라 부른다. 그리고 그 조화는 '잘'(gut) 이루어져야 한다. 그러므로 모든 이데아들 중 최고의 이데아는 '좋음'(선)의 이데아이다. 선의 이데아는 모든 개개의 이데아들을 이데아들이게 한다. 예를 들면 인간의 이데아는 지혜, 용기, 절제, 정의 등 여러 가지 다른 이데아들이 잘 조화를 이룰 때 가능한 것이다. 지혜라는 이데아도 이미 용기, 절제, 정의 등 다른 이데아들이 잘 조화를 이룰 때 지혜인 것이다. 용기도 지혜, 절제, 정의 등이 잘 조화될 때 이데아로서 용기인 것이다.

플라톤이 선의 이데아를 모든 이데아들 중 최고의 이데아로 본 것은 이성의 고유한 과제가 실천적인데 있음을 보여주는 것이다. 선의 이데아는 모든 존재자들의 존재론적인 의미이다. 그것은 더 나아가 인간의 인식론적인 의미이며 윤리적 실천의 의미이기도 하다. 즉, 선의 이데아는 존재론적으로 볼 때, 모든 존재자들이 바로 그 존재자이게 해주는 것이며, 윤리적인 관점에서 보면 모든 존재자들이 지향해야 할 방향이며, 인식론적 관점에서 보면 인간의 모든 인식이 도달해야 할 목표이기도 하다. 그러므로 선의 이데아는 결국 인간의 삶이 지향해야할 방향이기도 하다. 모든 존재자들은 좋은 것이어야 하며 모든 사람은 좋은 사람이어야 한다.

3.5.4.5. 태양의 비유

플라톤은 「태양의 비유」에서 선의 이데아가 모든 인식과 존재의 근원임을 시각과 시련하여 설명한다. 그는 우선 여러 지각방식들 가운데서도 특히 시각이 가지는 독특한 특징을 지적한다. 청각, 후각, 촉각, 미각은 어떤 대상을 직접 지각한다. 그러나 시각의 경우는 다르다. 눈이 하나의 대상을 보기 위해서는 그 대상을 매개해 주는 태양의 빛이 필요하다. 물론 현대의 자연과학에서 볼 때 이것은 시각의 경우에만 해당되지는 않는다. 진공상태에서는 어떤 소리도 전달되지 않기 때문이다. 청각의 경우도 매개해 주는 어떤 매질이 필요하다. 중요한 것은 플라톤의 태양의 비유가 의도하는 것이 무엇인지 파악하는 것이다. 다음에 나오는 태양의 비유는 선의 이데아와 다른 이데아들의 관계를 잘 보여준다.

소크라테스 : "이 태양은 선이 자기 자신의 모사(模寫)로써 생산해 낸 선(善)의 싹입니다. 내가 의도하는 것이 무엇인지 아시겠지요? 사유의 세계에서 선(善) 자체가 사유주체와 사유대상에 대해 가지는 관계는 가시적 세계에서 태양이 시각과 시각대상에 대해 가지는 관계와 같습니다."

글라우콘 : "예? 좀 더 자세히 설명해 주십시오."

소크라테스 : "눈을 예로 들면 알기 쉽겠군요. 만일 우리 눈이 대낮의 밝은 빛에서 사물을 보지 않고 저녁의 어스름에 사물을 본다면 눈은 그 사물을 잘 분간하지 못할 것입니다. 눈을 뜨고 있기는 하지만 시력이 없는 것과 마찬가지지요."

글라우콘 : "옳습니다."

소크라테스 : "만일 밝은 태양 빛에 드러난 사물을 본다면 눈은 그 사물을 분명히 볼 수 있습니다. 어둠에서는 시력을 잃었던 눈이 시력을 되찾은 것과 같지요."

글라우콘 : "그렇습니다."

소크라테스 : "마찬가지로 영혼의 경우를 생각해 보십시오. 영혼이 진리와 존재자의 빛에 의존한다면 영혼은 통찰과 인식에 도달하며, 필연적으로 사유능력을 소유하게 됩니다. 그러나 그 영혼이 어둠에 덮인 세상, 생성되고 소멸되어 가는 세상을 본다면 영혼은 단지 시시각각으로 변하는 의견들에 사로잡혀 눈이 멀게 될 것입니다."

글라우콘 : "물론이지요."

소크라테스 : "진리가 사유대상들에게 부여해 주는 저 능력과 인식능력이 인식하는 주체에게 부여해 주는 저 능력은 선의 이데아입니다. 물론 인식과 진리의 근원인 저 선의 이데아는 지성을 통해 인식됩니다. 그러나 비록 진리와 인식이 아름답기는 하지만 선의 이데아는 이 둘과는 다르며 이 둘보다 훨씬 더 아름답습니다. 빛과 시력이 태양과 유사하기는 하지만 태양 자체는 아니듯이 인식과 진리는 선의 모습을 가지고 있기

는 하지만 선은 아닙니다. 선은 진리와 인식보다 더 귀중한 것입니다.”

글라우콘 : “우리에게 인식을 가능하게 해주고 진리를 부여해 주며 이 둘보다 더 아름다운 도무지 상상하기 힘든 아름다움에 관해 말씀하시는군요.”

소크라테스 : “잠깐! 선의 모사를 조금 더 잘 관찰해 보시오.”

글라우콘 : “어떻게 말입니까?”

소크라테스 : “태양은 가시적인 것이 보일 수 있게 해줄 뿐만 아니라 그것을 생성시키고 성장시키며 영양을 공급해 주기도 하지만 그 자신은 생성되고 소멸되지는 않습니다.”

글라우콘 : “어떻게 그럴 수 있습니까?”

소크라테스 : “선(善은 인식 대상들이 인식될 수 있게 해줄 뿐만 아니라 그 대상들이 존재하게 해주기도 합니다. 그러나 그 선 자신은 어떤 존재자도 아니며 그 품위와 능력에 있어서 존재를 초월합니다.”

(Platon, *Der Staat*, Stuttgart 1989, 321~323.)

3.5.4.6. 플라톤의 인식론

플라톤의 이데아론에 있어서 중요한 한 부분은 그의 인식론이다. 소크라테스와 마찬가지로 플라톤에게도 실천이 중요한 문제였다. 그런데 이데아를 실천하기 위해서는 그것들을 아는 것이 중요하였다. 이데아를 아는데 있어서 최선의 방법은 그 이데아를 직접 보는 것이다. 그러나 문제는 이데아를 직접 볼 수 있는 능력이 인간에게는 없다는 것이다. 인간은 현상의 세계를 매개로 해서만 이데아를 인식할 수 있다. 따라서 인간은 현상세계를 통해서 이데 아를 인식하는 차선의 방법을 택할 수밖에 없다. 차선책이란 항해 하는 배가 노를 저어 가는 것과 같은 것이다. 물론 최선책은 순풍 에 돛을 달고 가는 것이지만 바람이 없을 때는 노를 저어가야 하 는 것과 같은 것이다. 그렇다면 이 차선의 방법이란 무엇인가? 이 데아의 인식가능성과 인식방법에 관해 살펴보자.

a. 이데아의 인식가능성

플라톤에 의하면 이데아를 알 수 있는 것은 인간이 모든 이데 아들을 이미 경험한 적이 있었기 때문이다. 그에 의하면 인간의 영 혼은 불멸하며 끝없는 윤회의 과정에 있다. 인간은 태어나기 전에 이데아의 세계에 살고 있었다고 한다. 그 세계에서 영혼은 모든 이데아를 경험해서 알게 되었다. 그런데 그 영혼이 이 세상에 태어 날 때 '레테'(λήθη: 망각)의 강을 건너야 하는데, 이때 그는 그 강물 을 마시게 되었으며, 따라서 이데아의 세계에서 경험한 모든 것을 잊어버렸다. 그러나 비록 그가 이데아를 완전히 잊어버렸다 할지 라도 다시 기억할 수 있는 가능성이 아주 없는 것은 아니다. 이미 언급되었듯이 현상계의 존재자들은 이데아 자체는 아니지만 이데 아를 나누어 가지고 있다. 따라서 인간은 비록 지금은 이데아를 잊고 있기는 하지만, 현상계의 존재자들을 통해 그것을 인식할 수 있는 가능성은 남아있다. 현상계의 사물들은 이데아를 조금 나누어 가지고 있으며 이데아의 그림자이기 때문에, 인간이 이 그림자를 볼 때 잊고 있던 이데아를 다시 기억할 수 있다. 우리가 그림자를 볼 때 그 그림자의 주인공이 누구인지 추측할 수 있듯이 말이다. 이렇게 잊어버리고 있던 것을 다시 기억해 내는 것을 플라톤은 "아남네시스"(ἀνάμνεσις: 상기)라 한다.[45] 그러나 이렇게 상기된 이데아들은 어디까지나 추론을 통해 얻어진 것이다. 이렇게 추론하는 방법을 '디아렉티케'(διαλεκτική)라 한다.

b. 인식방법

그렇다면 인간은 어떻게 잊고 있던 것을 다시 기억해 낼 수 있는가? 앞에서 보았듯이 이데아란 '보여진 것'이란 뜻이다. 이데아를 인식한다는 것은 이데아를 보는 것을 의미한다. 그런데 이때 이데아를 보는 인간의 능력은 감각적 사물들을 보는 감성적 직관 능력(보는 능력)이 아니라 이성이다. 그런데 일상적인 상태에서 인간은 이데아를 볼 수 없다. 일상적인 상태에서는 이데아를 잊고 있기 때문이다. 인간이 이데아를 잊고 있는 것은 그가 자연적 상태에서는 현상계의 존재자들에 매어있기 때문이다. 감각에 사로잡혀

---

45) 플라톤은 『파이돈』에서 소크라테스의 입을 빌어 다음과 같이 말한다. "우리가 태어나기 전에 가지고 있었던 인식을 태어나면서 잊고 있다가 그 인식을 깨우는 계기가 된 감각을 통해 전에 가지고 있었던 그 인식을 후에 다시 회복하는 경우입니다. 그렇다면 우리가 학습이라고 부르는 것은 우리에게 이미 있던 지식을 다시 회복하는 것에 불과합니다. 우리는 그것을 더 정확하게 '상기'라고 표현합니다."(*Sämtlicje Dialoge* II, Hamburg 1998, S. 61)

있기 때문이다. 그렇다면 이데아를 다시 기억하는 것은 감각으로 부터 해방될 때 비로소 가능해진다. 감각으로부터 해방될 수 있는 길은 무엇인가? 감각은 한 번에 하나씩밖에 지각하지 못하며, 그렇게 지각된 것에 고정된다. 감각은 하나의 측면을 마치 그것이 진리인 것처럼 고집한다. 감각은 단편적인 것을 진리라고 생각한다. 따라서 감각으로부터 해방된다는 것은 자유로운 시선변경을 의미한다고 볼 수 있다. 이러한 감각으로부터 자유롭게 될 때 비로소 이성이 활동하게 되며, 이런 자유로운 이성에 의해 이데아가 직관되는 것이다. 감각의 본성이 집착이라면 이성의 본성은 자유이다. 감각의 본성이 긍정이라면 이성은 부정하는 것이다. 플라톤은 감각적인 단편을 부정하고 전체로서 이데아를 보는 이성의 이런 작용을 '디아렉티케'(διαλεκτική: 변증법)라 한다. 디아렉티케는 감각적인 지각은 진리가 아니라 단지 하나의 의견에 불과하다는 통찰에서 출발한다.[46]

여기서 우리는 잠시 이데아를 인식하는 디아렉티케의 방법에 관해 구체적으로 살펴볼 필요가 있겠다. 이를 위해 먼저 이성을 의미하는 헬라어 '로고스'(logos)에서 출발하자. 헬라어에서 '로고스'란 개념은 다양한 의미로 사용된다. 헤라클레이토스는 만물의 본질적 속성이 운동이며, 이 운동의 근원적 원리를 '로고스'라 했다. 이때 사용된 '로고스'란 개념은 형이상학적 '로고스'이며, 우리는

---

46) 소크라테스가 대화 상대방을 논박하기 위해 사용한 방법론인 '엘렝코스'가 부정적인 성격이 강한데 반해 '디아렉티케'는 감각적인 현상을 매개로 하지만 거기에 매이지 않고 전체로서 이데아를 파악하는 긍정적인 방법론이다.

그것을 '이'(理) 또는 '이치'(理致)라 한다. 한편 인간에게도 그가 마땅히 따라야 할 이치가 있으니 우리는 그 이치를 '도리'(道理)라 한다. 이 도리도 '로고스'인데, 우리는 이 로고스를 '윤리학적 로고스'라 부르자. 인간은 이치로서의 로고스와 도리로서의 로고스를 인식할 수 있는 능력이 있다. 그 능력은 이치와 도리를 이해할 수 있는 능력이기 때문에 '이성'(理性)이라 부르며, 로고스를 인식하는 능력이기 때문에 '로고스'라 부를 수 있겠다. 우리는 이 로고스를 '인식론적 로고스'라고 부르자.[47] 그렇다면 인식능력으로서 로고스의 고유한 기능은 무엇인가? '로고스'는 '모으다'는 뜻의 헬라어 동사 '레고'(λέγω)에서 유래했다. 따라서 로고스의 고유한 기능은 '모으는 작용'이다.[48]

'디아렉티케'는 '디아레게스타이'(διαλεγήσθαι란 동사에서 온 말로 'δια-'(~을 통하여)와 '레고'(λέγω)의 중간태 동사인 '레게스타이'(λεγήσθαι: 그가 그를 위해 모으다)의 합성어이다. 따라서 디아렉티케는 '모으는 것을 통하여'란 뜻이며, 모으는 작업을 통하여 결론에 도달하는 방법론을 말한다. 이렇게 결론에 이르는 방법론은 다시 하나의 상위 개념을 두 개의 하위 개념으로 세분한 후 그 중에서 더 나은 것을 선택하는 방법이 있고, 여러 개의 사례들을 비교하여 모든 사례들에 공통되는

---

47) 인식한 것을 표현하는 '말'도 로고스이다.

48) 이성의 고유한 기능이 모으는 것이라면 이런 기능은 어디에 근거하는가? 인간의 이성은 과거에 경험한 것과 아직 경험하지 않은 것을 현재의 상으로 정립할 수 있는 능력을 가지는데, 우리는 이런 능력을 '구상력' 또는 '상상력'이라 한다. 그리고 이런 상상력은 다시 인간 의식의 시간성에 근거한다. 따라서 '시간의식'이야말로 이성의 가장 고유한 기능이라 할 수 있을 것이다.

것을 찾아내는 방법이 있다. 전자의 방법을 '디하이레시스'(διαίρέσις)라 하고, 후자의 방법을 '쉰테시스'(σύνθεσις)라 한다. 전자의 방법은 '연역 추리'에 속하고 후자는 '귀납적 일반화'에 해당된다고 볼 수 있겠다. '둘'을 의미하는 헬라어 '두오'(δύο)와 '선택'을 의미하는 '아이레시스'(αἵρεσις)의 결합어인 '디하이레시스'는 하나의 상위개념(유개념)을 최소한 둘 이상의 하위개념(종개념)으로 나눈 다음 그 중에서 가장 적합한 종을 선택하는 논리적 기법이다. 후에 아리스토텔레스는 이런 방법론을 더욱 체계화하여 하나의 대상을 정의할 때 그 대상의 최근류와 종차를 지적하는 방법을 고안해 냈다.

플라톤은 선분의 비유에서 인식대상의 종류에 따른 인식주체의 고유한 기능을 선분에 비유하여 제시한다. 그 비유의 내용을 요약하여 도표로 표시하면 다음과 같다.

세계		인간
인식대상		혼의 능력
"동일성의 이데아"	윤리적 이데아들: "선의 이데아", "아름다움의 이데아"	누스(신적 직관능력으로서의 이성)
이상적인 원: 모든 점들이 중심으로부터 동일한 거리를 가짐.	수학적 대상들: 삼각형, 사각형, 육각형, 직선.	추론적 이성(디아노이아, 로고스): 기하학, 지리학과 대수.
가시적인 것(지각대상)		몸
지각된 공	동물과 식물과 인간	의견: 주위의 것들에 대한 지각
공의 사진	그림자와 그림	추측: 그림자들.

플라톤의 대화편들에서 발췌한 다음의 대화들은 플라톤의 사상을 이해하는데 도움이 될 것이다.

3.5.4.7. 플라톤의 대화편들

『테아이테토스』
- 참된 앎은 감각을 통한 앎이 아니다 -

플라톤은 일반적으로 그의 대화편들에 소크라테스를 등장시켜 자신의 견해를 제시한다. 아래의 대화는 인식과 지각이 동일하다는 프로타고라스의 명제에서 시작된다. 테아이테토스도 처음에는 이 명제가 타당하다고 확신했다. 이 인식과 지각이 동일하다는 이 명제의 결과는 어떤가? 지각의 내용은 관찰자에 따라 달라지기 때문에, 말하자면 관찰자의 감각기관의 질에 따라 달라지고 감각자의 주의력이나 단순히 그가 있는 위치에 따라 달라지기 때문에 모든 인식은 주관적이고 상대적이라는 것이다. 플라톤은 이 주장을 거부할 수밖에 없었다. 그렇지 않으면 그의 철학적 입장은 실패할 수밖에 없을 것이기 때문이다.

소크라테스 : 당신은 우리가 하나의 감각기관을 통해 지각하는 것을 다른 감각기관을 통해 지각하는 것은 불가능함을 인정하십니까? 예를 들면 눈으로 들을 수 없고, 귀로 볼 수 없듯이 말입니다.

테아이테토스 : 당연하지요.

소크라테스 : 만일 당신이 들은 것과 본 것에 관해 생각을 통해 어떤 것을 규정한다면 이것은 당연히 청각이나 시각을 통해 이 둘을 지각하는 것이 아닐 것입니다.

테아이테토스 : 그렇지요.

소크라테스 : 그렇지만 음과 색에 관해 당신은 그들이 모두 있다고 생각하십니까?

테아이테토스 : 물론이지요.

소크라테스 : 더 나아가 이 둘 가운데 각각은 다른 것과는 다르지만 자기 자신과는 동일하다고 생각하십니까?

테아이테토스 : 당연하지요.

(…)

소크라테스 : 당신은 그 둘이 모두 서로 같지 않은지 아니면 같은지 검증해 볼 수도 있지 않습니까?

테아이테토스 : 아마도 그렇겠지요.

소크라테스 : 그렇다면 당신은 어떤 감각기관인가를 통해 이 둘이 같은지 같지 않은지 확인해야(생각해야) 할 텐데, 그 감각기관은 어떤 감각기관이겠습니까? 왜냐하면 그 둘에 공통되는 것을 파악하는 것은 청각을 통해서도 시각을 통해서도 불가능하기 때문입니다. 더 나아가 우리의 주장은 다음과 같은 방식으로도 입증됩니다. 만일 그 둘이 소금 맛이 나는지 아닌지 검사하는 것이 가능하다면, 당신은 어떤 감각기관을 통해 이것을 알 수 있습니까? 이것은 시각이나 청각이 아니

라 어떤 다른 감각기관이라고 보아야 할 것입니다.

테아이테토스 : 이론의 여지가 없습니다. 더구나 맛을 아는 기관은 혀를 통해 작용하는 감각입니다.

소크라테스 : 그렇지요. 그러나 모든 다른 것에 대해서와 마찬가지로 방금 언급된 소리와 색의 지각들에 대해서도 공통되는 것을 당신에게 나타내 보여주고 그것에 대해 "이다"와 "아니다"라고 판단하는 능력은 무엇을 통해 작용합니까? 그것이 바로 지금 우리의 문제입니다. 당신은 우리 안에 있는 감각기관이 이들 각각의 지각들에 도달하게 해준 그것은 무엇이어야 한다고 생각하십니까?

테아이테토스 : 당신은 존재와 비존재, 같음과 다름, 더 나아가 하나(일자)와 기타 숫적인 어떤 것을 말씀하십니까? 더구나 우리는 영을 가지고 어떤 것을 지각하는데, 그때 몸의 어떤 기관을 통해서 그렇게 하느냐에 대한 당신의 물음은 짝수와 홀수 및 그와 관련된 모든 것과도 관계가 있습니다.

소크라테스 : 바로 그것입니다.

테아이테토스 : 나는 그 기관이 무엇인지 알지 못하겠습니다. 그렇지만 각각의 감각적 지각들을 지각하는 각각의 감각기관들이 있듯이 존재나 비존재와 같은 어떤 것을 지각하는 그런 특수한 감각기관은 없는 것 같습니다. 오히려 영혼 자신이 자기의 고유한 능력을 통해 모든 것에 공통되는 것을 관찰하면서 파악한다고 보아야 할 것 같습니다.

소크라테스 : 그렇습니다. 테아이테토스 씨, 당신은 정말 멋지십

니다. 그리고 당신은 테오도로스가 말하는 것처럼 못생기지 않았습니다. 왜냐하면 아름답다고 말하는 사람은 그 자신도 아름답고 선하기 때문입니다. 그러나 아름다운 것을 예외로 하면 당신은 아주 내 맘에 듭니다. 왜냐하면 영혼이 부분적으로는 자기의 고유한 능력을 통해 관찰하고 부분적으로는 감각능력들을 통해 관찰한다는 사실에 동의함으로써 나로 하여금 불필요한 논쟁을 하지 않을 수 있게 해 주셨으니 말입니다. 나도 당신처럼 그렇게 생각하고 있으며 당신도 그 생각에 동의하시기를 바랐습니다.

테아이테토스 : 바로 그렇습니다.

소크라테스 : 존재는 둘 중 어디에 속하겠습니까? 존재는 무엇보다도 모든 표상들에 공통적으로 동반되는 것처럼 보이는데 말입니다.

테아이테토스 : 저의 소견으로는 영혼이 오직 고유한 능력을 통해서만 파악하는 것에 속하는 것 같습니다.

소크라테스 : 같음과 다름, 동일성과 차이성도 그렇습니까?

테아이테토스 : 그렇습니다.

소크라테스 : 아름다운 것과 추한 것, 선한 것과 악한 것도 그런가요?

테아이테토스 : 이런 것들에 관해서도 영혼은 과거의 것과 현재의 것을 미래의 것과 비교함으로써 더욱 더 그렇게 존재를 그의 상반적인 관계에서 관찰하는 것처럼 보입니다.

소크라테스 : 너무 성급하지 맙시다. 영혼은 딱딱한 것을 만짐으로써 그것이 딱딱하다는 것을 지각하며 마찬가지로 부드러

운 것의 부드러움도 그렇게 지각하지 않습니까?

테아이테토스 : 그렇습니다.

소크라테스 : 그러나 우리의 영혼은 존재와 존재하는 것들의 본질과 서로의 대립과 더 나아가 대립의 본질도 정확한 실험과 상호간의 비교를 통해 판단하고자 합니다.

테아이테토스 : 물론이지요.

소크라테스 : 그런데 감각적 지각, 즉 몸을 통해 영혼에 전달되는 모든 감각적 인상들은 사람들과 동물들에게 태어나면서부터 저절로 생기지 않습니까? 그런데 그 감각적 인상들의 존재와 이용에 관한 반성들은 많은 연습과 통제를 통해 어렵게 서서히 시작되는데 비해서 말입니다.

테아이테토스 : 확실합니다.

소크라테스 : 그런데 일찍이 존재를 파악하지 못한 사람이 감각을 통해 진리를 파악하는 것이 가능합니까?

테아이테토스 : 불가능하지요.

소크라테스 : 그러므로 감각적 인상들은 참된 인식이 아니고 단지 그 인상들에 관해 지성(오성)에 의해 확인된 것만이 참된 인식입니다. 왜냐하면 존재와 진리는 지성(오성: 분별력)에 의해서만 파악될 수 있을 뿐 감각을 통해서는 불가능함이 분명하기 때문입니다.

테아이테토스 : 그런 것 같습니다.

소크라테스 : 그렇다면 감각적 인상들과 지성에 의한 인식은 그렇게 커다란 차이에도 불구하고 동일한 것이라고 볼 수 있겠

습니까?

테아이테토스 : 그것은 옳지 않을 것입니다.

소크라테스 : 당신은 보는 것, 듣는 것, 냄새 맡음, 서리와 온기와 기타 그와 같은 것들을 어떻게 부르십니까?

테아이테토스 : 감각적 지각이라 부르지요.

소크라테스 : 그러니까 당신은 그 모든 것을 지각이라 부르십니까?

테아이테토스 : 그렇습니다.

소크라테스: 그런데 우리의 추리에 따르면 이 지각은 진리를 파악할 수 없으며 따라서 존재도 파악할 수 없습니다.

테아이테토스 : 그렇습니다.

소크라테스 : 그러니까 참된 인식도 아니지요.

테아이테토스 : 그렇지요.

소크라테스 : 그러니까 이제 감각적 지각과 인식을 동일시하는 것은 어불성설입니다.

테아이테토스 : 그런 것 같습니다. 이제 비로소 감각적 지각과 참된 인식의 차이가 분명하게 되었습니다.

(Platon, Sämtliche Dialoge. Band IV, Theaität. Felix Meiner Verlag: Hamburg 1998,

S. 99~103)

『파이돈』
- 동일성이란 개념의 근원에 관하여 -

『파이돈』의 중심적인 주제는 인간 영혼의 불멸성이다. 플라톤은 우리가 세계의 사물들에 관해 가지는 인식은 감각에서 기원되지 않은 개념들이라는 사실에 근거하여 영혼의 불멸성을 입증한다. 언뜻 보면 개념형성 작용에는 아무런 문제가 없어 보인다. 개개의 사물들에 대한 관찰들을 추론함으로써 보편적 개념이 형성된다. 그러나 플라톤은 그런 해석에 대해 중요한 반론들을 제기한다. 다음의 본문은 이 반론들을 소개하고 동시에 어떻게 개념이 형성되는가 하는 물음에 답한다. 플라톤은 '동일성'이란 개념을 예로 들어 그의 견해를 밝히고 있다.

소크라테스 : 우리는 동일성이 있다는 사실을 인정한다. 내가 말하는 것은 나무와 나무가 동일하고 돌이 돌과 동일한 것과 같은 그런 유의 동일성을 의미하는 것이 아니라, 이 모든 것들과는 다른 동일성 자체가 있다는 것이다. 그것을 인정하는가?

시미아스 : 단연코 인정합니다.

소크라테스 : 우리는 그 동일성의 본질도 아는가?

시미아스 : 물론입니다.

소크라테스 : 그렇다면 우리는 이런 인식을 어디서 가지게 되었는가? 우리는 방금 언급된 동일한 나무들이나 동일한 돌들이나 그 밖의 어떤 것을 보고 동일성이라는 표상을 가지게 되지 않았는가? 아니면 그렇게 다른 것이 당신에게는 다르게 보이지 않는가? 그것을 이 쪽에서도 관찰해 보시오. 동일한 돌들과 동일한 나무들이 때로는 어떤 사람에게는 같게 보이

고 어떤 사람에게는 같지 않게 보이는가?

시미아스 : 물론입니다.

소크라테스 : 그래? 당신은 전에 동일한 것을 같지 않다고 생각해
본 적이 있는가? 아니면 동일성을 비동일성이라고 생각한 적
이 있는가?

시미아스 : 결코 그런 적이 없습니다. 소크라테스여.

소크라테스 : 그러니까 감각적 사물들의 동일성은 동일성 자체와
는 다른 것이군요.

시미아스 : 그렇지요.

소크라테스 : 그러나 비록 감각적으로 동일한 것이 동일성 자체와
다르기는 하지만 당신은 감각적으로 동일한 것으로부터 동
일성 자체의 표상을 가지게 되지 않았는가?

시미아스 : 당신의 말이 맞습니다.

소크라테스 : 그리고 동일성 자체의 표상은 감각적 대상이 제시하
는 그것과 같거나 다른가?

시미아스 : 그렇지요.

소크라테스 : 어쨌든 좋습니다. 만일 우리가 어떤 사물을 보고 어
떤 다른 사물을 떠올리게 된다면 그 사물이 앞의 사물과 같
든지 같지 않든지 간에 필연적으로 앞의 사물을 상기하는
일이 전제되어야 합니다.

시미아스 : 당연하지요.

소크라테스: 나무토막들과 방금 언급된 그런 사물들은 동일성 자
체와 같은 방식으로 동일하게 보입니까? 아니면 그것들이

동일하기는 하지만 동일성 자체와 비교할 때 어떤 결핍된 방식의 동일성이라는 느낌을 가지게 합니까? 아닙니까?

시미아스 : 많이 결핍된 동일성이지요.

소크라테스 : 그렇지만 우리는 다음의 사실에 대해서는 동의합니다. 만일 어떤 사람이 어떤 것을 보고 그가 위에서 보고 있는 사물이 어떤 다른 것과 유사하기는 하지만 그것보다는 뒤떨어지고 그것과 완전히 동일하지는 않고 열등할 수도 있다는 생각을 한다면 이런 생각을 하는 사람은 필연적으로 이미 이전부터 그가 유사하다고 주장하는 그것을 알고 있어야 합니다.

시미아스 : 당연하지요.

소크라테스 : 그렇다면, 많은 동일한 것들과 동일함 자체의 관계도 그렇지 않겠습니까? 아닙니까?

시미아스 : 그렇습니다.

소크라테스 : 그러므로 우리가 동일한 사물들을 처음 보고 이 모든 것들이 비록 동일성 자체에 근접하기는 하지만 동일성 자체에는 미치지 못한다고 생각할 때, 우리는 필연적으로 동일함을 이미 이전에 알고 있었음에 틀림없습니다.

시미아스 : 물론이지요.

소크라테스 : 그러나 우리는 보거나 만지거나 아니면 어떤 다른 감각을 통해 감각적으로 지각하지 않고는 어떤 다른 곳에서도 그 사물들이 동일하다는 생각을 할 수는 없습니다.

시미아스 : 확실합니다. 어쨌든 좋습니다.

소크라테스: 그러므로 우리가 감각적 지각들을 통해 동일하다고 생각하는 모든 것은 동일성 자체를 지향하기는 하지만 그것에 완전히 도달할 수는 없습니다.

시미아스 : 그렇습니다.

소크라테스: 그러므로 만일 감각적으로 동일한 것이 동일성 자체와 관계하는 것이 가능하려면 우리가 보고 듣고 기타 달리 감각적으로 지각하기 시작하기 이전에 우리는 이미 동일성 자체의 본질을 알고 있었어야 합니다.

시미아스 : 그것은 필연적 결과입니다.

소크라테스 : 우리는 태어나자 마자 보고 듣지 않았으며 다른 감각적 지각들을 가지지 않았습니까?

시미아스 : 물론이지요.

소크라테스 : 그렇지만 우리는 보고 듣기 이전에 이미 동일성 자체를 알고 있었어야 한다는 결론에 도달하지 않았습니까?

시미아스 : 그렇습니다.

소크라테스 : 그러므로 우리는 태어나기 이전에 이미 동일성 자체에 대한 인식을 가지고 있었음에 틀림없습니다.

시미아스 : 그런 것 같습니다.

소크라테스 : 그러므로 두 가지 경우가 가능합니다. 우리가 태어나기 이전에 가지고 있었던 동일성 자체에 대한 인식을 그대로 가지고 태어나는 경우가 그 하나입니다. 그렇다면 우리는 단지 동일한 것, 큰 것과 작은 것만이 아니라 그와 같은 유형의 모든 것들도 태어나기 이전뿐만 아니라 태어날 때도 알

고 있지 않았겠습니까? 왜냐하면 우리는 단지 동일한 것만 탐구하고자 하는 것이 아니라 아름다움 자체와 선 자체와 정의와 경건함 자체, 즉 우리가 "그것 자체"라고 부르는 모든 것들도 마찬가지로 탐구하고자 하기 때문입니다. 그러니까 우리는 필연적으로 태어나기 이전에 모든 것을 알고 있었음에 틀림없습니다.

시미아스 : 그렇습니다.

소크라테스 : 만일 우리가 태어나기 전에 가지고 있던 그런 인식을 하나씩 잊어버리지 않았다면 우리는 언제나 죽을 때까지 그런 인식을 가지게 될 것이 분명합니다. 왜냐하면 참으로 인식된 것은 다시 망각되지 않는 것이 참된 인식의 본질이기 때문입니다. "망각"과 인식의 상실은 같은 것을 의미하는 것이 아닙니까?

시미아스 : 확실합니다.

소크라테스 : 자 이제 두 번째 경우를 봅시다. 우리는 태어나기 전에 가지고 있었던 인식을 태어나면서 잊고 있었다가 그 인식을 깨우는 계기가 된 우리의 감각을 통해 전에 가지고 있었던 그 인식을 후에 다시 회복하는 경우입니다. 그렇다면 우리가 학습이라고 부르는 것은 우리에게 이미 있는 지식을 다시 회복하는 것에 불과합니다. 우리는 그것을 더 정확하게 "상기"(Anamnesis ; 다시 기억함)라고 표현합니다.

시미아스 : 그렇습니다.

소크라테스 : 만일 우리가 눈이나 귀나 어떤 다른 지각을 통해 하

나의 대상을 지각한다면 우리는 그 대상이 계기가 되어 우리가 잊고 있었지만 그 대상과 관련되어 있던 어떤 다른 대상을 떠올리게 될 수도 있습니다. 그 대상들이 서로 유사하든 아니면 그렇지 않든 간에 말입니다. 이미 언급되었 듯이 둘 중에 하나입니다. 우리가 (이데아에 대한) 인식을 가지고 태어나 일생동안 가지고 살든가 아니면 우리가 "배움"이라고 부르는 것은 태어난 후에 다시 기억하는 것에 불과하든가 입니다. 학습은 상기일 것입니다.

시미아스 : 당연히 그렇습니다.

소크라테스 : 우리가 인식을 가지고 태어나는 경우와 전에 가지고 있던 것을 후에 다시 기억하는 경우 중 당신은 어떤 경우를 선택하십니까?

시미아스 : 당장 결정할 수 없습니다.

소크라테스 : 어째서? 어떤 것을 잘 알고 있는 사람은 그가 알고 있는 것을 설명할 수도 있습니다. 이에 대해 당신은 어떻게 생각하십니까?

시미아스 : 그럴 수 있음이 분명합니다.

소크라테스 : 그런데 당신이 볼 때 우리가 지금 논하고 있는 것을 모든 사람들이 다 설명할 수 있을 것 같습니까?

시미아스 : 전혀 그렇지 않습니다.

소크라테스: 그러니까 그들은 그들이 전에 알고 있던 것만 기억하는 셈이지요?

시미아스 : 확실합니다.

소크라테스 : 그러나 우리의 영혼은 언제 그 인식을 가지게 되었습니까? 우리가 인간으로 태어난 후가 아닙니까?

시미아스 : 아닙니다.

소크라테스 : 그러므로 태어나기 이전이군요.

시미아스 : 그렇습니다.

소크라테 스: 그러니까 영혼은 인간으로 태어나기 이전에 이미 존재했습니다. 물론 육체를 가지지 않은 순수한 정신적 존재로 말입니다.

(Platon, Sämtliche Dialoge II, Hamburg 1998, S. 56~61)

3.5.5. 아리스토텔레스(Aristoteles, 기원전 384~322)

아리스토텔레스는 기원전 384년에 마케도니아의 왕 아시우타스의 궁중시의였던 니코마코스의 아들로 스타게이라에서 태어났다. 그는 18세 때 플라톤의 아카데미아에 입학해 플라톤이 죽을 때까지 아테네에 머물렀다. 플라톤이 죽은 후 그는 343년 마케도니아의 필립 왕에 의해 알렉산더의 개인교사로 부름을 받았으며, 335년에는 테오프라스트와 함께 아테네의 리케이온에 자신의 학교를 세웠다. 아리스토텔레스는 오솔길을 걸으면서 강의를 했기 때문에 사람들은 그 학교를 '페리파토스'(소요학파)라고 불렀다. 그는 알렉산더가 죽은 후 아테네에 있는 마케도니아 저항세력에 의해 박해를 받았으며, 그의 고향인 칼키스로 돌아가 거기서 322년에 죽었다. 아리스토텔레스는 20년간 플라톤의 제자였지만 아카데미를 떠난 후 그의 스승을 여러 각도에서 비판했다. 그는 말한다. "나는 플라톤을 사랑한다. 그러나 나는 진리를 더 사랑한다." 그후 그들의 철학은 극단적으로 대립되는 두 전통으로 발전되었는데, 이러한 대립은 그들이 세운 학교인 아카데미와 페리파토스에서 시작되어 중세와 근대에까지 이어졌다. 그러나 엄밀하게 말해 이들의 철학은 차이점보다는 공통점이 더 많다. 차이점은 아리스토텔레스가 플라톤의 철학을 체계화하는 과정에서 생긴 강조점의 차이라고 보는 것이 타당할지도 모른다. 마치 파르메니데스와 헤라클레이토스의 차이가 그들의 관점의 차이에 기인하듯이 말이다. 플라톤과 아리스토텔레스의 차이도 존재자의 실재성에 관한 그들의 견해차에 있다. 즉 플라톤은 이데아에만 실재성을 인정한 데 반해, 아리스토텔레스는 현상세계가 그대로 실재한다고 보았다. 사물들의 현상, 즉 생성과 소멸의 현상은 본질적으로 그 사물들의 고유한 존재방식이라는 것이다. 아리스토텔레스의 형이상학은 이 생성과 소멸의 운동을 규명하는 작업이라 볼 수 있다.

3.5.5.1. 형이상학

아리스토텔레스에게 있어서 실재하는 것은 개개의 사물, 즉 개체이다. 개체로서 이 사물은 우리가 그것에 관해 이러 저러하게 규정하기 이전에 그 규정의 존재론적인 출발점이자 토대이기 때문에 아리스토텔레스는 그것을 우시아(οὐσία: ousia; 실체)라 한다.[49] 우시아는 구체적이고 현실적인 존재자로서 개체이다. 예를 들어 여기 있는 이 나무나 돌 등이 그것이다. 그리고 이 우시아는 규정되기 이전의 존재자이기 때문에 제1우시아라 부른다. 그리고 제1우시아로서 사물은 다시 형상과 질료라는 두 요소로 구성된다. 보편적 형상과 질료가 결합됨으로써 하나의 개체가 형성된다. 질료는 어떤 것을 구성하는 재료(ὕλη)이며, 형상(εἶδος; eidos)은 어떤 것을 다른 것이 아닌 바로 그것이게 하는 사물의 고유한 본질이다. 여기서 질료는 밀레토스의 철학자들이 만물의 아르케로 제시하는 "무규정자" 또는 카오스라 할 수 있으며, '형상'은 한 사물이 언제나 자기 동일적인 것으로 있게 하는 그 사물의 본질이다. 형상은 한 개체를 바로 그것이게 하는 요소, 즉 그것이 없으면 그것일 수 없는 요소이다. 이 형상은 한 개체를 개체답게 하는 것으로서 '(개체)다움'이다. 이것은 플라톤의 이데아에 해당된다고 볼 수 있겠다. 질료가 한 사물의 우연적 요소라면 형상은 그 사물의 필연적 요소이다. 아리스토텔레스는 형상이 하나의 사물을 바로 그것이게 하는 근거이기 때문에, 즉 형상은 그 형상을 가지는 모든 다양한 사물들의 보편적 근거이기 때문에 이 형상에 대해서도 우시아란 개념을 사용하는데, 그는 이 우시아를 "제2우시아"라 부른다.[50] 재

---

49) '우시아'는 라틴어로 'substantia'인데 이것은 'sub-'(아래)와 'stans'(서다)의 결합어로 '아래에 서있는 것'을 의미한다. 영어의 'substance'와 독일어의 'Sunstanz'는 이 라틴어 개념의 번역이며, 한국에서는 '기체' 또는 '실체'로 번역되어 사용된다.

50) "제2우시아는 한 개체의 내적 본질(εἶδος)로 그것이 질료와 결합되어 제1우시아로서 구체적인 개체가 형성된다."(*Met. VII*, 12. 1037a27f.)

료가 형상과 결합되어 구체화될 때 구체적인 형태를 가지는 개체가 형성된다. 하나의 개체는 질료와 제2우시아인 형상의 결합체이다. "이것은 책상이다"라는 진술에서 '이것'은" 아직 형상화되지 않은 질료이며, '책상'은 그 질료의 형상으로 제2우시아이다. 아직 형상화되기 이전의 단순한 질료로서 '이것'이 '책상'이라는 형상과 결합되어 구체적인 개체로서 책상이 형성된다.

앞에서 우리는 형상과 질료가 결합됨으로써 구체적인 현실적 존재자로서 개체가 형성된다고 했는데, 이때 '결합'이란 무엇을 의미하는가? 하나의 개체는 질료와 형상으로 구성되는데, 이때 그 개체의 본질적 속성인 형상은 질료와 결합되기 이전에는 아직 개체가 아니며, 질료도 형상과 결합되기 이전에는 아직 구체적인 개체는 아니다. 질료자체와 형상자체는 개체의 '가능성'(δύναμις; dynamis)을 가지고 있지만 아직 개체는 아니다. 질료가 형상으로 넘어가고 형상이 질료로 넘어가 상호 결합됨으로 비로소 하나의 개체가 형성되는 것이다. 형상과 질료가 결합된다는 것은 바로 이렇게 질료가 형상에로, 형상이 질료로 넘어가는 운동을 의미한다. 이것은 가능성으로서의 질료가 또는 가능성으로서의 형상이 형상화 또는 질료화 됨으로써 '현실성'(ἐνέργεια; energeia)으로서 개체가 형성됨을 말한다. 하나의 개체는 형상에서 질료로, 질료에서 형상으로 넘어가는 운동을 통해 현실화된다. 따라서 개체의 본질적 속성은 이렇게 넘어가는 운동(κίνησις), 즉 가능성으로부터 현실성으로 넘

어가는 운동이다.[51]

이상에서 우리는 형상과 질료가 결합됨으로써 하나의 구체적인 개체가 형성됨을 보았다. 그러나 그 개체 속에서 질료와 결합된 형상은 아직 완전히 실현된 형상 자체는 아니다. 하나의 개체 속에는 그 개체의 본질적 요소인 형상이 실현되어 있지만 동시에 아직 실현되어야 할 목표로 남아있기도 하다는 것이다. 아리스토텔레스는 개체의 구성요소인 형상을 형상인(causa formalis)이라 하며 질료를 질료인(causa materialis)이라 하고 도달되어야 할 순수한 형상 자체를 목적인(causa finalis)라고 부른다. 하나의 개체는 그 속에 형상이 실현되어 있다는 점에서 보면 현실태이지만 그 형상이 아직 완전히 실현되지 못하고 여전히 실현되어야 할 목표로 남아 있는 한 가능태이기도 하다. 개체는 현실태이며 동시에 가능태이다. 따라서 개체는 그의 가능성을 실현해 가는 과정에 있다.

개체는 끊임없이 운동하며, 이렇게 운동하는 개체의 구성요소로 형상인과 질료인과 목적인이 있다. 그런데 아리스토텔레스에 의하면 이 운동은 생성(γένεσις; genesis)과 소멸(φθορά; phthora)의 운동이며,

---

51) 모든 개체들은 그것이 존재하는 한 무엇인가 한다. 무생물로부터 고등동물인 인간에 이르기까지 존재하는 모든 것은 무엇인가 한다. 노동자는 노동을 하고, 학생은 공부를 하고 … 사람은 사는 것을 하고 죽는 것을 한다. 존재자는 어떤 것을 **한다**. 존재자는 또한 어떤 것**이다**. 그리고 모든 존재하는 것들의 최고 유개념인 '존재자 일반'은 **존재(를)한다**. 그러므로 '하다'와 '이다'는 '존재(하기)'의 두 방식으로 우리는 그것을 '존재'라 한다. 모든 존재자는 그것이 (존재)**하는** 한 운동한다. 어떻게 그 운동이 시작되는가? 존재자란 「이러저러하게 규정되어 드러나 있는 것」이다. 그런데 존재자가 그렇게 규정되기 이전의 최초 상태는 단지 **존재(있음)**일 뿐 아직 아무것(규정되어 있는 어떤 것)도 **아니다(무)**. 그런데 이때 '무'란 존재자가 없다는 의미에서 무가 아니라 존재자의 존재방식으로서 무이다. 즉 존재자는 그 최초 상태에서 존재와 무의 방식으로 존재한다. 그 최초 상태에서 이미 무에서 존재에로의 운동(생성)과 존재에서 무로의 운동(소멸)이 일어나고 있는 것이다.

'~에 의해, ~으로부터, ~으로'의 운동이다. 지금까지 우리는 운동
의 두 요소인 '~ 으로부터 ~으로'에 관해 살펴보았다. 그 운동은
형상으로부터 질료로의 운동과, 질료로부터 형상으로의 운동이
며, 가능성으로부터 현실성으로의 운동이다. 그렇다면 존재자들
은 어떻게 그리고 왜 가능성으로부터 현실성으로 넘어가는 운동
을 하는가? 개체를 가능태로부터 현실태로 넘어가게 하는 원인은
무엇인가? 하나의 개체가 운동한다고 볼 때 이 운동의 목적은 가
능성으로서 형상이 질료와 결합되어 그 형상이 현실화되는 것이
다. 그리고 이 현실화란 목적 때문에 개체는 그 현실태를 향해 운
동하는 것이다. 하나의 개체가 운동하는 것은 그 개체가 자기 속
에 목적을 가지기 때문이다. 아리스토텔레스는 "자기 속에 목적
을 가지는 개체"(ἐν ἑαυτῷ τέλος ἔχων: en heauto telos echon)를 "엔텔레케이
아"(ἐντελέχεια)라 부른다.[52] 한 개체는 그가 "엔텔레케이아"이기 때
문에 그리고 그런 한에서 운동한다.[53]

그러나 운동을 위해서는 이상에 언급된 세 가지 요소들만으로
는 아직 부족하다. 운동의 직접적인 추진력이 필요하다. 무엇에 의
해 운동이 일어나는가? 운동의 직접적인 원인이 되는 힘이 있어야

---

52) 헬라어 '엔텔레케이아'(ἐντελέχεια)는 ἐν(~안에) + τέλος(목적) + ἔχειν(가지다)의 합성
어로 '자기 안에 목적을 가지는 어떤 것'이란 뜻이다. 이 개념은 아리스토텔레스가 『형이상
학』 XI 8에서 사용한 것으로 질료에서 스스로를 실현하는 형상, 특히 유기체에 내재하여 그
유기체를 잠재적인 상태에서 현실태가 되게 하는 힘이다. 프랑스의 철학자 베르그송(Henri
Bergson; 1859~1941)은 『창조적 진화』에서 이런 힘을 "엘랑 비탈"(élan vital: 생명의 충
동)이라 했다. 그에 의하면 모든 생명체는 창조적으로 진화하는데 이런 진화는 생명체 내에
약동하는 힘, 즉 "엘랑 비탈"에 의해 가능하다고 한다.
53) 아리스토텔레스는 운동의 속성인 '~에 의해 ~으로부터 ~으로의 운동'을 개체의 운동요소
들과 관련하여 다음과 같이 말한다. "근원적으로 움직이게 하는 자에 의해 질료로부터 형상
으로 운동한다."(Met. XII, 3. 1069b 361f.).

한다. 그리고 운동하게 하는 이 힘 자신은 어떤 다른 힘에 의해서도 운동하지 않는다. 그 힘은 자신은 운동하지 않으면서 모든 것들을 운동하게 하는 것이다. 아리스토텔레스는 이 힘을 "부동의 원동자(原動者)"라 부르며 신과 동일시한다. 이 신은 모든 존재자들의 아르케이기는 하지만(Met. XII, 7. 1072b 11) 만물을 창조한 기독교의 하나님과는 다르다. 그 신은 사물 내에서 운동을 촉발시키는 내재적 힘으로 아리스토텔레스는 그 힘을 순수 사유인 누스(νοῦς)라고 한다. 따라서 모든 존재자들은 본질적으로 이 신적인 힘을 가진다. (*Nikomachische Ethik VII*, 14. 1153b 32.).

요약하면, 존재자를 존재하게 하는 원인들(αἰτίαι; aitai)은 바로 존재자를 존재자로서 존재하게 하는 아르케들(ἀρχαί)로 다음과 같은 네 가지가 있다.

> 질료인(*causa materialis*)
> 형상인(*causa formalis*)
> 작용인(*causa efficiens*)
> 목적인(*causa finalis*)

아리스토텔레스는 이 네 가지 원인들을 설명하기 위해 집의 건축을 예로 든다. 질료인은 집을 지을 때 사용되는 목재와 기와와 같은 건축 재료들이다. 형상인은 '외부로부터 위험을 피하고 안전하게 거주할 수 있는 공간'이라는 집의 본질적인 규정에 해당되는 것이다. 이것은 집으로 하여금 다른 것이 아니라 바로 집이게 하는 요소이다. 목적인은 형상인과 동일하지만 아직 실현되지 않은 목표, 즉 건축 목표이다. 작용인은 어떤 것이 어떤 것으로 구체화되는 실천적 원인이 되는 것이다. 집을 짓는 사람이 이에 해당된다.

이상에서 우리는 실체로서 한 개체를 구성하는 네 가지 원인들에 관해 살펴보았는데, 여기서 하나의 물음이 제기될 수 있다. 이 물음은 형상인과 목적인과 작용인의 관계와 관련하여 제기되는 물음이다. 형상인은 한 개체에서 질료인과 결합되어 부분적으로 현실화되었지만 아직 완전하게 실현되지 않은 목적인으로 여전히 남아있다는 사실, 즉 형상인이 동시에 목적인이라는 사실은 위에서 이미 언급되었다. 그런데 가능성으로서 형상과 질료를 현실성이 되게 하는 힘인 작용인은 개체 밖에서 작용하는 어떤 힘이 아니라 개체 내에 있는 힘이라고 했는데 그렇다면 이 힘과 형상인은 어떤 관계에 있는가? 이 물음에 답하기 위해 우리는 먼저 아리스토텔레스에게 있어서 형상이란 개념의 특징에 관해 주목할 필요가 있겠다. 아리스토텔레스에게 있어서 형상, 즉 에이도스는 한 개체를 개체이게 하는 보편적 개념과 일치하기는 하지만 그 개념은 단순히 우리가 어떤 대상을 그렇게 부르는 이름이 아니라 한 개체를 형성시키는 실제적인 힘이다. 그 형상은 개체 속에 실재하는 힘이다. 형상은 한 개체의 목적으로서 그 개체를 존재하게 하는 내적인 힘이다. 형상인은 목적인인 동시에 그 목적인을 현실화시키는 내적인 힘이기도 하다. 지금까지 언급된 것을 종합해 보면 결국 형상인은 동시에 목적인이기도 하며 동시에 작용인이기도 함을 알 수 있다. 그리고 형상인은 목적인이며 동시에 작용인이기도 하기 때문에, 그것은 그 대상에 내재하는 신적인 힘이다.

한 개체를 구성하는 요소는 질료인과 형상인과 목적인과 작용인인데, 목적인과 작용인은 순수한 형상 자체 이외의 다른 것이 아니다. 그렇다면 개체를 이루는 요소는 질료인과 형상인이며, 이 형상인이 본질적 기능과 목적인으로서의 기능과 작용인으로서의 기능으로 세분된다고 보아야 할 것이다. 이것은 다음과 같은 도식으로 표시될 수 있겠다.

개체(제1우시아) ─ ─ 1. 질료
　　　　　　　 ─ ─ 2. 형상 ─ ─ 1. 본질로서의 형상
　　　　　　　　　　 ─ ─ 2. 목적인으로서의 형상
　　　　　　　　　　 ─ ─ 3. 작용인으로서의 형상

3.5.5.2. 신학

아리스토텔레스는 신적인 존재자에 관해 논의 할 때 다음과 같이 세 종류의 실체를 구분하고 있다. ① 감각적으로 지각할 수 있으며 유한한 실체, ② 감각적으로 지각할 수 있으면서 무한한 실체 그리고 ③ 감각적으로 지각할 수 없는 무한한 실체(Met. XII 1, 1069 a30-1069 b2).

①은 구체적인 현상의 사물들이며, ②는 영원히 쉬지 않고 움직이는 천체이며, ③은 스스로는 움직이지 않으면서 모든 운동의

원인이 되는 실체, 즉 '부동의 원동자'이다. 모든 실체는 사라지지만 시간과 변화 자체는 결코 사라지지 않는다(*Met. XII* 6, 1071 b6-10). 영원히 존재할 수 있는 유일한 변화는 순환운동이다(*Phy. VIII* 8-10; *Met. XII* 6, 1071 b11). 따라서 이 순환운동에 따라 움직이는 천체의 운동은 영원하고 비물질적인 실체를 원인으로 가진다(*Met. XII* 8, 1073b17-32). 이 실체의 본질이 잠재적인 요소를 조금이라도 가지고 있다면 운동이 중단될 수도 있을 것이다. 따라서 그 실체는 순수한 현실태, 즉 활동이어야 한다(*Met. XII*, 1071b12-22). 그 실체는 다른 존재자들을 운동하게 하지만 자기 스스로는 움직이지 않는다.

이 '부동의 원동자'는 마치 아름다운 여자가 스스로는 전혀 움직이지 않으면서 많은 남자들의 마음을 움직이듯이 다른 존재자들을 움직이게 한다. 다시 말하면 그 원동자는 사물들에 내재하는 궁극적인 목적인으로서 그 사물을 움직이게 한다(*Met. XII* 7, 1072 b3). 그리고 이 원동자는 비물질적인 '우주적 이성'(누스: voῦς)이다. 그의 활동은 본질적으로 최선의 것을 생각하는데 있기 때문에 그는 자기 스스로를 생각하는 존재자이다. 그는 "생각하는 것을 생각한다."(*Met. XII* 9, 1074b34f.) 그리고 오직 생명이 있는 존재자만이 생각할 수 있기 때문에 그는 생명체임이 분명하다. 아리스토텔레스는 이 부동의 원동자를 신과 동일시한다(*Met. XII* 7, 1072 b23ff.).

3.5.5.3. 영혼론 : 형상으로서 영혼

플라톤에 의하면 인간의 영혼은 이성적인 세계영혼에서 유래했기 때문에 불멸한다. 『티마이오스』에서 알 수 있듯이, 세계영혼은 스스로 운동하는 존재자이기 때문에 모든 운동과 생명의 시초이며 우주의 근원이다. 아리스토텔레스에 의하면 자신은 운동하지 않으면서 만물을 운동하게 하는 이 우주의 근원은 "부동의 원동자"이다. 이 부동의 원동자는 순수한 이성(νοῦς; nous) 또는 정신으로서 다양하게 운동하는 세계의 시초이다.

아리스토텔레스에 의하면 영은 식물과 동물을 포함한 모든 생명체의 생명의 원리로 이성적인 부분과 비이성적인 부분으로 구성되어 있다. 이성적인 부분은 인간에게만 고유한 요소로 불멸하지만, 성장기능이나 감각적 충동과 같이 비이성적인 부분은 사멸한다. 영은 "엔텔레케이아"로서 모든 유기체의 생명의 원리이다. 인간의 영혼은 이성적인 요소, 즉 정신(νοῦς)을 가지기 때문에 식물이나 동물의 영과 구별된다. 그리고 바로 이런 점에서 아리스토텔레스의 인간관은 영혼과 육체를 이원론적으로 구분하는 플라톤의 인간관과 구분된다. 다음의 글은 아리스토텔레스의 『영혼론』(περί ψυχῆς; de anima)의 일부이다.

우리는 지금 영에 관해 묻고 있기 때문에 이전에 영에 관해 논의한 사람들의 다양한 의견들을 참고하여 옳은 것은 받아들이고 옳지 않은 것은 피해야 한다. (…)
어떤 사람들은 영의 가장 고유한 속성은 운동에 있다고 말한다. (…) 더 나아가 육체를 운동하게 하는 것은 영이기 때문에 영은 자기 자신이 행하는 바로 그 운동을 육체에 나누어 준다고 보아야 할 것이다. 그렇다면 영이 육체의 운동을 함께 한다고 말할 수도 있을 것이다. 그러나 육체의 운동은 공간운동이다. 그러므로 영도 전체로서 또는 육체의 일부에서 공간이동을 한다고 보아야 할 것이다. 그러나 이것이 가능하다면 영이 육체에서 빠져나왔다 다시 들어갈 수도 있을 것이다. 따라서 생명체는 죽었다가 다시 부활할 수 있을 것이다. (…) 다음과 같이 생각한다면 영이 운동한다는 사실에서 이해하기 어려운 점이 발견될 수도 있을 것이다. 우리는 영이 아픔, 기쁨, 확신과 두려움을 느낀다고 말하며, 더 나아가 영이 분노하기도 하고 지각하기도 하며 사유하기도 한다고 말한다. 이 모든 것은 운동이라 할 수 있을 것이다. 따라서 영은 운동한다고 생각할 수도 있을 것이다. 그러나 필연적으로 그렇다고 말할 수는 없다. (…) 영이 측은지심을 가지고 배우거나 사유하는 것이 아니라 인간이 영을 매개로 하여 그렇게 행동한다고 말하는 것이 더 타당할 수도 있을 것이다. 그러나 영 안에 운동이 있는 것은 아니다. 오히려 어떤 경우에는 운동이 영에까지 도달하고 어떤 경우에는 영으로부터 나간다고 보는 것이 좋을 것이다. (…)

이와는 반대로 정신은 생명체의 본질로서 그 생명체에 들어가서는 소멸되어 사라지지 않는 것처럼 보인다. 그렇지 않으면 정신은 그 생명체가 노쇠하면서 소멸되어야 하는데 실제로는 그렇지 않기 때문이다. 실제로는 감각기관들의 경우와 똑같다. 정신이 정신에 상응하는 눈을 가진다면 그는 언제나 청년처럼 볼 것이다. 나이가 드는 것은 영이 손상되어서가 아니라 술에 취한 상태와 질병

에 걸렸을 때처럼 영의 소유자가 손상되기 때문에 일어나는 현상
이다. 마찬가지로 사유와 관찰도 그 속에 있는 어떤 다른 것이 소
멸됨으로써 소멸되지만 사유 자체는 변하지 않는다. 반대로 기억
이나 사랑이나 미움은 사유가 아니라 단지 기억하고 사랑하고 미
워하는 사람이 그런 상태에 있는 것이다. 기억하거나 사랑하거나
미워하는 사람이 사라지면 기억도 사랑도 더 이상 존재하지 않는
다. 이런 것들은 사유에 속하는 것이 아니라 소멸된 바로 그 주체
에 속하기 때문이다. 그러나 정신은 신적인 어떤 것으로 소멸되지
않는다.

결국 영이 운동한다는 것은 불가능하다. 그러나 영이 전혀 운동
하지 않는다면 그것도 자기 스스로에 의해 그런 것이 아님이 분명
하다. (…)

영에 관한 다른 주장도 있다. (…) 말하자면 영이 일종의 하모니
라는 주장이 그것이다. 그렇게 주장하는 사람들에 의하면 하모니
는 대립적인 것들의 종합이며 육체도 대립적인 것들의 결합이기
때문에 영도 그렇다는 것이다. (…)

영에 관해서보다는 건강이나 육체적 특징들과 관련하여 하모니
를 말하는 것이 훨씬 더 적절해 보인다. 이것은 영이 느끼는 감정
들과 활동이 모종의 조화에서 기인한다고 생각하고자 할 때 가장
분명해질 것이다. 영의 활동들과 감정들이 어떤 조화에서 기인하
는지 밝히는 것은 어려울 것이다. (…)

따라서 영에 관한 이전의 이론들은 타당하지 못해 보인다. 이제
영의 본질이 무엇이며 누구나 납득할만한 영혼의 개념에 관해 전

혀 새로운 해석을 시도해 보자.

우리는 한 존재자의 본질[54]을 그 존재자의 고유한 유개념으로
나타낸다. 그리고 이 본질 가운데서 질료는 존재자를 규정하는
결정적인 요소가 아니며, 형상에 의해 비로소 어떤 것이 바로 그
존재자로서 규정되며, 그 둘을 결합하는 제3의 요소가 있다. 질료
는 가능태이며, 형상은 실제적인 현실태이다.

실제로 존재하는 것들은 주로 물체, 특히 그 중에서도 자연물이
다. 자연물은 다른 존재자들의 원리가 되는 것들이기 때문이다.
자연물 가운데서 일부는 생명을 가지고 일부는 생명을 가지지 않
는다. 우리는 스스로 영양을 섭취하여 성장하고 소멸하는 것을
생명이라 부른다. 따라서 생명을 가지는 모든 자연물은 실체성,
특히 서로 다른 요소들이 결합되어 이루어진 실체성을 가진다. 그
러나 비록 생명체가 그렇게 생명을 가지고 있기는 하지만 그 생명
체가 곧 영은 아니다. 생명체는 그의 토대가 되는 어떤 실체의 일
부가 아니라 그 자체가 하나의 실체이며 하나의 물체이기 때문이
다.

따라서 영은 잠재적 생명을 소유하고 있는 자연물의 형상으로서
하나의 본질성이다. 그러나 본질성은 실제적 현실성, 즉 그런 속성
을 가지는 어떤 물체의 실제적 현실성이다. (…) 따라서 영은 잠
재적 생명을 소유하고 있는 자연물의 가장 중요한 실제적 현실성

---

54) 아리스토텔레스는 그의 『범주론』에서 존재자를 그의 가변적 상태들(우연)과 지속적 본질
(실체)에 따라 구분하고 있다. 예를 들면, 카멜레온의 색깔과 온도는(질료와 형상의 결합
으로서) 바뀔 수 있지만 카멜레온 자체는 본질 또는 '본질적인 무엇'으로서 변하지 않는다.

이다. 자연물이 잠재적 생명을 소유하고 있다는 것은 이 자연물에 기관들이 갖추어져 있음을 의미한다.

모든 영에 공통적인 특징이 무엇이냐고 묻는다면 그 영이 자연적 유기체의 가장 중요한 실제적 현실성이라고 대답할 수 있을 것이다. 따라서 밀납과 거기에 새겨진 각인이 하나인지 묻지 않는 것처럼 영과 육체가 하나인지 물을 필요가 없다. (…) 지금까지 우리는 영의 본질이 무엇이지 일반적으로 살펴보았다. 영은 개념적으로 볼 때 하나의 본질성이다. 이것은 영이 그런 속성을 가진 육체에게 본질적인 어떤 것임을 의미한다. 도끼와 같은 도구가 자연물이라고 볼 때 '도끼임'은 그 도구의 본질성이며 바로 이 본질성이 도끼의 영이라 할 수 있을 것이다. 이 본질성이 그 도구에서 분리되어 있다면 그 도구는 더 이상 도끼가 아닐 것이다. 그러나 그것은 단지 하나의 도끼의 예일 뿐이다. 영은 그런 도구의 본질적인 어떤 것이나 개념이 아니라 운동과 휴식의 원리를 자체 안에 가지는 자연물의 '본질적인 어떤 것'이며 개념이다. 육체의 지체들에게도 동일한 원리가 적용될 수 있을 것이다. 눈이 생명체라면 그의 영은 시력일 것이다. 시력은 개념적 의미에서 볼 때 눈의 본질성이기 때문이다. 눈은 시력을 위한 질료이다. 시력이 사라진다면 눈은 화석화된 눈이나 그림의 눈과 마찬가지로 이름만 있을 뿐 더 이상 실제적으로 존재하지는 않는다. 이제 이런 원리를 육체 전체에 적용할 수 있을 것이다. 한 지체의 지각이 다른 지체와 관계하듯이 전체로서 지각은 전체로서 지각하는 육체 자체에 관계한다. 그러나 생명의 가능성을 가진 육체는 영을 상실한 육체가 아니라 영을 소유하고 있는 육체이다. 씨앗과 열매는 그런 잠재적 생명체이다. 도끼의 쪼개는 기능과 눈의 시각처럼 깨어있음은 실제적 현실성이다. 시력과 도구의 기능처럼 영도 그렇다. 반대로 몸은 잠재적 존재자이다. 그러나 눈이 동공과 시력의 결합이듯이 영과 육은 서로 결합되어 생명체를 구성한다.

영이 육체에서 분리되지 않고 육체의 필연적인 부분이라는 사실은 분명하다. 그러나 항해사가 배를 조종하듯이 영이 육체를 조종하는 방식으로 실제적인지는 분명치 않다. 이미 언급되었 듯이 본질성은 3중적 의미로 이해되기 때문이다. 즉 그 본질성은 형상과 질료 그리고 그 둘의 결합이기 때문이다. 그 중에서 질료는 가능성이고, 형상은 현실성이다. 그리고 둘이 결합되어 하나의 생명체를 이루기 때문에 몸이 영의 현실태가 아니라 영이 육체의 현실태이다. 따라서 영은 육체가 없으면 불가능하고 자신이 육체일 수도 없다는 주장들도 옳다. 영은 육체가 아니라 육체에 속하는 어떤 것이다. 따라서 특정한 속성을 가지는 육체에는 영이 있다. 그러므로 영이 육체에 있다고 주장하면서 어떤 육체에 어떤 방식으로 있는지 정확하게 규정하지 못하는 이전의 주장들은 타당하지 않다. 그러나 우리의 견해는 영의 개념과도 일치한다. 모든 개념의 현실성은 가능적으로 존재하는 것과 결합되며 적절한 질료와 결합되기 때문이다. 이상의 언급으로부터 다음과 같은 사실이 분명해진다. 영은 현실성인 동시에 가능적으로 존재할 수 있는 것의 개념이다. (Aristoteles, *Von der Seele*, 403b~414a, Hrsg. und übers. Olof Gigon, München 1985, S. 261~291.)

3.5.5.4. 논리학

인간은 생각하는 존재자이며, 생각한 것을 말로 표현하는 존재자이다. 그리고 이러한 생각과 언어사용에 있어서 이미 일정한 규칙을 따른다. 논리학이란 사유와 언어사용의 규칙을 학문적으로 연구하는 학문이다. 이것은 '논리학'(Logik)이란 개념이 그리스어 'λόγος'(말)과 'λέγεῖν'(말하다)에서 유래했다는 사실에서도 알 수 있다.

아리스토텔레스에 의하면 사유하는 정신의 활동은 언제나 개념화와 판단과 추리라는 세 기능으로 이루어진다. 이 세 기능은 인간의 사유능력을 감성(αἴσθησις), 추론적 이성(διάνοια: 오성, 지성) 그리고 직관적 이성(νοῦς)으로 분류할 때 추리하는 이성의 영역에 속하며, 그렇게 형성된 지식의 종류를 의견(δόχα), 인식(ἐπιστήμη) 그리고 지혜(σοφία)로 분류할 때 인식의 영역에 속한다. 여기서 잠시 사유하는 존재자로서 인간의 사유능력에 관해 언급하겠다. 일반적으로 그리스 사상이 그랬듯이 아리스토텔레스에게 있어서도 살아서 스스로 움직이는 모든 것은 영혼을 가진다. 그러므로 인간만이 아니라 동물과 식물에게도 영혼이 있다. 영혼은 "유기체 최초의 엔텔레케이아"로 생명의 원리이며, 근원적인 활동력이다. 그리고 생명체의 단계에 따라 영혼의 단계도 다르다. 식물의 영이 있으며, 감각적 지각을 가지고 무엇인가를 추구하고 스스로 장소를 이동할 수 있는 동물의 영이 있으며, 인간의 영에 고유한 이성의 영이 있다. 인간은 감각적 영의 능력을 가지고 있을 뿐만 아니라 보다 높은 정신의 영을 가진다. 즉 인간은 보고, 듣고, 냄새를 맡고, 맛을 보고, 만지는 '오감의 능력'(αἴσθησις) 이외에도 정신을 고유한 능력으로 가진다. 그리고 인간의 정신 능력은 다시 오성 또는 지성(διάνοια)과 이성(νοῦς)과 자유의지로 세분된다. 오성 또는 지성은 판단하고 추리하는 능력이다. 대상을 개념화하여 인식하고 여러 개념들을 종합하여 하나의 결론을 추론해 내는 능력이 그것이다. 이성, 즉 누스는 아리스토텔레스에게 있어서 진리와 선의 최고의 원리들과 신적인 것을 직관하는 능력이다.

인간에 의한 대상의 경험이 의견이든, 지식이든, 지혜이든, 그것을 표현하고 전달할 때는 추론적 이성의 규칙에 따른다. 추론하는 사유능력으로서 정신은 개별적인 대상들을 지각하는 감성과는 달리 보편을 인식하는 능력이다. 그리고 개별적인 대상들을 추상화함으로써 형성된 보편적 대상이 바로 개념이다. 예를 들면 눈은 이곳저곳으로 시선을 옮기면서 수많은 대상들을 본다. 그리고 정신은 이렇게 보여진 무수히 많은 대상들로부터 보편적인 것을 추상하여 하나의 개념을 형성한다. 수많은 나무들을 보고 "나무"라는 개념을 형성한다. 인간은 이런 개념화 능력에 의해 다른 동물들과 차별화되기 시작한다고 볼 수 있을 것이다. 인간은 개념화와 그 개념의 언어화를 통해 경험을 간접적으로 전달할 수 있다. 그리고 이러한 간접경험이 교육과 인류문명의 근거가 된다.

사유하는 정신은 개념을 형성할 뿐 아니라 그렇게 형성된 개념을 다른 개념과 비교하여 진술하는 기능, 즉 주어와 술어라는 두 요소를 통해 일정한 형식들에 따라 결합하는 기능도 가진다. 이때 진술의 기초가 되는 형식을 '카테고리'라고 하는데, 이 카테고리에 따라 주어와 술어를 통해 결합된 것을 판단이라 한다. 주어란 우리가 말하고자 하는 어떤 것이며 술어란 이 주어에서 일어나는 사태, 즉 사실적인 연관관계다. '일정한 형식들에 따라 결합하는' 것은 술어, 즉 사실적 연관관계의 기초가 되는 일정한 틀을 말하는 것으로 아리스토텔레스는 이 틀을 "카테고리"라고 하여 10개를 제시한다. 실체, 양, 질, 관계, 장소, 시간, 위치, 상태, 능동, 수동이 그 형식들이다. 예를 들면 '이것은 저것보다(비교) 크고(양) 단단하다(질).' 이와 같은 방식으로 진술된 것을 판단이라 하는데, 이 판단은 하나의 대상 또는 사태를 다른 대상 또는 사태와 비교하여 그것이 다른 것과 다름을 한정하는 작업이기 때문에 '정의'(definition)라고도 한다. 그리고 정의는 하나의 대상을 그의 종과 유에 따라 분류하는 것이다. 보다 구체적으로 말해 정의는 하나의 대상을 그가 속해 있는 가장 가까운 유개념(최근류)과 그 유에 속하는 다른 종들과의 차이를 지적해 주는 것이다. 예를 들면 '사람은 생각하는 동물이다'라는 정의는 사람이 속해있는 가장 가까운 유개념인 동물과, 동물이란 유에 속하는 다른 종들과 사람의 가장 두드러진 차이점인 '생각함'을 지적함으로써 이루어진다. 그런데 주어와 술어의 형식으로 결합되어 있는 모든 판단들이 가치를 가지기 위해서는 그것들이 참이어야 한다. 즉, 사실에 부합해야 하는 것이다. 다시 말해 어떤 판단이 참과 거짓에 관해 무엇인가 주장할 경우에만 판단으로서 가치를 가지는데, 이런 판단을 '명제'라고 한다.

사유하는 정신의 세 번째 기능은 추리이다. 추리에는 귀납추리와 연역추리가 있는데 귀납추리는 많은 경험적 내용들에 근거하여 하나의 가설을 결론으로 주장하는 것이며, 연역추리란 하나 이상의 명제로부터 결론을 끌어내는 사유작용을 말한다. 그리고 연역추리는 다시 하나의 전제로부터 결론을 끌어내는 직접추리와 하나 이상의 명제로부터 결론을 끌어내는 간접추리로 구분된다. 직접추리는 원판단의 질과 양을 바꾸어 새로운 판단을 끌어내는 추리이며, 간접추리는 두 개의 전제로부터 하나의 결론을 끌어내는 것으로 삼단논법이 이에 해당된다. 삼단논법은 대개념, 소개념, 매개념의 세 개념으로 구성되는데 매개념에 의해 결론에서 대개념과 소개념이 결합된다. 이때 대개념은 결론에서 술어가 되고 소개념은 결론의 주어가 된다. 삼단논법은 다시 정언적 삼단논법, 가언적 삼단논법, 선언적 삼단논법으로 구분된다.

3.5.5.5. 윤리학

아리스토텔레스에게는 "존재자는 존재자로서 무엇인가?"(τι τὸ ὄν ᾖ ὄν; ti to on he on) 라는 형이상학의 물음뿐만 아니라, 소크라테스나 플라톤과 마찬가지로 인간이 어떻게 행동해야 하는가 하는 것도 중요한 관심사였다. 인간은 어떻게 행동해야 하는가?

아리스토텔레스는 『니코마코스 윤리학』에서 인간이 어떻게 행동하면 좋은 인간이 행복한 삶을 영위할 수 있는지 체계적으로 제시한다. 책 첫머리에서 그는 이렇게 말한다. "모든 실천적인 능력과 모든 학문적 탐구와 마찬가지로 모든 행위와 선택도 선을 추구한다." 따라서 그 책은 최고선과 최고의 목표가 무엇이며 어떻게 그 목표에 어떻게 도달할 수 있는지 가르친다. 그렇다면 무엇이 최고선이며, 그 최고선에는 어떻게 도달할 수 있는가?

a. 최고선과 행복

아리스토텔레스에 의하면 최고선의 본질은 행복이다. 행복을 가리키는 헬라어 '유다이모니아'(εὐδαιμονία)는 '영적인 만족(행운, 즐거움)'을 의미한다.[55] 물론 행복을 위해서는 영적인 만족 이외에도 물질적인 요소와 육체적인 요소도 중요하다. 그러나 이런 요소들은 우연적인 만족(행운, εὐτυχία)에 속한다.

행복은 다른 요소들과는 달리 목적을 위한 수단이 아니라, 그 자체가 목적이다. 다른 요소들과는 달리 우리가 행복을 추구하는 것은 행복 그 자체 때문이다. 행복은 "완전하고 충분한 선이며 행위의 목표이다."(1097 b20)

그렇다면 행복의 본질은 무엇인가? 행복은 인간의 상태가 아니라 기능이다. 인간을 구성하는 요소들에는 외적 요소, 신체적 요

---

55) 행복, 즉 '영적인 만족'을 의미하는 그리스어 '유다이모니아'(εὐδαιμονία)는 라틴어로는 '올바른 비율'(recta ratio)로 번역되었다. 그리고 이때 '비율'은 이성을 의미한다. 따라서 인간이 올바른 이성의 지시에 따라 중용의 길을 갈 때 선이 이루어지며 그 결과 영적인 만족, 즉 행복에 도달하게 되기 때문이다. 그리고 이때 올바른 이성이란 적절한 비율을 측정할 수 있는 능력, 즉 중용의 능력인 '프로네시스'와 같다고 할 수 있겠다.

소 그리고 영적 요소가 있다. 외적 요소들은 재산, 우정, 가문, 자손, 결혼 그리고 개인의 운명 등이며, 신체적 요소들은 건강, 아름다움 등이고, 영의 내적 요소들은 여러 가지 덕이다. 아리스토텔레스에 의하면 "행복은 완전한 덕(아레테)에 따르는 영혼의 활동"이다. 완전한 덕 또는 플라톤의 개념을 사용하면 '이데아로서 덕'이란 무엇인가?

b. 완전한 덕과 중용

먼저 인간 영혼의 구조부터 살펴보자. 아리스토텔레스에 의하면 인간의 영혼은 비이성적 요소와 이성적 요소로 구성되어 있다. 비이성적 요소는 다시 식물들도 가지고 있는 식물적인 영의 능력(예, 성장, 영양공급)과 인간과 동물에 공통되는 동물적 요소로 구성되어 있다. 완전한 덕을 위해서는 동물적 요소에 속하는 감성적 욕구들이 실천적 지혜에 의해 통제되는 것이 중요하다.(감성적 욕구들은 언제나 지나치다.) '실천적 지혜'를 가리키는 헬라어 '프로네시스'(φρόνεσις; pronesis)는 지나치거나 모자람을 알고 통제하는 능력이다. 아리스토텔레스는 지나치거나 모자라지 않아 적절한 비율을 "중용"(μέσοτες; mesotes)이라 한다. 따라서 프로네시스는 '중용을 아는 실천이성의 능력'을 말한다고 할 수 있겠다. 프로네시스가 없다면 어떤 다른 덕들(용기, 절제, 정의 등)도 불가능하다. 모든 덕들은 덕이 아닌 요소들이 적절한 비율로 섞여있는 중용의 상태이며, 프로네시스는 중용을 아는 능력이기 때문이다. 아리스토텔레스에게 있어서 중용은 모든 덕들 중의 덕이다.

그렇다면 중용이란 무엇인가? 아리스토텔레스에게 있어서 '완전한 덕'이란 부덕한 요소가 전혀 없는 상태를 의미하는 것이 아니다. 현실의 고통과 무관한 것도 아니다. 비합리적인 요소가 없는 것도 아니다. 완전한 덕은 고통들과 이런 고통들에서 나오는 행위들 사이에서 이루어진다. 그런 덕은 영혼의 비합리적이고 충동적인 부분들을 다스리고 조절하는데 있다. 이때 중요한 것은 지나치게 많음과 지나치게 모자람을 피하고 그 사이의 적절한 비율, 즉 중용을 찾아내는 것이다. 완전한 덕이란 부덕한 요소를 전혀 가지지 않는 상태를 말하는 것이 아니라 부덕한 요소들 사이의 가장 적절한 비율을 찾아 실천하는 것이다. 완전한 덕은 덕이 아닌 요소들로 구성되어 있다. 이것은 모든 존재자들의 존재원리와도 일치한다. 하나의 사물은 그 사물이 아닌 요소들로 구성되어 있다. 단지 그 요소들이 그 사물에 고유한 비율로 결합되어 있을 뿐이다.[56] 만물은 100여개의 분자들이 각각의 사물에 가장 적절한 비율로 결합되어 저마다의 고유성을 가지고 조화를 이루고 있는 것이다. 완전한 덕의 경우도 마찬가지이다. 완전한 용기(이데아로서 용기)란 비겁과 만용 사이의 가장 적절한 비율이 되는 지점이다. 따라서 용기란 상황에 따라 달라질 수 있다. 이것은 다른 덕목들의 경우에도 마찬가지이다. 절제는 인색함과 낭비 사이의 중용이며, 지혜는 지나치게 약삭빠름과 어리석음 사이의 중용이다.

---

56) 피타고라스가 만물의 근원을 수 또는 수적인 비율라고 한 점을 기억하자.

아리스토텔레스는 인간의 올바른 정신이 개인에게 구현될 뿐만 아니라 국가를 통해 보다 완전하게 이루어진다고 보았다. 공동체를 통해서 비로소 선이 완성된다. 인간은 정치적 동물로서 선을 지향하는 시민들로 구성된 윤리적 공동체를 형성할 때 비로소 그의 본질이 완성된다는 것이다. 법과 도덕에 기초한 선한 국가에 속한 시민들의 윤리적 공동체야말로 인류의 가장 고귀한 현실태이다. 따라서 덕에 관한 연구는 윤리학의 예비적 단계로, 그 이론은 국가를 통해 실천적으로 완성되어야 한다. 그렇다면 이상적인 통치체제는 어떤 것인가?

아리스토텔레스에 의하면 통치체제는 통치자의 수에 따라 군주제, 귀족정치, 민주주의로 구분된다. 군주제는 일인지배체제이며, 귀족정치는 소수지배체제이고, 민주주의는 다수에 의한 지배체제이다. 그리고 각각의 지배체제들은 폭군정치, 과두정치, 우민정치로 변질될 수 있다. 아리스토텔레스는 귀족정치체제와 민주주의가 혼합된 정치체제를 가장 바람직한 정치체제로 보았다. 중간 계층이 국체의 중심이 될 수 있기 때문이다.

3.6. 소크라테스 학파

플라톤은 소크라테스의 제자들 가운데서 가장 탁월하여 그의 사상을 이어받아 더욱 발전시켰다. 그렇지만 플라톤 이외에도 특히 소크라테스의 윤리적 가르침을 계승한 세 학파들이 있었음을 기억할 필요가 있다.

3.6.1. 메가라 학파 : 선(ἀγαθόν; agathon)의 본질은 존재

메가라 학파는 아테네에서 멀지 않은 메가라(Megara) 출신의 유
클레이데스(Eucleides: BC 430~360)[57]에 의해 창설된 학파이다. 플라톤
의 대화편 『테아이테토스』에 보면 그는 소크라테스의 대화 상대
자로 등장하기도 한다. 유클레이데스는 스승인 소크라테스의 윤
리이론을 파르메니데스의 존재론과 결합시켰다. 그는 파르메니데
스의 '존재(자)'와 소크라테스의 '선'을 동일시했다. 존재자는 선해
야 존재자라고 할 수 있으며, 선한 것만이 존재한다고 볼 수 있
다. 선과 존재가 하나의 통일성을 이루고 있다. 존재한다는 것과
선하다는 것은 동일한 의미이다. 선이야말로 모든 존재자들(현상)
의 근원이 되는 존재자(아르케)라는 것이다. "선(善)은 여러 가지 이
름을 갖고 있어서 때로는 지혜, 때로는 신(神), 때로는 이성이라고
불리지만 선은 하나이다." "선과 대립되는 것은 실재하지 않는다."
그는 파르메니데스의 존재론을 윤리적으로 확장했으며, 소크라테
스의 윤리학을 존재론으로 확장했다고 할 수 있겠다.

3.6.2. 퀴니코스 학파 : 선의 본질은 무욕의 상태

---

57) 알렉산드리아 출신의 수학자 유클레이데스(Eucleides: BC 365년 ~ 275)와는 다른 사람
이다.

소크라테스의 제자인 안티스테네스(Antisthenes; 445~365 BC)에 의해
창설된 것으로 알려진 학파이다. 안티스테네스는 개인이 외부 대
상에서 쾌락을 얻으려는 유혹을 참아야 하며, 정신이 내적 풍요를
추구하는 데 따르는 육체와 정신의 고통은 기꺼이 짊어져야 한다
고 권했다. 그는 가르침의 극적인 효과를 위해 종종 자기 생각과
믿음을 가르칠 때 교단에 서서 사회의 어리석은 모습과 불의를
지적하며 개처럼 짖어대곤 했다고 한다. 한편, 안티스테네스의 제
자인 디오게네스(Diogenes, 412?~323? BC)는 알렉산더 대왕과 동시대
의 인물로, 알렉산더가 그에게 소원을 말하면 들어주겠다고 했을
때, 자기 앞에 서있는 왕에게 햇빛을 가리지 말고 조금 비켜 달라
고 했다는 유명한 일화가 있다. 그리자 알렉산더는 "만일 내가 알
렉산더가 아니라면 디오게네스가 되고 싶다고"고 말했다고 한다.
디오게네스는 개집과 같이 작은 공간에서 살면서 유일한 소유는
물을 뜨기 위한 바가지뿐이었다 한다. 그러나 바가지가 없이 물
을 먹는 개를 본 후로는 바가지마저 깨버렸다고 한다. '퀴니코스
학파' 란 명칭은 안티스테네스와 디오게네스의 이런 '개 같은'[58]
삶의 방식에서 유래한 것으로 보인다.

이 학파의 사람들이 추구하는 최고의 목표는 '그럼에도 불구하
고 자족함'(ἀντάρκεια; autarkeia)과 '무욕의 실천'(ἄσκεσις; askesis)에 의해
도달될 수 있는 '평정심'(ἀταραξία; ataraxia)이었다. 그들은 직업을 가

---

58) '개 같은'을 의미하는 그리스어 'κυνικος'(퀴니코스)는 'κύων'(퀴온: 개)의 형용사이다.

지지 않았기 때문에 가난한 생활을 했지만 가난을 조금도 부끄러워하지 않았으며, 일반적으로 사람들이 가치 있다고 생각하는 모든 것들에 대해서도 무관심했다. 그들은 개인과 가족의 이기주의는 물론 민족주의적 애국심을 넘어서 세계시민으로 살고자 했다. 그들은 예술과 학문과 사변적 이론을 경멸했다. 인간에게 중요한 것은 그가 무엇을 소유하고 있느냐 하는 것이 아니라 그가 어떤 존재자인가 하는 것, 즉 그가 정신적으로 얼마나 높은 단계에 도달했는가 하는 것이다. 그들이 최고의 선으로 간주한 것은 덕, 즉 사람다움이었다. 이 학파의 삶의 방식은 후에 스토아학파에게 영향을 주었다.

3.6.3. 퀴레네 학파 : 선의 본질은 쾌락(ἡδονή ; hedone)

북아프리카 퀴레네(Kyrene) 출신의 아리스티포스(Aristippos, 435~366 BC)에 의해 창설된 학파. 아리스티포스는 소크라테스와 마찬가지로 행복을 추구했지만 그 행복은 공동체 중심의 덕이 아니라 순간의 쾌락에 있다고 가르쳤다. 쾌락이란 '지속적으로 즐거운 기분'(χαρά; 카라)인데, 이런 기분에 도달하기 위해서는 지혜, 사려 깊음과 절제가 필요하다. 그의 이런 가르침은 후에 에피쿠로스학파에서 계승된다.

4장
헬레니즘 시대의 철학

4장
헬레니즘 시대의 철학

헬레니즘 시대에는 과거의 풍부한 문화와 위대한 학문적 전통이 세분화되기 시작한다. 철학도 이제는 소크라테스 이전 시대와는 달리 더 이상 자연학과 의학과 기술과 존재론을 모두 다루지 않았다. 철학의 고유한 분야는 논리학과 윤리학과 물리학이었다. 이 시대의 철학이 윤리학과 물리학에 집중될 수밖에 없었던 시대적 상황을 설명할 필요가 있다.

알렉산더는 동방을 정복하는 과정에서 그는 그리스의 발달된 문화와 철학을 인도에 전파했는데 결과적으로는 그리스 문화가 인도의 영향을 더 크게 받게 되었다. 헬레니즘은 이러한 문화교류의 결과로 형성된 문화이다. 그 문화는 불교와 힌두교의 강한 영향을 받아 형성되었다. 따라서 헬레니즘 시대에는 고대의 신화적 표상들과 종교들이 와해되었다. 이런 시대에 철학의 과제는 철학적인 방식으로 인간을 구원하는 것이었다. 따라서 당시 철학이 종교적 색채를 띠는 것은 자연스런 현상이었다.

헬레니즘 시대에는 여러 학파들이 있었지만 그들의 목표는 모두 '완전한 평정심'에 도달하는 것이었다. 따라서 철학의 역할도 인간이 겪는 걱정과 고통과 불행으로부터 그들을 구원하는 것이었다.[1] 그들이 소크라테스의 후예임을 자처하든 아니든 헬레니즘 시대의 모든 철학자들은 소크라테스와 마찬가지로 인간은 무지 때문에 불행과 고통과 악에 빠져 있다고 생각했다. 객관적 사물 자체는 악하지 않지만 그런 사물에 대한 인간의 가치판단 때문에 악이 발생한다. 그러므로 가치관을 바꿀 때에만 악에서 해방될 수 있다. 하지만 가치관을 바꾸기 위해서는 우리의 모든 사고방식과 존재방식을 철저히 바꾸어야 한다. 그때 비로소 우리는 마음의 내적 안정과 평화를 획득할 수 있게 된다.

4.1. 에피쿠로스(342~271 BC.)

에피쿠로스는 기원전 341년 아테네에서 이주한 사람의 아들로 사모스 섬에서 태어났다. 그는 플라톤주의자인 팜필로스에게서 철학을 배웠지만, 후에는 그의 스승과 철저히 대립되는 입장을 취했다. 아마도 그는 후에 자신의 철학적 이론의 토대가 된 이오니아의 철학도 이미 이 시기에 배웠을 것이다. 그는 18세 때 아테네

---

1) 퀴니코스 학파는 이런 걱정과 고통과 불행의 원인이 사회적 억압과 전통 때문이라고 생각했으며, 에피쿠로스는 잘못된 쾌락을 추구하기 때문이라 했고, 스토아 학파는 쾌락의 추구와 이기적 욕심 때문이라 했다.

로 가 거기서 2년 동안 군복무를 하였는데, 이 시기는 아리스토텔레스가 알렉산더의 죽음 후에 정치적 박해를 피해 고향인 칼키스로 돌아가 죽은 때이기도 했다.

에피쿠로스는 306년에 아테네의 교외에 한 정원을 사 거기서 철학을 가르쳤는데, 이런 연유로 인해 후에 그의 학교도 "정원"이란 이름으로 불리게 되었다. 그런데 특기할 만한 사실은 에피쿠로스의 학교는 단지 학문의 전당이었을 뿐만 아니라 학생들 상호간의 우정과 스승에 대한 존경으로 유명하였다. 에피쿠로스는 제자들을 미신과 죽음의 공포로부터 자유롭게 해주었으며, 그의 제자들은 공동체 생활을 하면서 행복한 삶에 대한 스승의 가르침을 실천하고자 노력했다.

4.1.1. 윤리학

에피쿠로스에 의하면 최고의 선은 쾌락(ἡδονή, 헤도네)이다. 그러나 그가 추구한 쾌락은 일시적인 쾌락이 아니라 궁극적인 쾌락이었다. 이런 쾌락은 모든 욕망을 끊음으로써 자족하는 삶에 의해 도달될 수 있다. 진정한 쾌락주의자의 궁극적인 목적은 마음을 흔들리게 하는 적극적인 쾌락이 아니라 '무욕의 상태'(ἄσκεσις; askesis)에서 도달된 마음의 안정이다. 에피쿠로스는 이런 마음의 상태를 '아타락시아'(ἀταραχια)라 불렀다.

에피쿠로스에 의하면 공동체의 선을 추구하는 소크라테스와 플라톤의 방법론은 환상에 불과하다는 것이다. 개인은 오직 그들 자신의 쾌락과 이익을 만족시키기 위해서만 움직이기 때문이다. 따라서 에피쿠로스가 궁극적 목표로 추구하는 쾌락도 '개인의 쾌락'이었다. 철학의 본질은 어떻게 하면 합리적인 방법으로 쾌락을 추구하느냐 하는 것을 가르치는데 있다. 사람들이 불행과 고통을 겪는 것은 그들이 진정한 쾌락을 모르기 때문이다. 그들은 쾌락을 추구하지만 그 쾌락을 발견할 수 없다. 그것은 그들이 현재 가지고 있는 것에 자족할 줄 모르기 때문이며, 그들의 능력 밖에 있는 것을 추구하기 때문이다. 그들이 가지고 있는 것을 잃어버릴까 염려하기 때문이다. 고통의 원인은 무엇보다도 헛된 욕망 때문이며, 따라서 결국 사람들의 영혼 때문이다. 철학의 과제는 무엇보다도 치료에 있다. 철학자는 무엇보다도 사람들의 영혼을 돌봐야 하며 사람들에게 쾌락을 경험하는 방법을 가르쳐 주어야 한다. 진정한 쾌락은 어떤 쾌락인가?

진정한 쾌락은 오직 마음의 상태에 달려있기 때문에 육체적인 쾌락은 진정한 쾌락이 아니고 오직 정신적인 쾌락만이 진정한 쾌락이다. 육체의 쾌락은 일시적이지만 정신적 쾌락은 과거와 미래와 관련된 것이기 때문에 육체적 쾌락보다 더 강하다. 따라서 에피쿠로스는 말한다. "나에게 빵과 물만 있다면 나의 행복을 신의 그것과 겨루리라." 정신적 쾌락을 위해서는 빵과 물만으로도 충분하다는 것이다. 지혜로운 사람은 아타락시아를 얻기 위해 외부의 사물에 대해 욕망을 품지 않고 따라서 마음이 흔들리지 않는다. 에피쿠로스는 말한다. "자연을 거슬러 획득된 부(富)는 인간을 유익하게 하지 못한다. 물이 가득 찬 통에 물을 더 붓는 것이 헛수고 이듯이 말이다. 부와 물은 모두 밖으로 흘러버릴 것이기 때문이다." "만일 그대가 자연에 따라 살면 그대는 결코 가난하게 되지 않을 것이지만, 일시적인 마음의 충동에 따라 살면 결코 부유하게 되지 못할 것이다." "자연에 따르고 헛된 마음의 충동에 따르지 않는 사람은 모든 것에 자족하게 된다. 자족하는 사람의 눈에는 그가 가지고 있는 것이 아무리 적을지라도 그것이 풍족해 보이지만, 무제약적 욕망에 사로잡힌 사람의 눈에는 아무리 많은 재산도 부족하게 보이기 때문이다."

4.1.2. 물리학과 논리학

에피쿠로스는 학문과 도덕이 개인의 쾌락에 이바지하지 못하는 한 아무 유익이 없다고 보았다. 자연에 대한 탐구가 유용한 것은 그것이 헛된 망상과 미신을 타파해 줌으로써 헛된 공포와 번뇌를 없애주기 때문이다. 따라서 그는 만물의 원리에 관해 설명할 때도 데모크리토스의 원자론을 비판적으로 수용했다. 데모크리토스에 의하면 존재하는 것은 오직 허공과 그 속에서 운동하는 원자들뿐이다. 이 원자들은 비록 지극히 미세하기는 하지만 무게를 가지고 있기 때문에 동일한 속도로 하강운동을 한다. 그런데 그 원자들은 자유의지를 가지고 있기 때문에 극히 미세하게 궤도에서 벗어나기도 한다.[2] 이렇게 궤도에서 벗어나자마자 그들은 서로 충

---

2) 에피쿠로스는 한때(327~324 BC) 테오스라는 이오니아의 도시에서 데모크리토스의 제자인

돌하게 되고 그 결과 원자들의 모임과 흩어짐이 일어난다. 만물의 생성과 소멸은 바로 이 원자들이 서로 충돌하여 모였다 흩어지는 현상이다. 영혼도 원자들의 모임에 불과하다. 죽음이란 이 원자들이 흩어지는 것이기 때문에 죽은 후에 영혼이 있다는 것은 불가능하다. 영혼이 물질에 불과하다는 에피쿠로스의 이런 유물론적 사상은 그가 헤로도토스에게 보낸 다음과 같은 편지의 내용에 잘 나타나 있다.[3]

> 더 나아가 만물은 물체와 허공으로 구성되어 있다. (…) 그리고
> 이 물체들은 그보다 더 근원적인 물질들이 결합된 것이다. 만물이
> 생성되고 소멸되기는 하지만 완전히 없어지지 않는 한 근원적인
> 이 물질들은 더 이상 나누어지지 않고 변하지 않는 요소로 여전
> 히 존재한다. 이 요소는 본질적으로 완전하며 결코 사라지지 않기
> 때문이다. 따라서 만물은 더 이상 분할 할 수 없는 물체들이 결합

나우시파네스(Nausiphanes)의 강의를 들었는데, 이때 데모크리토스의 원자론을 접했을 가능성이 있다. 그런데 에피쿠로스는 데모크리토스의 원자론에 만족하지 않고 그 이론을 더욱 발전시켜 원자의 '사선운동'(deviation)을 주장했다. 이런 그의 주장은 두 가지 측면에서 의미가 있다. 첫째, 그 주장은 물체의 형성을 합리적으로 설명하고 있다. 만일 원자가 단순히 동일한 속도로 직선으로 떨어지는 하강운동만 한다면 물체가 형성될 수 없었을 것이다. 그런데 그 원자들이 사선운동을 하기 때문에 서로 충돌이 일어나고 그 결과 모임과 흩어짐이 가능하게 되었고 따라서 만물이 형성될 수 있었다는 것이다. 둘째, 그 주장은 필연성의 법칙에 우연성을 도입함으로써 인간의 자유의지를 설명할 수 있는 근거를 제공한다. 인간의 영혼도 원자들로 구성되어 있는데, 이 원자들 자체에는 이미 의지의 자발성의 원리가 내재한다. 이와 관련하여 BC 1세기의 철학자 루크레티우스(Lucretius)는 다음과 같이 말한다. "만일 정신이 그의 모든 활동에 있어서 필연성에 의해 지배되지 않는다면, 만일 정신이 자유롭고 완전히 정지된 상태로 환원되지 않는다면 그것은 원자들의 이런 미세한 사선운동 때문이다." 참조, Pierre Hadot, *What is ancient Philosophy?*, Harvad University Press 2004, 120~121쪽.

3) 참조, Olof Gigon, "Epikur: Brief an Herodotos", In: *Von der Überwindung der Furcht*, München 1991, S. 68~78.

되어 형성되었음이 틀림없다.

만물은 분할할 수 없는 물체들이 결합되어 형성되었고 다시 그 물체들로 분해되는데, 근원이 되는 이 물체들은 그 형태가 무한히 다양하다. 만물에서 보이는 다양성이 그 만물들의 유한한 다양성에서 생겨날 수는 없기 때문이다. (…)

더 나아가 원자들은 단 한 순간도 멈추지 않고 운동한다. 구체적으로 말해 원자들의 일부는 서로 상당히 멀리 떨어져 움직이고, 일부는 그것들이 서로 얽히거나 서로 얽혀진 것들에 둘러싸일 때 이리저리 흔들이면서 운동한다. (…)

다음으로 우리는 감각적 지각과 느낌을 관찰함으로써 (그것이 가장 확실하기 때문이다) 영혼은 원자들의 결합체인 모든 사물에 내재하는 일종의 미세한 원소임을 알아야 한다. 온기를 품고 있는 호흡과 비교하면 좋을 것이다. 영혼은 부분적으로는 호흡과 같고 부분적으로는 온기와 같다. 영혼은 지극히 미세한 원소이기 때문에 호흡이나 온기와는 다른 특징을 가지며, 그렇기 때문에 여타의 다른 물질들을 느끼는 능력을 가진다. (…) 우리는 또한 영혼의 주된 기능이 감각적 지각을 촉발시키는 것임을 잊지 말아야 한다. (…)

모든 물체가 사라진다면 영혼도 흩어져 더 이상 영혼으로서 기능을 하지 못하고, 더 이상 운동하지도 못하며, 따라서 더 이상 지각능력도 가지지 못한다.

4.2. 스토아 철학

스토아학파는 BC 300년 키프로스의 키티온 출신인 제논에 의
해 설립되었는데 '스토아'란 명칭은 제논이 그의 가르침을 편 장
소가 '스토아(στοά: 전당) 포이킬레(ποικίλη: 다양한 색깔의)', 즉 '다양하게
채색된 전당'이었다는 사실에서 유래했다. 스토아학파는 플라톤
의 아카데미, 아리스토텔레스의 페리파토스 그리고 에피쿠로스의
정원과 함께 아테네의 정신적 삶을 이끈 중요한 학파였다.

4.2.1. 논리학

스토아 철학의 논리학은 무엇보다도 인식의 토대에 관해 묻는
다. 스토아 철학자들은 철저하게 경험론적인 관점에서 감각적 지
각이 모든 인식의 출발점이자 토대라고 생각했다. 인간의 의식은
태어날 때 백지(tabla rasa)와 같은데, 그 백지 위에 외부에서 인상들
이 각인됨으로써 비로소 인식이 성립된다는 것이다. 그리고 이렇
게 각인된 인상들은 언제나 감각적인 표상들인데, 이런 감각적 표
상들을 재료로 하여 오성의 판단이 이루어지고 그 결과 개념이 형
성된다는 것이다. 스토아 철학자들은 이전의 플라톤과 아리스토
텔레스와 이후의 칸트와는 달리, 인간의 의식에는 감각적인 자료
들을 판단하기 위해 미리 갖추어져 있는 어떤 선험적인 요소들도
없다고 보았다. 그들은 감각을 통해 사물이 모사됨으로써 인식이

형성된다고 보는 '모사설'(模寫設)의 선구자들이다.[4] 그들의 인식론에서 중요한 것은 대상을 정확하게 모사하는 것인데, 그 정확성은 다음과 같은 조건들이 충족될 때 보장된다. ① 감각기관들이 정상적인 기능을 하고, ② 감각주체와 대상 사이의 거리가 시간적으로도 공간적으로도 너무 멀리 떨어져 있지 않고, ③ 지각작용이 충분히 오래 지속되었으며, ④ 주체와 대상의 관계를 방해하는 것이 없고, ⑤ 여러 주체들이 여러 차례에 걸친 경험에서 동일한 결과에 도달하게 되었다.

4.2.2. 물리학 또는 형이상학

스토아 철학의 형이상학 또는 물리학은 기본적으로 유물론과 진화론에 기초한 헤라클레이토스의 전통을 따른다. 존재하는 모든 것들은 하나의 '근원적인 불', 즉 '에테르'[5]가 '신적인 이성' 또는 '우주적 이성'인 '로고스'에 따라 작용함으로써 생성되었다고 한다. 그런데 여기서 물음이 생긴다. 에테르가 근원적 물질이라는 점에는 어려움이 없다. 그런데 여기서 말하는 신적 이성이란 무엇을 말하는가? 철저히 유물론적이고 진화론적인 스토아 철학의 관

---

4) 이러한 모사설은 멀리는 데모크리토스에게까지 소급된다. 인식은 대상과의 직접적인 접촉을 통해 그 대상이 감각기관에 각인된다는 것이다. 데모크리토스에 의하면 인간이 어떤 사물을 보고 들을 때 그 사물을 구성하는 원자들의 일부가 떨어져 나와 감각기관을 통해 영혼에 전달되는데 이 원자들이 거기서 대상의 상을 형성시킨다는 것이다.

5) '에테르'는 물리학적으로는 전자파의 매질이라고 여겨졌던 가상물질인데, 철학자들은 만물에 내재하며 우주에 충만한 가장 미세한 물질로 모든 사물에 작용하고 사물 생성의 근원이 되는 근원적 물질이라고 생각했다. 정기(精氣) 또는 단순히 기(氣)라고 할 수도 있겠다.

점에서 볼 때 우리는 이 신적인 이성을 신적인 존재자와 동일시할 수는 없을 것이다. 그렇다면 에테르와 로고스의 관계는 이원론적으로 이해되어서는 안 될 것이다. 오히려 로고스는 우주진화론적인 관점에서 에테르가 작용하는 원리로 보는 것이 타당할 것이다. 여기서 잠시 '우주진화론'(cosmogony)에 관해 살펴보자. 빅뱅과 함께 탄생된 물질은 개체성을 가지기 때문에 자기 정체성을 유지하려는 의지를 가진다. 바로 이 의지는 ─ 아리스토텔레스의 '엔텔레케이아' ─ 최초의 혼돈으로부터 우주의 질서가 형성되는 토대가 되었다. 어떻게 무질서로부터 질서가 탄생되었는가? 빅뱅과 함께 형성된 근원적 물질은 아직 무질서한 혼돈 상태에 있었는데, 이런 혼돈에서 언제나 (또는 아주 오랫동안) 동일한 태도를 취함으로써 자기의 정체성을 유지하는 안정적이고 비교적 지속적인 개체들이 탄생되었을 것이다. 그리고 그들이 취하는 동일한 태도들이 규칙으로 정착되어 인과율이 형성되었을 것이다. 처음에는 그 규칙을 따르지 않는 개체들도 많이 있었을 것이다. 그러나 그런 개체들은 곧 사라지고 일정한 규칙을 따르는 것만 남게 되었을 것이다. 여기서 질서를 따르는 것이 정체성을 유지하는데 더 효과적이라는 '적자생존의 법칙'이 형성되었다. 만물의 지배적인 원리인 인과율은 바로 이런 적자생존 법칙의 하나라 볼 수 있을 것이다. 그러나 인과율이 우주의 지배적 원리로서 '우주적 이성'이라 할 수 있기는 하지만 절대적 원리라고 볼 수는 없다. 인과율에 따르지 않는 개체들이 충분히 많아져 충분한 '무질서'가 형성되면 다른 원리가

새로이 탄생될 수도 있을 것이기 때문이다.[6]

우주진화론적인 관점에서 보면 스토아 철학의 물리학은 다음과 같이 설명될 수 있을 것이다. 우선 근원적 물질인 에테르가 발(發)하여 작용함으로써 만물이 형성되었을 것이다. 그리고 이렇게 형성된 만물은 아직 무질서한 상태에 있었을 것이다. 그런데 무질서한 상태에 있던 개체들이 그 개체성을 유지하는 과정에서 일정한 법칙에 따르는 개체는 그의 개체성을 유지하고 나머지는 소멸되는 적자생존의 법칙이 생겼을 것이다. 인과율은 이런 적자생존 법칙의 한 원리인데, 스토아 철학의 '로고스'는 바로 이 인과율의 원리이다. 동양의 성리학의 관점에서 보면 에테르는 근원적 물질인 기(氣)이며, 신적 이성인 로고스는 그 기가 작용하는 이(理)라 할 수 있겠다.[7] 이 신적인 이성 또는 우주적 이성이 바로 엄밀한 필연성의 원리인 인과율이다. 따라서 근원적 물질인 에테르에서 형

---

6) '우주진화론'에 관해서는 참조, Hans Jonas, Materie, *Geist und Schöpfung*, Suhrkampf 1988, 13~16쪽.

7) '이'(理)와 '기'(氣)의 관계에 관한 이론은 '주리론'과 '주기론'으로 구분될 수 있다. 주리론은 이기론의 세계관을 완성한 주희(朱熹: 1130~1200)의 "이와 기는 서로 떠날 수 없으나, 서로 섞이지도 않는다"(理氣不相離 理氣不相雜)는 구절에 근거한 '이기이원론'의 체계로 조선조의 퇴계 이황이 대표적인 인물이다. 이와 기는 각각 독립적인 실재(實在)인데, 이가 기보다 먼저 존재하면서 기를 낳는다고 주장한다. 보다 구체적으로 말하면 이는 기에 의존해야만 비로소 그 구체적 모습을 드러낼 수 있으며 기는 이에 근거해서 비로소 존재할 수 있다는 것이다. 서양철학과 비교하면 플라톤과 같은 관념론 체계에 해당된다고 볼 수 있겠다. 한편, 주기론은 이를 기의 작용원리로 보아 이의 실재성을 인정하지 않는다. 주기론의 대표적인 학자인 율곡 이이는 기가 먼저 발하고 이가 기를 탄다는 '기발이승'(氣發理乘)을 주장한다. 발(發)하는 것은 기(氣)이고, 발(發)하는 까닭은 이(理)라는 것이다. 기(氣)가 아니면 발할 수 없고, 이(理)가 아니면 발(發)할 까닭이 없다. 이이의 학문은 이와 기를 분리하여 보지 않는 '이기일원론'이라고 할 수 있다. 이이는 기만이 에너지를 가지고 움직이기 때문에 기가 움직인 다음에 이가 원리로 작용한다고 보아 이의 자발성을 부정했다. 따라서 주리론에서 이는 객관적 실재로서 성격이 명백하게 드러나며, 또 이와 기의 차별성이 선명하게 부각된다. 그러나 주기론에서 이는 기와 떨어져 존재하는 객관적 실재라기보다는 오히려 기와 불가분리의 관계에 있는 기의 작용원리이다.

성된 만물은 인과율의 원리에 의해 지배된다. 인간의 이성도 우주적 이성의 일부로서 인과율의 원리에 따르지만 다른 존재자들과는 달리 의지의 자유를 가진다. 모든 유기체는 자기 동일성을 유지하고자 하는 의지를 가지는데, 인간의 자유의지는 자기동일성을 유지하고자 하는 이런 의지에 기초한다. 인간에게는 우주적 이성의 원리인 인과율과 의지의 자유가 동시에 작용한다.

4.2.3. 윤리학

인간은 신적인 합법칙성을 인식할 수 있고, 그 합법칙성에 따라 행동할 수 있으며 또 그렇게 살아야 한다. 다시 말하면 인간은 그의 자연에 있어서 신적인 합법칙성을 따르는 이성적 존재자이기 때문에, 자연에 따르는 삶이란 이성에 따라 사는 것을 말한다. 무엇이 자연에 따르는 삶이며 이성에 따르는 삶인가?

자연에 따르는 삶은 먼저 인간의 유한성을 자각하는데 있다. 위에서 언급되었듯이 인간을 지배하는 원리는 엄밀한 인과율과 자유의지이다. 인과율에 관한 한 인간의 자유의지는 무기력하다. 아름다움, 건강, 고난, 죽음 등은 우리의 의지에 의해 어쩔 수 없는 것이다. 이런 것들은 인간 밖의 원인들에 의해 일어난다. 냉혹한 필연성, 인간의 개인적 관심과 무관한 필연성 앞에서 인간의 모든 열망과 희망은 좌절된다. 인간은 운명 앞에서, 질병과 죽음 앞에서 좌절할 수밖에 없다. 인간이 그의 자유의지에 따라 임의로 할 수 있는 것은 아무것도 없다. 그 결과 인간은 불행하게 된다.

가질 수 없는 것들을 가지고자 열망하고 피할 수 없는 불운을 피하고자 하기 때문이다. 우리가 자유의지에 따라 임의로 할 수 있으며 어떤 것도 우리에게 빼앗을 수 없는 것이 단 하나 있기는 하다. 선을 행하고 이성에 따라 살고자 하는 의지가 그것이다. 불가능한 것에 욕심을 내지 않고 오직 인간이 임의로 결정할 수 있는 선을 추구하는 것이 곧 자연에 따르는 삶이다. 그리고 그렇게 사는 것이 스토아 철학에서 말하는 덕의 본질이다. 행복은 이런 덕을 실천하는데 있다. 에픽테투스는 말한다. "모든 일이 당신이 원하는 대로 일어나기를 바라지 말고, 일어나는 것이 일어나는 대로 일어나도록 하라. 그렇다면 행복할 것이다."

스토아 철학에 의하면 유일한 선은 자연에 따르는 삶이고 그렇지 못한 것은 악이다. 부귀, 공명, 쾌락, 고통, 생사 등은 그 자체로는 선도 아니고 악도 아닌 가치중립적인 것, 즉 '아디아포라'(ἀδιάφορα)이다. 그런데 이런 '아디아포라'에 마음이 사로잡히는 것이 곧 부덕의 근원이며 번뇌의 원인이다. 인간은 이런 사로잡힘에서 벗어날 때 자유로워지며 '부동심'(ἀπάθεια, 아파테이아)을 가지게 된다. 이 부동심이야말로 스토아 철학의 윤리적 목표이다. 에픽테투스는 말한다. "우리를 괴롭게 하는 것은 사물이 아니라 사물에 대한 우리의 판단, 즉 그 사물에 우리가 부여하는 의미 때문이다."

5장

신플라톤주의

5장
신플라톤주의

신플라톤주의는 단순히 철학일 뿐만 아니라 동시에 종교이기도 했다. 헬레니즘 사상에 끼친 종교적인 영향력은 특히 알렉산드리아의 필론에 의해 두드러지게 나타난다. 그리고 이런 영향은 신플라톤주의가 등장하는데 중요한 역할을 했다. 먼저 필론의 사상을 살펴보고 그의 사상이 신플라톤주의의 대표자인 플로티노스에게 어떤 영향을 끼쳤는지 알아보자.

5.1. 알렉산드리아의 필론(Philon, BC 15? ~ AD 45?)

5.1.1. 유비적 방법론

필론은 유대인으로 계시된 성서에 근거하여 자신의 철학을 전개했다. 그는 성서의 계시를 그리스 철학의 관점에서 해석한 사람이었다. 이런 해석에서 그가 사용한 방법론은 '유비적 방법론'[1]이었다. 이런 유비적 해석에 근거하여 그는 모세오경을 최고 철학이라고 주장했다. 그에 의하면 모세오경의 의도는 단지 족장들의 활동을 진부하게 설명하는데 있지 않고, 그들을 그리스 철학에서 중요한 주제였던 사람다움의 덕을 갖춘 모범적인 인물들로 제시하기 위한 것이었다. 아담은 이성(νοῦς; nous)을 상징하며, 이브는 감성(αἴσθησις; aisthesis)을 상징한다. 에덴동산은 풍요를 상징하며, 뱀은 욕망을 상징한다. 가인은 자기사랑을 상징하며, 아벨은 경건함을 상징한다. 야곱은 실천적 인물이며, 에서는 어리석음의 대표적 인물이다. 아브라함은 배움의 자세를 상징한다. "구약성서를 설명할 때 필론의 목표는 성서의 '개별적 사건들'에 계시되어 있는 '보편적인 것'을 발견하는 것이었다."[2] 그러나 그는 성서의 규범들을 단순히 유비적으로 발견하는데 만족하지 않고 그 규범들을 실제로 실천해야 한다고 주장했다.

5.1.2. 형이상학: 신학과 철학

그의 철학에 있어서 중심적인 두 개념들은 '하나님'과 '로고스'

---

1) '유비'(喩比; allegory, Allegorie)를 가리키는 그리스어 ἀλληγορία(알레고리아)는 ἄλλος(알로스: 다르게)와 ἀγορύεω(아고류에오: 드러내 보여주다, 말하다)의 합성어인 ἀλληγορέω(알레고레오: 다르게 말하다)에서 유래한 개념으로 '다르게 말함'을 의미한다.

2) I. Christiansen, *Die Technik der allegorischen Auslegungswissenschaft bei Philon von Alexandrien*, 1969, 42 u. 44

이다. 하나님은 세계의 창조자이며 생명의 근원으로서 절대적인 초월자이다. 그 하나님의 이름은 '여호와'로 세계를 초월해 있지만 동시에 이 세계의 근원이기도 하다. 그렇다면 이 초월적인 하나님이 어떻게 만물의 근원이 될 수 있는가?

필론은 '정신세계'(κόσμος νοητός)와 '감각세계'(κόσμος αίσθητος)를 단순히 구분하는데 그치지 않고 그 둘은 전적으로 다른 차원임을 강조했다. 따라서 그는 구약성서에서처럼 하나님이 족장들에게 나타나는 사건은 불가능하다고 생각했다. 같은 것은 오직 같은 것을 통해서만 인식될 수 있기 때문에 인간이 하나님을 인식하는 것도 불가능하다. 그렇다면 하나님과 세계 사이에는 매개 가능성이 전혀 없는가? 하나님과 세계의 철저한 구별에도 불구하고 필론은 이 둘을 매개해 주는 제3의 존재자를 설정함으로써 하나님과 세계 사이의 매개를 시도한다. 인간은 존재 자체인 하나님을 직접적으로 알 수는 없다. 그러나 하나님이 세상을 창조할 때 그의 이데아들을 매개로 세상을 창조했기 때문에 인간은 그 '이데아들' 또는 힘들은 알 수 있으며, 이 힘들을 통해 하나님을 유비적으로 알 수 있다는 것이다. 하나님과 세계를 매개해 주는 제3의 존재자는 바로 이 신적인 힘들 또는 이데아들을 모두 자기 안에 통일시키는 '로고스'이다. 그는 모든 다른 이데아들을 포괄하는 이데아이며, 모든 다른 힘들을 자기 안에 통합하고 있는 힘이다. 로고스는 영적인 하나님과 물질적인 세계를 매개시키는 영적이면서 동시에 물질적인 존재자이다. 로고스는 이데아들 중의 이데아이며, 힘들 중의 힘이며, 하나님의 대리자이며, 하나님의 독생자(獨

生子; υἱος μονογενής)이며, 제2의 하나님이다. 로고스는 하나님의 지혜와 이성으로, 하나님은 이를 매개로 해서 세계를 창조했다.

5.1.3. 인간론

필론의 인간론에 있어서 중요한 쟁점은 구원과 윤리였다. 플라톤과 마찬가지로 필론도 인간의 몸은 영혼의 감옥이라고 생각하여 영혼이 이 감옥으로부터 벗어날 때 비로소 새로운 존재로 태어난다고 생각했다. 그렇다면 영혼이 어떻게 이 감옥으로부터 벗어날 수 있는가? 영혼의 해방은 스토아 철학이 가르치듯이 부분적인 인간의 로고스가 전체로서의 로고스와 다시 합일됨으로써가 아니라 영혼이 육체를 벗어나 순수한 정신의 영역에서 하나님을 볼 때 가능하다. 필론은 이스라엘이란 이름도 '하나님을 본 사람'이라고 해석했다. 그렇지만 그는 하나님과의 신비적 연합을 강조하는 신비주의자는 아니다. 하나님을 보는 것이 중요하긴 하지만, 하나님과의 신비적 연합은 인간에게 불가능하다. 하나님은 '전적 타자'이기 때문이다.

인간은 어떻게 하나님을 볼 수 있는가? 하나님께 이르는 올바른 길은 윤리적 삶을 통한 길이다. 유대교적 입장에서 보면 이 길은 모세의 율법을 지키는 것이지만, 필론은 더 나아가 스토아 철학과 마찬가지로 욕심과 고통으로부터 벗어나는 것을 최고의 목표로 추구했다. 그렇지만 인간은 스스로의 힘으로는 윤리적으로 살 수 없다. 하나님이 윤리적으로 살 수 있는 능력을 인간의 영혼에 부여해 주었기 때문에 하나님을 전적으로 신뢰하는 사람은 하나님을 보고 완전함에 도달할 수 있다는 것이다. 그리고 이것은 이 세상에서도 가능하다고 한다.

5.2. 플로티노스(Plotinos, 204~269 AD)

위에서 제시된 필론의 사상이 신플라톤주의의 플로티노스에게 커다란 영향을 끼쳤다. 한편 플로티노스는 플라톤을 흠모하여 기꺼이 플라톤의 해석자가 되기를 원했다. 따라서 우리는 그의 사상에서 플라톤의 철학과 필론의 철학이 혼합되어 있음을 발견한다. 플라톤이 이데아의 세계와 현상계를 구별하듯이 그도 신과 세계를 구분한다. 그에게 있어서 신은 초월자이다(ἐπέκεινα οὐσίας). 그에 관해서는 인간의 어떤 카테고리들을 사용해서도 설명할 수 없다. 그는 단지 '일자'(一者, 하나)라는 개념으로밖에 표현될 수 없다. 그러나 이때 '일자'라는 개념도 속성을 지칭하는 어떤 개념으로 생각해서는 안 된다. 그 개념은 단지 '일자'가 만물이 아니라는 의미에서 이해되어야 한다. 그는 선 자체라고 표현될 수도 있다. 플라톤에게 있어서 선의 이데아는 모든 이데아들 중의 이데아인데, 플로티노스가 신을 선 자체라고 부르는 것은 그런 의미에서 이해되어야 할 것이다. 이 일자로부터 만물이 생성되었다.

5.2.1. 형이상학

플로티노스의 사상은 그의 글을 모아놓은 단편집 『엔네아스』[3)](ἐννεάς, 아홉 주제들)에 잘 나타난다. 이 책은 최고의 존재자인 '일자'(τὸ ἕν)를 중점적으로 다루고 있다. 필론과 마찬가지로 플로티노스도 우리는 '일자'를 알 수 없다고 주장한다. 우리가 인식할 수 있는 것은 단지 일자의 작용일 뿐이라는 것이다. 만일 일자가 인식될 수 없다면, 그것은 '존재자'(τὸ ὄν)가 아니며 이전의 다른 철학자들이 주장하듯이 '이성적인 존재자'(ἡ νοήσις)도 아니다. 바로 이런 점에서 그는 일자의 전적인 타자성을 극단적으로 주장한다. '존재자'라는 개념이나 '이성적인 존재자'는 인간이 인식할 수 있는 어떤 것을 가리키기 때문이다. 그렇다고 일자가 존재하지 않는다는 것은 아니다. 일자는 존재자를 초월하는 존재자이다. 그는 비이성적인 존재자가 아니라 초이성적인 존재자이다. 일자는 인식될 수 없는 존재자이기 때문에 '모든 존재자를 전적으로 초월하여 있는 자'(ἐπέκεινα οὐσίας)이어야 한다.

바로 이 일자로부터 만물이 생성되었다. 그 일자는 언제나 충만하여 넘치는 존재자로 부족함이 전혀 없기 때문에 무엇인가를 원할 필요가 없으며 따라서 만물은 신적인 존재자의 의지적 활동에 의해 창조된 것일 수는 없다. 그렇다면 어떻게 일자로부터 만물이 형성되었는가?

---

3) 『엔네아스』는 플로티노스의 기록들을 모아놓은 단편집으로 253~269년경에 플로티노스의 제자인 포르피리오스(Porphyrios)에 의해 편집되었다. 이 단편집은 6개의 단원으로 구성되어 있으며, 각 단원에는 9개의 주제들이 다루어지고 있다. 이 책의 제목은 각 단원에서 다루어지는 9개의 주제들에서 유래한 것으로 보인다.

일자는 완전하고 충만하여 넘치는 존재자이다. 그 일자가 넘쳐서 정신이 되고 영혼이 되고 만물이 되지만, 일자 자체는 조금도 줄어들지 않고 언제나 동일하다. 그는 언제나 완전하여 넘치는 존재자이기 때문이다. 샘물이 넘치고 태양은 빛을 발산하지만 그 자체는 언제나 충만하듯이 말이다.

a. 정신

일자가 넘쳐서 처음으로 형성된 것이 '누스'(νοῦς), 즉 정신이다. 정신은 일자의 모상(模像, εἰκών)이기 때문에 신적인 본질을 가진다. 그러나 그 정신은 일자가 넘쳐서 생성되기는 했지만 일자 자체는 아니다. 정신의 본질은 인식인데, 인식은 이미 인식하는 주체와 인식대상을 전제로 한다. 따라서 정신은 일자 자체는 아니며 신적인 존재자도 아니다. 이 정신에는 이미 플라톤이 언급했던 모든 종류의 이데아들이 갖추어져 있다. 이 이데아들은 사유하는 주체로서 정신에 의해 인식된 대상들이라 할 수 있겠다. 그런데 이 이데아들은 단순한 이데아들이 아니라 동시에 존재이기도 하다. 이 이데아들은 정신에 의해 사유된 것인 동시에 역동적 힘이기도 하다. 따라서 이 이데아들에 따라 세계의 만물들이 형성되었다. 정신은 이 이데아들에 따라 사유하며 그렇게 사유함으로써 만물이 형성되었다. 그 이데아들은 존재, 지속성, 운동, 동일성, 차이성이다.

b. 영혼

정신이 흘러넘쳐 가장 먼저 형성된 것은 영혼(ψυχή)이다. 이 영혼
은 일자로부터 정신을 거쳐 형성되었기 때문에 신적인 본질을 가
진다. 영혼은 정신이 흘러넘쳐 형성되었기 때문에 영혼에는 정신과
마찬가지로 온갖 종류의 이데아들이 갖추어져 있다. 그 영혼은 세
계영혼과 인간의 개별적인 영혼을 포함한다.

비물질적인 세계영혼이 넘쳐 미세한 에테르, 즉 자연의 힘이 생
성되었고, 이 에테르가 영혼에 갖추어져 있는 이데아들을 원형으
로 하여 물질과 결합됨으로써 세계가 형성되었다.[4] 세계영혼은
정신이 넘쳐 형성되었기 때문에 정신과 같은 본질을 가지며, 물질
과 결합되었기 때문에 물질성을 가진다. 그것은 정신과 세계 사이
의 중간자이다.

인간의 개별적인 영혼은 본질적으로 세계영혼의 일부이며 따라
서 실재적인 존재자이다. 따라서 개별적인 인간의 영혼에는 전체
로서의 세계영혼이 내재한다.

c. 물질

물질은 어둠과 악이다. 물질은 일자에서 기원되었지만 가장 불
완전한 상태에 있다. 일자가 빛 자체이며 선 자체인데 반해, 물질

---

4) 플로티노스의 사상은 플라톤의 사상에 기초한다고 볼 수 있다. 플라톤의 대화편 『티마이오
스』에 보면 만물의 조성자인 '데미우르고스'가 무질서한 상태에 있는 물, 불, 공기, 흙의 4원소
들을 재료로 하고 이데아들을 본으로 하여 질서 있는 상태로 조성했다. 물론 여기서 티마이오
스는 무에서 유를 창조한 창조자가 아니라 무질서한 질료에 질서를 부여한 조성자이다.

은 어두움과 악이다. 악 자체는 존재하지 않는다. 악은 단지 선의 부재일뿐이다.

5.2.2. 인간론

물질적 요소와 결합된 인간은 어둠과 악에 떨어질 수 있는 가능성을 가지는 반면, 신적인 본질을 가지는 그의 영혼은 일자와의 합일을 추구함으로써 자신의 진정한 존재와 더 나은 자아에 도달하고자 한다. 플로티노스의 제자인 포르피리오스(Porphyrios; Πορφύριος, AD 234? ~ 305?)는 『플로티노스의 생애』(Life of Plotinus)란 책에서 다음과 같이 말한다. "플로티노스에게 있어서 인생의 궁극적인 목표는 신적 존재와 점자로 가까워지는 것이며, 마지막에는 그 존재와 완전히 합일을 이루는 것이다."[5] 포르피리오스에 의하면 플로티노스는 실제로 신적 존재와의 연합을 네 차례 경험했으며, 자신도 한 번 경험한 적이 있다고 한다. 이런 경험은 대단히 드물게 일어나며 오직 정신을 지향하는 끊임없는 영적 정진을 통해서만 이루어질 수 있다. 플로티노스는 이런 경험에 관해 다음과 같이 기록했다.

영혼이 최고 신적 존재자를 만나는 행운을 가질 때, 그 존재자가
영혼에 현현(顯現)할 때, 영혼이 가능한 한 아름답기 위해 준비한

---

5) Porphyry, *Life of Plotinus*, 8, 20.

생태에서 세속의 다른 일들에서 멀리 떠날 때, 그리고 그렇게 함으로써 그 존재자를 닮게 되어 - 일자와의 합일을 추구하여 수행하는 사람들은 이런 준비와 이런 환경을 잘 안다 - 자신의 내면에 그 존재자가 갑자기 나타남을 볼 때(그와 일자는 더 이상 둘이 아니라 하나이기 때문이다 - 그가 나타나는 한 당신은 영혼과 그 존재자를 구분할 수 없다. 이것은 서로가 하나가 되고 싶어 하는 연인들의 모습과 같다), 영혼은 더 이상 그의 신체를 의식하지 못하며, 그가 이 신체 안에 있다는 것도 의식하지 못한다. 그리고 그 영혼은 그가 신적인 존재자와 다른 존재자라고 생각하지 않는다. (『엔네아스』, VI 7, 34.)

인간은 어떻게 일자와의 합일에 이를 수 있는가? 인간 안에는 신적인 불꽃(scintilla animae)이 있다. 이 불꽃은 일자에 대한 기억이며, 우리로 하여금 내면화하여 물질세계로부터 벗어나 근원적인 일자와 하나가 되기를 추구하도록 한다. 인간이 내면화하여 일자를 깨닫는 길은 다음과 같은 세 단계를 거쳐 일어난다.

①먼저 정화(via purgativa), 즉 물질세계로부터 벗어나 내면으로 돌아감이 중요하다. ②물질세계로부터 벗어나면 내면에 있는 신적인 불꽃이 더 밝아지게 된다(via illuminativa). 만일 인간이 그의 영혼을 비추고 있는 진리의 빛을 보게 되면 그는 일자와 아주 가까워지게 된다. 그러나 그런 상태에 도달했다 할지라도 일자를 보지 못하게 하는 요소들이 여전히 남아 있어 일자와의 합일을 방해한다. ③세 번째는 위의 두 단계를 거쳐 일자와의 합일이 일어난다 (via unitiva).

인간의 영혼이 물질로부터 완전히 벗어나게 되면 정신과의 합일이 이루어지게 되고, 드물게는 신비적 경험을 통해 일자와의 합일도 가능하게 된다. 일자와의 합일은 모든 형태의 인식을 넘어서는 차원이다.

신플라톤주의는 기독교 이단의 철학적 토대가 되기도 했으며, 무서운 기세로 밀려드는 기독교에 대항하여 헬레니즘 문화가 그의 종교와 세계관을 방어하는 수단이 되기도 했다. 반면에 그 사상은 당시 많은 기독교 교부들의 사상에 영향을 주기도 했다. 아우구스티누스의 많은 철학적 주장들은 플로티노스의 사상을 기독교적으로 변형시켜 발전시킨 것이라고 볼 수도 있다. 아우구스티누스가 죄를 '실재의 결핍'이라 본 것은 신플라톤주의의 영향일 것이다. 플로티노스의 사상은 기독교 신비주의에도 영향을 주었다. 괴테의 다음과 같은 시도 플로티노스의 영향이라 볼 수 있을 것이다.

눈이 태양과 같지 않으면,
그 눈은 태양을 볼 수 없을 것이다.
우리 안에 신 자신의 힘이 들어있지 않다면,
어떻게 우리가 신적인 것에 감격할 수 있겠는가?

6장
중세철학

6장
중세철학

중세시대는 대체로 5세기에 시작되어 15세기까지 이어진다. 그러나 보다 넓은 의미에서 보면 중세는 이미 초대교회에 시작되어 르네상스 시대까지 이어졌다고 볼 수 있다. 중세는 교부시대와 스콜라 시대로 세분된다. 교부시대는 초대교회로부터 9세기까지의 기간으로, 이 시기에는 기독교 교리를 체계화 하는 작업이 이루어졌다. 그리고 스콜라 시대는 체계화된 기독교의 교리를 철학적으로 변증하는 시기였다.

6.1. 교부철학

AD 313년 콘스탄티누스 황제에 의해 기독교 신앙의 자유가 공인되고, 391년 황제 테오도시우스 1세에 의해 기독교가 로마의 국교가 되어 로마 전역에 공식적으로 확장되면서 기독교의 교리를 체계화해야 할 필요가 생겨났다. 예수의 제자들에 의해 전파되고 바울에 의해 어느 정도 체계화된 예수의 복음과 관련하여 해석자의 입장에 따라 다양한 이론들이 발생하게 되었다. 어떤 것을 정통으로 취해야 할 것인가 하는 점이 당면한 과제로 등장했다. 이러한 과제를 해결하기 위해 기독교 교리를 체계화하고자 한 사람들이 바로 교부들이었다. 그런 체계화 과정에서 토대가 된 것은 주로 그리스 철학이었다.

2세기 초에 기독교를 옹호하는 호교론자들은 기독교를 그리스-로마 세계에서 이해할 수 있는 형식으로 제시하기 위해 '로고스'란 개념을 사용하여 예수 그리스도의 신성을 설명했다. 플로티노스의 제자 아멜리우스(Amelius)는 요한복음 1장에 관해 다음과 같이 말했다.

"그런데 (헤라클레이토스가 믿었듯이) 만물이 그로부터 생성되어졌으며 그 자신은 언제나 존재하는 이것은 로고스였다. 그리고 그 이방인(즉 사도 요한)은 바로 이 로고스가 하나님 곁에 있었으며 하나님이라고 믿었다. 그에 의해 만물이 창조되었다고 한다. 그 안에 살아있는 존재자의 본질, 즉 생명과 존재의 본질이 있었다고 한다. 그가 육체를 입고 사람의 형태를 취했는데 그것이 곧 동시에 그의 본질적 위대함을 보여준다는 것이다. 그가 육체로부터 자유로워졌을 때 그는 다시 이 세상에 내려와 인간이 되기 이전의 모습 그대로 신적인 존재자가 된 하나님이라는 것이다."[1]

6.1.1. 교부철학의 중요한 주제들

기독교의 교리를 체계화하는 과정에서 대두된 핵심적인 문제는 신앙과 지식의 문제였다. 철학적 사유를 통해서도 하나님께 이르는 길이 있다고 주장하는 사람들이 있었고, 오직 신앙을 통해서만 하나님을 알 수 있다고 주장하는 사람들이 있었다. 그러나 지식도 하나님으로부터 기원된 것이기 때문에 하나님께 이를 수 있다고 주장하는 사람들은 로마서 1장 19절을 근거로 제시했다. "이는 하나님을 알 만한 것이 그들 속에 보임이라. 하나님께서 이를 그들에게 보이셨느니라."

지식을 통한 하나님 인식과 관련하여 대립적인 두 입장이 있었다. 테르툴리아누스(Tertulianus, 160-220)는 지식을 통한 하나님 인식을 철저히 부정하였으며, 순교자 유스티누스(Justinus martyr, 165년 사망)는 그 가능성을 인정했다. 유스티누스는 기독교로 개종하기 이전에 오랫동안 철학을 공부했다. 기독교로 개종한 후에도 그는 여전히 기독교 신앙은 유일하게 신뢰할 수 있고 유익한 철학이라고 주장했다. 그에 의하면 하나님의 말씀(로고스)이 소크라테스와 같은 철학자들을 계몽하였다. 한편, 테르툴리아누스는 철학이 모든 이단의 뿌리라고 선언했으며, 신앙이 없는 세속의 지혜는 공허

---

1) Pierre Hadot, What is ancient Philosophy?, 238쪽.

하다고 주장했다. 클레멘스(Clemens, 150-215)와 오리게네스(Origenes, 185-254)와 같은 알렉산드리아의 교부들은 유스티누스보다 훨씬 더 진보적이었다. 오리게네스는 플라톤 철학에 근거하여 하나님, 그리스도와 구원에 관한 기독교 교리 전체를 재해석했다. 아우구스티누스도 철학에 대해 긍정적인 견해를 가지고 있었다. 그는 "만일 철학이 올바른 것을 말했다면 우리가 그것을 받아들이지 말아야 할 이유가 어디에 있겠는가?"라고 물었다.

6.1.2. 아우구스티누스(354~430)

아우구스티누스는 교부시대의 대표적인 철학자로 모든 것이 그에게 종합되어 전승되었다. 여기서는 진리와 하나님에 관한 그의 견해와 인간에 관한 그의 견해를 간단하게 정리해 보겠다.

a. 진리론

아우구스티누스는 진리를 찾아 방황하다 회의주의에 빠진 적도 있었으나 기독교에서 그 진리를 발견한다. 그는 회의주의와는 달리 절대적인 진리와 그 인식 가능성을 주장한다. 그는 다음과 같이 말한다. "비록 우리가 모든 것을 의심할 수 있다 할지라도 이 의심 자체에 대해서만은 결코 의심할 수 없다."(De trinitate X, 10) 그는 절대적 진리의 장소를 인간의 내면에 있는 '의심하는 자아'에서 발견했다. 따라서 그는 말한다. "밖에서 찾지 말고 내면으로

돌아가라. 인간의 내면에 진리가 거한다."(De vera religione 39, 72f.)[2]
이 내면에는 우리가 모든 감각적인 것과 관계할 때 그 척도가 되는 규칙들, 즉 이념들이 있다. 이 이념들은 선천적인 것이다. 바로 이 점에서 인간은 다른 여타의 존재자들보다 우월한 자율적인 존재자이다. 이런 그의 사상은 후에 데카르트에게 다시 나타나며, 칸트에게까지 이어진다. 이 이념들은 모든 진리인식의 근원이다.

인간이 진리를 인식할 수 있는 것은 그의 내면에 진리인식의 근원이 있기 때문이다. 모든 진리의 근거는 하나님의 정신에 내재하는 이데아들이다. 플라톤과 마찬가지로 아우구스티누스에게도 이 이데아들은 존재론적으로 최고 지위를 차지한다. 인간이 진리에 이를 수 있는 것은 그의 정신이 하나님을 통해 밝아져 깨달음을 가질 때이다. 이때 신적인(순수한) 정신(mundus intelligibilis)이 그 이데아들을 인간의 정신에 직접 비춰주기 때문이다. 그러므로 진리는 인간 밖에서가 아니라 바로 인간의 내면에 존재한다. 인간은 이와 같이 근원으로부터 개별적인 진리들을 인식할 수 있을 뿐만 아니라, 개별적 진리들로부터 출발하여 모든 진리들을 진리이게 하는 근원적인 진리, 즉 진리 자체에까지 도달할 수도 있다. 이 진리 자체는 모든 선한 것들의 선이며, 모든 존재자들의 존재인 하나님이다. 그리고 그 하나님은 모든 것을 초월하는 존재자이기 때문에 인간의 어떤 카테고리들로도 표현할 수 없다. 그럼에도 불구하고

---

2) 아우구스티누스의 이 명제는 원래 플로티노스의 『엔네아스』에서 유래한 것이다(Enn. I 6,9,7).

우리는 그를 인식할 수 있다. 모든 세계는 그의 형상이며 비유이기 때문이다.

b. 인간론

인간은 그의 조상 아담으로부터 원죄를 물려받았다. 따라서 인간은 본질적으로 죄인이다. 그렇다면 아우구스티누스에게 있어서 죄란 무엇인가? 그는 플라톤의 철학에 입각하여 죄를 설명한다. 플라톤에 의하면 현상계의 사물들은 이데아의 모방이며 그림자로 그 이데아를 조금 나누어 가지고 있다. 아우구스티누스는 플라톤의 이데아론에 근거하여 다음과 같이 주장한다. "모든 피조물은 존재이며 동시에 비존재이다. 그 피조물들은 그들의 존재가 신으로부터 유래했기 때문에 존재이다. 그러나 그들이 존재를 나누어 가지고 있기는 하지만 존재자체는 아니기 때문에 비존재이기도 하다." 그러므로 모든 피조물들은 '실재성의 부족'을 그 특징으로 한다. 아우구스티누스에 의하면 이와 같이 완전한 실재도 아니고 그렇다고 비실재도 아닌 '실재성의 부족'이 바로 죄이다.

모든 피조물들이 본질적으로 죄에 속하긴 하지만 모든 피조물들의 행위가 악은 아니다. 죄는 인간의 존재론적인 운명에 속하는데 반해, 악은 인간의 의지와 관련된 문제이다. 악은 의지의 자유를 전제한다. 따라서 오직 의지의 자유를 가지는 인간만이 악을 범할 수 있는 가능성을 가진다. 인간만이 이성을 가지고 판단하고 그렇게 판단된 것을 행할 수 있는 자유의지를 가지기 때문이다. 떨어지는 돌이나 식물이나 동물에게 실재성이 결여되어 있긴 하지만, 그 모든 현상들은 자연의 필연적인 법칙에 따르는 것이기 때문에 악이라고 할 수는 없다. 악은 피조물이며 동시에 자유의지를 가진 인간에게만 가능하다. 인간은 하나님의 형상을 나누어 가지기 때문에 하나님을 향해 초월할 수 있는 가능성을 가지고 있지만 동시에 육체를 가지고 있기 때문에 타락할 수 있는 가능성을 가지기도 한다. 인간은 초월과 타락 사이에서 결단할 수 있는 자유를 가진다. 자유는 악을 범할 수 있는 잠재적 가능성이다. 인간이 그의 결단에 의해 하나님으로부터 멀어진다면 그것이 곧 악이다. '악'을 가리키는 한자어 '惡'은 '亞'(버금 아)와 '心'(마음 심)의 합성어로 '버금가는 마음'을 의미한다고 볼 수 있다. 버금간다는 것은 온전하지 못하다는 뜻이다. 따라서 '악'은 비뚤어진 마음에서 비롯된다고 할 수 있다. 비뚤어진 마음에서 악이 발할 때 우리는 그것을 '발악'(發惡)이라 한다.

6.2. 스콜라철학과 보편논쟁

중세철학은 기독교의 교리를 확립하는데 주력한 교부철학과 그 교리들을 철학적으로 변증하는 스콜라 철학으로 나누어진다. 그리고 이런 철학적인 변증과정에서 스콜라 철학자들 사이에 논란의 불씨가 된 것은 보편에 관한 문제였다. 그들은 기독교의 교리를 철학적으로 변증하기 위해 고대 그리스 철학을 연구하게 되었다. 이때 그들은 플로티노스의 제자인 포르피리오스가 번역한 아리스토텔레스의 『범주론』 서문에 있는 한 구절을 발견하게 되었는데, 이 구절이 중세 전체에 걸쳐 뜨거운 논쟁을 야기하였다. 그 논쟁의 쟁점은 보편에 관한 것이었다. 논쟁을 야기한 그 구절은 다음과 같다.

"유와 종은 실재하는가? 아니면 단지 지성에 속하는 것인가? 더 나아가 만일 그것들이 실재한다면 물질적인가 아니면 비물질적인가? 그것들은 감각적 사물들로부터 독립적으로 실재하는가? 아니면 그 사물들 내에 실재하는가? 나는 이런 질문들에 관해 의견을 유보할 것이다. 왜냐하면 이런 물음들에 답하는 것은 대단히 어려우며, 그러기 위해서는 철저한 고찰이 필요하기 때문이다."

스콜라 철학자들의 관심사는 교부들에 의해 진리로 확립된 교리를 합리적으로 해석하는 것이었다. 그들은 이미 완성된 교리체계를 가지고 있었다. 그들의 과제는 이 교리체계를 합리적으로 이해시키는 것이었다. 그들에게 있어서 중요한 것은 진리를 발견하는 것이 아니라 계시된 진리를 고대철학의 이론들에 근거하여 그 타당성을 해명하는 것이었다. 이러한 과정에서 그들의 중요한 화두는 '보편'이란 개념이었다. '보편'이란 개개의 사물들에 일반적으로 적용되는 그 사물들의 본질에 해당되는 것이다. 예를 들어, 무수히 많은 개개의 책상들을 우리가 '책상'이라 부를 때, '책상'이란 개념은 개개의 책상들에 대해 '보편'에 해당된다. 이것은 플라톤에게 있어서 현상계와 이데아의 세계 사이의 구분과 같은 관계이다. 다양한 책상들은 현상들이며, '책상'은 그 현상들의 본질인 이데아에 해당된다.

스콜라 철학의 보편논쟁을 고찰하기 전에 먼저 그 논쟁의 기초가 되는 고대철학을 간략하게 살펴보는 것이 좋을 것이다. 플라톤은 존재자들의 세계를 현상계와 이데아의 세계로 나누어 이데아의 세계가 현상계보다 더 실재성을 가진다고 주장했다. 그의 입장에 따르면 보편은 현상계와 구별된 이데아의 세계에 실제로 존재한다. 한편, 아리스토텔레스에 따르면 보편(본질)은 현상계의 개체를 떠난 이데아의 세계에 실재하는 것이 아니라 개체 속에 실재한다. 그에 의하면 하나의 개체는 형상과 질료라는 두 요소로 이루어져 있는데, 이때 형상은 그 개체의 본질이 되며 질료는 그 개체의 물질적 요소가 된다. 본질은 개체 내에서 그 개체를 개체이게 하는 것이다. 한편, 헬레니즘 – 헬레니즘이란 알렉산더의 동방원정과 함께 그리스 문화가 동양의 영향을 받아 형성된 문화로 알렉산더 사후(BC 323년)로부터 그리스도의 탄생까지의 문화현상이다 – 시대의 대표적인 사상인 스토아철학에 의하면 보편은 개체를 떠나서 이데아의 세계에도 실재하지 않으며, 아리스토텔레스의 주장처럼 개체 내에도 실재하지 않는다. 스토아 철학은 보편의 실재성 자체를 인정하지 않는다. 우리가 본질이라고 생각하는 것은 개개의 개체들에 대해 우리가 그것들을 부르는 이름에 불과하다는 것이다. 그리고 이 이름은 어떤 개체에 대해 우리가 가지는 관념과 같은 것으로 의미론적인 실재성을 가질 뿐이다. 왜냐하면 어떤 개체에 대해 우리가 가지는 관념을 우리는 그렇게 이르며, 이렇게 일러진 것이 바로 그 개체의 의미를 지칭하는 이름이기 때문이다.

스콜라철학의 보편논쟁은 위에서 제시된 고대철학의 세 유형들 중 어떤 입장을 취하느냐에 따라 세 입장으로 나뉜다. 우리는 스콜라 철학을 9세기에서 12세기까지의 초기와, 13세기의 전성기와, 14~15세기의 후기로 나눌 수 있는데, 초기 스콜라철학자인 에리우게나(Eriugena)와 안셀무스(Anselmus)는 플라톤의 철학적 전통에 서서 보편은 개체에 앞서(universalia ante rem) 그 개체와는 독립적으로 실재한다고 보는 입장을 취하는데 우리는 이런 입장을 '보편실재론'이라 부른다. 이와 반대로 개체만이 실재하며 보편은 다만 그 개체 뒤에서(universalia post rem) 그 개체를 부르는 '이름'(nomina)에 불과하다는 주장을 우리는 '유명론'이라 부르는데 대표적인 사람은 역시 초기 스콜라철학에 속하는 로스켈리누스(Roscellinus)를 들 수 있다. 그의 입장은 스토아철학의 전통에 서있다고 볼 수 있다. 그리고 초기 스콜라철학에 속하는 사람으로 아리스토텔레스의 철학을 따라 실재론과 유명론을 종합하여 보편은 개체 속에 있다(universalia in re)고 주장한 사람이 있었는데 그가 바로 아벨라르두스(Abelardus, 1079 – 1142)였다. 그는 이전의 어떤 학자보다도 기존의 교리를 합리적으로 설명하고자 시도한 사람이었다. 따라서 윤리적 가치평가에 관해서는 오직 행위자의 주관적 의도만이 인간 행위의 도덕적 가치를 결정짓는 중요한 요소라고 주장했으며, 구원에 관해서도 아우구스티누스의 원죄론을 수정하여 세례를 받지 않고 죽은 아이들은 바로 지옥으로 가는 것이 아니라 '림

보'(limbus, 경계), 즉 천국과 지옥의 경계에 머문다는 '림보이론'을 주장했다.[3]

13세기는 스콜라철학 전성기에 속하는데 대표적인 사람은 둔스 스코투스와 토마스 아퀴나스이다. 이들은 모두 아리스토텔레스의 철학적 전통에 서서 보편이 개체에 내재한다는 아벨라르두스의 입장을 따랐다. 둔스 스코투스에 의하면 한 개체는 '질료적 실재성'과 '본질적 실재성'(natura communis)이라는 두 요소로 구성되어 있다. 그에게 있어서 보편은 본질적 실재성으로서 그것이 인간의 지성에 의해 개념화되기 이전에 이미 한 개체 내에 실제로 존재하여 그 개체를 바로 그 개체이게 한다. 인간의 지성 이전에 개체에 내재하는 'natura communis'가 지성의 반성작용을 통해 개념으로 형성된다는 것이다. 바로 이 점에서 그는 보편을 인간의 지성에 의해 산출된 개념에 불과하다고 보는 유명론과 다르다.[4]

토마스 아퀴나스도 둔스 스코투스와 마찬가지로 보편이 개체

---

3) '경계' 또는 '접촉부분'을 뜻하는 '림보'(limbus)는 카톨릭 신학에서 천국과 지옥 사이의 경계지대를 이르는 개념으로, 그리스도가 강림하여 풀어줄 때까지 구약성서의 성자들이 갇혀 있다는 '조상들의 림보'와 세례를 통해 원죄로부터 벗어나지 못한 채 죽은 어린이들이 머문다는 '어린이 림보'가 있다. 이 '어린이 림보'에는 세례를 받지 않고 죽은 어린이뿐만 아니라 정신박약자도 머문다고 한다.

4) 보편논쟁을 간단히 정리하면 다음과 같다. 보편논쟁은 '보편실재론'과 '유명론'(개념론)으로 구분되며, 보편실재론은 다시 '초월적 실재론'과 '내재적 실재론'으로 구분된다. 따라서 전체적으로 보면 보편에 관한 견해는 초월적 실재론, 내재적 실재론, 유명론(개념론)의 세 유형들이 있다. 초월적 실재론에 의하면 보편은 개체보다 앞서(universalia ante rem) 실재하며, 내재적 실재론에 의하면 보편은 개체 안에(universalia in re) 실재하며, 유명론에 의하면 보편은 단지 '의미론적 실재성'만 가지며 따라서 개체보다 뒤에서(universalia post rem) 그 개체를 지칭하는 이름에 불과하다. 여기서 중요한 것은 '의미론적 실재성'이란 개념일 것이다. 바로 이 개념에서 우리는 내재적 실재론과 유명론의 차이점을 발견할 수 있다. 내재적 실재론에 따르면 보편은 한 개체의 본질적인 요소로서 인간의 지성에 의해 파악되기 이전에 인간 지성과 독립적으로 한 개체 내에 실재한다. 이에 반해, 유명론에 따르면 보편은 독립적으로 실재하는 것이 아니라 인간 지성에 의한 의미부여 작용의 결과이다.

내에 실재한다고 보았다. 보편은 한 개체 내에서 인간의 지성과 독립적인 실재성을 가진다. 보편은 그 자체로 존재하지는 않지만 사물 속에 실현되어 있다. 보편이 개체 내에서 현실화되지 않으면 그것은 단지 하나의 생각에 불과하다. '둥근 사각형'이 그런 예에 속한다고 볼 수 있겠다. 둔스 스코투스가 실재하는 개체와 그 개체의 본질적 실재성을 전제하고 그 개체의 본질적 실재성이 개념으로 형성된다고 보는데 반해, 아퀴나스는 실재하지 않는 대상에 대해서도 개념이 가능하지만 그런 개념은 실재성을 가지지 않는다고 보았다.[5]

이상에서 스콜라 철학자들의 보편논쟁을 보았는데, 그렇다면 왜 보편이 중세에 그렇게 중요한 논쟁거리가 되었는가? 중세에는 보편이란 개념이 교회와 동일시되었기 때문이었다. 중세에는 교회가 보편적 권위를 가진다는 의미에서 '보편교회', 즉 '카톨릭 교회'라 일컬어졌는데, 이 명칭은 '보편'을 의미하는 그리스어 'καθολικός'(카톨리코스)에서 유래했다. 따라서 스콜라철학에서 보편의 실재성에 관한 논쟁은 교회의 보편적 권위의 실재성과 관련된 문제이기도 했다.

---

5) 보다 엄밀하게 말하면 실재론과 유명론의 차이는 보편에 어떤 종류의 실재성을 인정하느냐의 차이라고 보아야 할 것이다. 실재론은 보편의 존재론적 실재성을 인정하는데 반해 유명론은 보편의 의미론적 실재성만 인정한다. 여기서 의미론적 실재성이란 결국 개념의 실재성을 의미한다. 그러므로 보편의 의미론적 실재성만 인정하는 유명론은 곧 개념론과 동일시될 수도 있다.

6.3. 전환기의 철학자들

중세 말이 되면서 개인의 경험을 중요시하는 철학자들이 등장했다. 신앙에 있어서 개인의 신앙적 체험을 중요시하는 신비주의자들이 그들이다. 그들은 신과의 신비한 합일을 최고의 목표로 하였다. 대표적인 인물로는 마이스터 에크하르트와 쿠자누스이다.

6.3.1. 마이스터 에크하르트(Meister Eckhart, 1260 - 1328)

a. 신론

에크하르트에 의하면 하나님은 순수한 선, 일자, 절대자, 전적인 타자이기 때문에 우리는 그에 관해 아무것도 알 수 없다. 우리가 그에 관해 이러저러하게 규정하는 어떤 것도 그를 정확하게 설명하지 못한다. 그러므로 우리가 하나님에 관해 말할 수 있는 것은 오직 부정적인 진술에 머물 수밖에 없다. 하나님은 그에 관한 어떤 규정에도 한정되지 않는다. 그는 존재의 근거이기 때문에 어떤 방식으로도 규정될 수 없다. 에크하르트의 사상은 기본적으로 위 디오니시우스(Pseudo Dionysius Areopagita)의 다음과 같은 말에 기초한다고 볼 수 있다. "영혼이 신의 이름을 부르는 순간 그 말은 그의 존재에 대한 진정한 진실을 내포하고 있지 못하다 …. 우리가 신에 관해 말하는 무엇이나 그것은 신과 직접 상관이 없는 것이다. 신은 우리가 그에 관해 말하는 것보다는 오히려 말하지 않는 바의 무엇이다." 그는 존재의 근거이며, 초월적인 '무-존재'이며, 이름 없는 무이며 영원한 무이다. 에크하르트는 이런 절대적 타자인 하나님을 "신성"(deitas, Gottheit) 또는 "자연 이전의 자연"(ungenaturte Natur)이라 부른다. 이 근원적 신성은 '존재'라는 술어로 서술될 수 없기 때문에 무와 같다. 이런 신성의 상태는 어떤 신적인 존재자보다도 더 이전의 근원적인 상태이다.[6]

그렇다면 이런 영원한 신성은 어떤 상태인가? 그는 '순수사유'(intellegere)인데, 이 순수사유가 곧 그의 존재이다. 이때 순수사유란 신성의 한 속성이 아니라 신성 그 자체이다. 하나님은 순수사유이다(Deus est intellegere). 그는 존재 이전의 순수사유이다. 존재는 순수사유의 결과이다. 그렇다면 순수사유란 무엇인가? 순수사유는 '자기 밖으로 나갔다 다시 자기 자신에게 돌아와 자기와 관계함으로써 자신을 인식하는 작용'이다. 순수사유의 결과 절대적 무의 상태에 있던 신성이 존재하게 된다. 따라서 존재는 신성의 완성이다(Esse est Deus). 절대적 신성에서는 사유와 존재가 일치한다. 이상의 내용을 다음과 같은 논리적 도식으로 표현할 수 있을 것이다.

- 하나님은 사유이다(Deus est intellegere)
- 존재는 하나님이다(Esse est Deus)
- 그러므로 존재는 사유이다(Esse est intellegere)

---

6) 신(Deus)과 신성(Deitas) 사이의 이런 구분은 힌두교 베단타 철학에서 훌륭한 속성을 가진 절대자로서의 '싸구나 브라만'(Saguna Brahman)과 속성을 초월하는 절대자로서의 '니르구나 브라만'(Nirguna Brahman) 사이의 구분과 같다고 볼 수 있을 것이다.

에크하르트의 이론에 의하면 기독교의 삼위일체 하나님은 절대적 신성의 사유작용이라 볼 수 있을 것이다. 사유작용을 통해 하나의 신성이 주체와 객체로 분화된다. 이 경우 성부 하나님은 주체이며, 그 하나님이 스스로를 표현하는 말씀은 성자 하나님이다. 에크하르트에 따르면 "영원하신 말씀은 아버지의 말씀이며, 아버지의 독생자이신 우리 주 예수 그리스도이다. 그 말씀에서 아버지는 모든 피조물에게 시작도 없고 끝도 없이 말씀하셨다." 아버지와 아들을 묶는 사랑의 끈은 성령이다. 에크하르트에 의하면 기독교의 삼위일체 하나님은 근원적인 신성의 나타남이다.[7]

b. 창조론

하나님에게서는 사유와 존재가 일치한다. 이 점에 있어서 그는 토마스 아퀴나스와 일치한다. 그러나 하나님의 존재가 그의 사유의 근거라고 보는 아퀴나스와는 달리 에크하르트는 하나님은 사유를 통해 존재한다고 생각한다. 그렇다면 에크하르트에게 있어서 '사유와 존재의 일치'란 무엇을 말하는가? 에크하르트에 의하면 하나님은 사유와 존재가 일치하는 '근원적 지성'(intellectus originarius)이기 때문에 그에 의해 사유된 것은 곧 존재한다. '파생적 지

---

7) '독생자'(獨生子)를 가리키는 그리스어 'μονογενής'(monogenes)는 'μόνος'(monos; 홀로)와 'γένες'(genes; 태어난)의 합성어로 '스스로 태어난 자'를 뜻한다. 따라서 독생자는 '외아들'과는 다른 개념이다.

성'(intellectus derivativus)인 인간의 지성에 의해 사유된 것은 개념으로 존재하는데 반해 신에 의해 사유된 것은 곧 실재한다는 말이다.

하나님의 사유는 자기 밖으로 나가 다시 자기와 관계를 맺는 작용이다. 하나님은 영원히 자기 밖으로 흘러나가 자기에게로 돌아오는 역동성이다. 하나님의 이런 사유를 통해 만물이 창조되었다. 만물은 하나님의 사유의 결과이다. 이렇게 모든 것을 포괄하는 사유로서 하나님은 모든 피조물의 존재의 근거이다. 성경의 창세기 1장에 나타나는 하나님의 창조과정은 하나님의 사유과정이라 볼 수도 있을 것이다. "하나님이 이르시되 빛이 있으라 하시니 빛이 있었고 … "(창세기 1장 3절). 이 구절에서 우리는 하나님의 말과 존재가 일치함을 볼 수 있다. 에크하르트라면 이 구절을 다음과 같이 이해할 수도 있을 것이다. "하나님이 빛이 있으면 좋겠다고 사유하시니 빛이 있었고 … "

c. 인간론

인간의 영혼은 하나님과 동일한 형상에 따라 창조되었다. 따라서 하나님과 마찬가지로 인간의 영혼도 삼위일체이다. 인간의 영혼에는 믿음, 소망, 사랑의 영적인 능력으로 이루어져 있다. 삼위일체 하나님이 근원적인 하나의 신성에서 기원되었듯이 인간의 영혼을 구성하는 믿음, 소망, 사랑의 영적 능력도 근원적인 "신적인 불꽃"에서 기원되었다. "영혼의 불꽃은 언제나 하나님을 지향하는 신적인 빛이다."[8]

　인간의 영혼은 하나님을 향하는 빛을 가지고 있어 하나님과 하나가 되기를 추구한다. 하나님과 하나가 되기 위해서는 무엇보다도 자기를 부정하고 하나님을 지향하는 것이 중요하다. 자기를 부정한다는 것은 마음을 흔들리게 하는 세상의 모든 욕심 특히 이기심으로부터 자유로워짐을 의미한다. '자기를 놓음' 또는 '내려놓음'이 중요하다. 이때 비로소 하나님과 하나가 될 수 있는 여지가 확보되는 것이기 때문이다. 소크라테스가 중요한 덕의 하나로 제시하는 '절제'(σωφροσύνη, 소프로쉬네), 스토아 철학에서 추구하는 '무욕의 상태'(ἀπάθεια, 아파테이아), 에피쿠로스가 주장하는 '흔들리지 않는 마음'(ἀταραξία, 아타락시아) 등은 모두 '내려놓음'의 상태를 말하는 것이다. 에크하르트는 이런 내려놓음의 원형을 사람이 된 그리스도에게서 발견한다. 그리스도 안에서 하나님이 인간이 되어 인간의 본성을 거룩하게 했기 때문에 인간은 하나님과 하나가 될 수 있다는 것이다.

　하나님과 하나가 되기 위한 조건은 '하나님을 사랑함'과 '이웃을 사랑함'인데, 이런 두 종류의 사랑은 '내려놓음'에서 시작된다.

---

8) 영혼의 불꽃을 신적인 빛으로 보는 에크하르트의 이런 사상은 최고의 존재자인 일자를 빛과 동일시하는 플로티노스의 영향을 받은 것으로 보인다. 그리고 그의 이런 사상은 후에 스웨덴보르그(Emanuel von Swedenborg, 1688-1772)에게서 보다 발전된 형태로 나타난다. 스웨덴보르그는 하나님을 태양에 비유하여 설명한다. 하나님의 본질적 속성은 지혜와 사랑인데, 지혜는 태양의 빛과 같으며, 사랑은 태양의 온기와 같다는 것이다. 태양의 빛이 인간에 의해 빛과 온기로 느껴지듯이 정신의 태양인 하나님은 정신의 세계에서 빛(신적인 지혜)과 온기(신적인 사랑)로 체험된다. 인간의 지혜와 사랑은 하나님의 지혜와 사랑을 반영하는 것이다. 인간의 구원은 그가 얼마나 이 지혜와 사랑을 적극적으로 실천하느냐에 달려있다. 인간은 자유의지를 가지고 있기 때문에 세상을 사랑하고 자기를 사랑함으로써 신적인 지혜와 사랑을 거부할 수도 있다.

어째서 그런가? 하나님을 사랑함은 하나님을 지향하여 그와 하나가 되기를 추구하는 것이다. 이것은 내가 나를 '내려놓음'과 함께 나로부터 자유로워져 하나님을 향해 떠날 수 있기 때문에 가능해진다. 이웃을 사랑함도 역시 '자기 자신을 내려놓음'과 함께 시작된다. 이웃사랑은 이기적 삶으로부터 이타적 삶으로 전환하는 것인데 이것은 '자기를 내려놓음'에 의해 가능하기 때문이다.

에크하르트에 의하면 '내려놓음'에는 더 나아가 '하나님을 하나님이 되게 함'이 함축되어 있다. 인간이 하나님과 하나가 되는 것은 하나님의 적극적인 활동에 의해 가능한데, 그러기 위해서는 하나님이 활동할 수 있는 여지가 있어야 한다. 인간이 이러저러한 모양으로 하나님을 제한할 때 하나님은 활동할 수 없다. '내려놓음'은 하나님을 하나님이 되게 하여 그가 활동할 수 있게 한다.

6.3.2. 쿠자누스(Nikolaus von Kues, 1401-1464)

a. 형이상학

쿠자누스는 독일 모젤의 쿠에스(Kues)에서 태어나 이탈리아 움브리엔의 토디에서 죽은 독일 출신의 철학자이자 신학자이자 수학자였다. 마이스터 에크하르트와 신플라톤주의의 영향을 받은 그의 사상적 특징은 "대립들의 일치"(coincidentia oppositorum)란 개념에 잘 표현되어 있다. 이 개념과 함께 그는 이전의 철학과 다른 전혀 새로운 이론을 제시했다. 인간의 최종적인 목표는 모순적 대립들을 포함한 모든 종류의 대립들이 지양(止揚)되어 종합된 '순수한 통일성'으로서의 '일자'(一者)에 도달하는 것이다. 일자는 모든 종류의 다양성을 내포하는 절대적 단일성으로서 생성과 소멸의 창조적 근원이다. 그런데 여기서 잠시 주목할 것이 있다. 일자와 다양성의 관계에서 만일 그 일자와 나란히 다양이 있다면 그 일자는 진정한 의미에서 포괄적이라 할 수 없고 다양에 의해 제한되어 있을 것이다. 따라서 일자는 더 이상 영원하다고 할 수 없을 것이다. 그런데 쿠자누스에 있어서 일자는 동시에 다(多)이기 때문에 진정으로 영원하다고 할 수 있다. 하나님은 세계의 '접음'(complicatio)이며, 세계는 하나님의 '펼침'(explicatio)이다.[9] 그가 사용하는 수학적 표현에 비유하면 일자는 '무한대'(ein absolutes Maximum)이면서 동시에 '무한소'(ein absolutes Minimum) 즉 '최대로 작음'(maximale Kleinheit)이다. 이때 무한대는 다른 실체들보다 우월한 어떤 특별한 실체가 아니라 다양한 실체들과 다양한 개체들을 포괄하며 그것들의 기초가 되는 실체이다. 쿠자누스는 원과 사각형 등과 같은 수학적 개념들을 이용해 하나님의 이런 무한성을 설명한다. 그는 수학적 개념들의 도움으로 하나님의 통일성과 삼위일체를 증명한다. 쿠자누스는 다양을 포괄하는 통일성으로서의 하나님을 무한히 큰 다각형이면서 동시에 무한히 큰 원에 비유한다. 쿠자누스에 의하면 원의 곡률(曲率)이 무한히 작아지고(미분되고) 원주가 무한히 연장되면 그 원의 원주는 직선이 된다. 따라서 그 원에 내접하는 (또는

---

9) 블랙홀과 빅뱅의 관계를 생각해 보자.

외접하는) 삼각형을 포함한 모든 다각형은 무한히 연장될 때 원과 동일하게 된다. 하나님은 사각형이면서 동시에 원이며, 원이면서 동시에 사각형이다. '둥근 사각형' 또는 '사각 원'은 모순된 개념으로 유한한 세계에서는 존재할 수 없지만 하나님에게는 가능하다. 하나님은 모든 모순들이 지양된 절대적 통일성이기 때문이다. 쿠자누스는 또한 다각형과 원을 통해 하나님의 삼위일체를 설명하기도 한다. 위에서 언급했듯이 하나님은 다각형이면서 동시에 원이다. 다각형에 내접하는 원과 다각형과 다각형에 외접하는 원은 무한히 연장될 때 동일한 하나의 원이 된다. 그 원은 셋이면서 하나인 원이다. 다양을 포괄하는 하나님은 셋이면서 하나인 무한자이다.

하나님은 모든 것에 나타나며 모든 것을 포괄하는 통일성이다. 그렇지만 인간의 사고는 대립적인 두 요소가 동시에 참일 수도 없고 동시에 거짓일 수도 없다는 모순율의 원리에 사로잡혀 있기 때문에 이 통일성을 인식하지 못하고 언제나 단편적 지식에 머문다. 인간은 진리 밖에 서서 어떤 다른 것에서 진리를 찾기 때문이다. 진리를 '다른 것'에서 찾아서는 안 된다. 진리는 '다른 것이 아님'(non-aliud)이다. '다르게 존재함'은 오성이 현상의 사물들을 관찰할 때 그 사물들에 속하는 속성이기 때문이다. 쿠자누스는 영원한 통일성을 무한한 직선의 예를 들어 설명한다. 직선은 단지 직선일 뿐 아니라 동시에 가장 긴 밑변과 가장 낮은 높이를 가지는 삼각형이며, 무한한 직경을 가지는 원이다. 무한한 통일성에서 보면 밑변과 높이는 '다르지 않음'이며, 원주와 직경은 '다르지 않음'이다. 그렇다면 어떻게 저 영원한 통일성에 도달할 수 있는가?

"무지의 지"(docta ignorantia)에 도달할 때, 즉 통일성은 오성에 의해 인식될 수 없다는 사실을 깨달을 때에 비로소 그 통일성을 직관할 수 있다. 쿠자누스에 의하면 인간의 오성(ratio)은 감각적 인상들을 정돈하여 통일적 개념을 형성할 줄 아는 능력이다. 오성을 통한 모든 인식은 비교에 의존하며, 따라서 상대적인 것만 인식할 수 있다. 따라서 인간의 오성은 절대적인 것이나 무한한 것을 파악할 수 없다. 무한과 유한 사이에는 어떤 비례적 관계도 존재하지 않기 때문이다. 그렇지만 인간에게는 오성보다 상위의 능력, 즉 오성에 의해 부정된 것을 다시 부정하여 무한한 통일성의 개념에 도달할 수 있는 이성(intellectus)의 능력이 있다. 이성도 오성과 마찬가지로 유한하기 때문에 모순들을 초월하여 그 모순들을 일치시킬 수 있는 능력은 없다. 그러나 동시에 신적인 진리를 보고 느낄 수 있기도 하다. 이성은 오성과 달리 모순들을 극복하고 가장 큰 것과 가장 작은 것을 동시에 파악할 수 있는 능력이기 때문이다. 인간에게는 긍정과 부정의 대립을 넘어 절대적 통일성과 영원성으로 향할 수 있는 능력이 있다. 그렇다고 하나님이 곧 '대립들의 일치'라는 의미는 아니다. 일치를 생각할 수 있는 것은 하나님께 가까이 갈 수 있는 인간 이성의 고유한 능력일 뿐이다. 일치는 하나님을 찾는 사람과 하나님 사이에 있는 '벽'이다. 그러나 이 벽은 결코 넘어설 수 없는 벽은 아니다. 인간의 정신은 하나님을 닮아있기 때문에 하나님을 인식할 수 있다. 인간은 창조된 "두 번째 하나님"이다. 신적인 지성이 현실 세계를 창조했듯이, 인간의 지성은 개념의 세계를 창조한다.

b. 종교간의 대화에 관하여

쿠자누스는 유대교, 고대의 이방종교들, 이슬람, 카톨릭, 후스파, 페르시아 종교와 갈데아 종교 등 여러 종교들과 신앙고백들에서 표현된 진리내용에 깊은 관심을 가지고 있었다. 그에 의하면 모든 종교는 진리에 이르는 나름대로의 길이다. 그렇지만 오직 기독교에서만 이 모든 길들이 완전하게 실현된다. 모든 부분적인 진리인식들이 기독교에서 통합된다. 유일신을 믿는 유대교에 의하면 하나님은 모든 감각적인 것을 초월하는 절대적 존재자이다. 반대로 다신교적인 이방의 종교들은 현상세계에 내재하는 다양한 신들이 다양한 방식으로 작용한다고 생각하였다. 기독교에서는 신의 초월적 요소와 내재적 요소가 모두 발견된다. 인간이면서 동시에 하나님인 그리스도에게서 초월적 하나님과 내재적 하나님이 통합되었기 때문이다. 따라서 유대교를 믿는 사람이 기독교를 배척한다면 그는 자신이 믿는 종교의 핵심을 부정하는 것이다. 유대교와 이방의 종교들은 모두 나름대로 어느 정도의 정당성을 가지기는 하지만 그들이 추구하는 것이 기독교에서 완성되었음을 알아야 한다는 것이다.

쿠자누스에 의하면 하나님은 여러 시대에 걸쳐 여러 민족들에게 여러 선지자들을 보내어 그들에게 종교적 규범들과 제의적 의식을 주어 무지한 백성을 가르쳤다. 그런데 사람들은 시대와 장소에 따라 다른 종교적 관습들과 규범들을 저마다 절대적 진리라고 주장함으로써 그 속에서 절대자를 파악하는데 실패했다는 것이다. 따라서 그들이 진리라고 믿는 특수한 종교를 위해 다른 종교들을 적대시하게 되었다. 그렇지만 쿠자누스에 의하면 다양한 종교적 의식 이면에는 유일한 참 종교가 있다. 만일 모든 종교가 다양한 종교 형식들은 단지 하나의 참된 종교의 특수한 현상에 불과함을 인식한다면, 보편적이고 영원한 종교의 평화는 가능하다. 그렇다고 하나의 종교를 위해 다른 종교들을 폐지하는 것을 의미하는 것은 아니다. 역사의 흐름과 함께 그들 사이에 차이가 발생했음을 인식하고, 신에 관한 그들의 교리가 신의 본질을 완전하게 설명할 수 없음을 인정하는 것으로 충분하다. 그렇다고 쿠자누스가 모든 종교들이 다 동일하다고 주장하는 것은 아니다. 오히려 그는 비기독교인들에게 삼위일체, 성육신과 세례와 같은 신앙고백을 설명함으로써 그들이 올바른 기독교를 그들 자신의 종교의 토대라고 인식할 수 있도록 해야 한다고 주장했다.

c. 자연철학

쿠자누스에 의하면 우주는 한계가 없다. 그러나 우주가 모든 것을 포괄한다는 의미에서 무한하다는 것은 아니다. 지구는 우주의 중심이 아니다. 지구는 공과 유사한 형태이며, 정지해 있는 것이 아니라 운동한다. 뿐만 아니라 그는 태양계와 같은 세계가 무수히 많이 있다고 주장하기도 했다. 그의 이런 생각은 프톨레마이오스(Ptolemaeos, Claudius: AD 127~145)와 아리스토텔레스의 이론에 기초한 당시의 지구 중심적 우주관과 정면으로 대립되는 것이었다. 그렇다고 그가 후의 코페르니쿠스처럼 태양 중심의 우주관을 주장한 것도 아니었다. 그에 의하면 세계는 중심도 없고 끝도 없다. 그런 세계에서는 어떤 하나의 축을 중심으로 하는 절대적 운동이란 불가능하며 모든 운동은 상대적이다.

6.4. 유명론과 르네상스

후기 스콜라철학에서 보편의 실재성을 부정하는 유명론이 다시 등장함으로써 개인들에 대해 지배적 권위를 가지고 있던 교회의 세력이 약화될 수밖에 없었다. 유명론은 개인의 경험을 중요시하는 개인주의의 태동에 결정적인 영향을 끼쳤는데, 이것은 개체만이 실재한다는 유명론의 입장에서 볼 때 당연한 결과였다.

유명론의 등장은 개인들이 스스로의 가치를 자각하는 계기가 되었다. 개인의 가치가 재발견되었으며 개인이 다시 태어나게 되었다. 개인의 재생 즉 르네상스가 시작되었다. 그리고 르네상스와 함께 각 분야에서 새로운 경향이 나타났다.[10]

과학의 발전이 이루어졌다. 이는 모든 것을 개인이 직접 실험

---

10) '르네상스'란 개념은 16세기 이탈리아의 미술가이자 미술사가인 지르지오 바사리(Giorgio Vasari, 1511-1574)가 14세기 초에 시작된 예술에서 고전적 미술기법이 다시 나타난 현상을 기술하기 위해 이태리어로 '다시 태어남'을 의미하는 'renascita'란 단어를 사용한데서 유래했다. 'renascita'는 라틴어 'renascor'(다시 태어나다)에서 유래했는데, 'Renaissance'는 renascita의 프랑스어 번역이다.

하여 확인하고자 하는 실험정신의 결과였다. 특히 케플러에 의해 망원경이 발명됨으로써 천문학에 놀라운 변화가 일어나게 되었다. 지구와 다른 행성들이 태양을 중심으로 타원궤도를 그리면서 공전한다는 사실이 밝혀짐으로써, 지구가 우주의 중심이 아님이 밝혀졌다.

정치적으로는 지역 제후들의 힘이 강해졌다. 지금까지는 보편으로서의 황제가 개별적인 지역 제후들 위에 막강한 힘으로 군림했었다. 그러나 르네상스와 함께 지역 제후들이 각자 자신들의 고유한 권리를 주장하게 되었다.

르네상스는 또한 종교개혁의 원동력이 되었다. 신앙과 관련해서 구원은 교회에 의해 주어지는 것이 아니라 개인의 믿음에 달려 있다는 생각이 싹트기 시작했다. 루터의 종교개혁은 이런 신학적 바탕에서 이루어졌다. 루터는 구원에 있어서 교회의 보편적 권위 대신 하나님과 인간의 개별적인 관계가 중요함을 강조했다. 그래서 그는 교회의 매개와 면죄부대신 '오직 성서만으로'(sola scriptura), '오직 은총만으로'(sola gratia), '오직 믿음만으로'(sola fide)를 주장하게 되었다. 한편, 르네상스 운동에 의해 정치적 역학관계가 변함으로써 지역 제후들이 강한 힘을 가지게 되었는데, 그들이 개인의 믿음을 강조하는 루터를 지지하게 되었다. 그 결과 제후들의 지원은 루터가 과감하게 로마 카톨릭과 맞설 수 있는 배경이 되었다.

7장

근대철학

7장
근대철학

르네상스와 함께 각 분야에서 변화가 일어났는데 당연히 사상적인 면에서도 개인의 경험을 중요시하는 경험주의가 나타나게 되었다. 이런 경험주의는 영국에서 주류를 이룬 영국경험주의와 유럽 대륙에서 주류를 이룬 합리주의로 구분된다. 영국 경험주의에 의하면 모든 경험(인식)은 감각적 경험과 함께 시작된다. 왜냐하면 인간의 의식은 감각을 통해 대상과 관계하기 이전에는 백지(tabla rasa)와 같아서 이성의 판단작용이 이루어질 수 없으며, 이성의 판단이 이루어지지 않으면 경험(인식)도 불가능하기 때문이다. 인간의 이성은 주어진 대상의 자료들을 정리하여 판단하는 작용을 할 수 있을 뿐 대상의 자료들을 산출할 수 있는 능력은 없다. 다시 말하면, 이성은 감각을 통해 주어진 자료들을 정리할 수 있는 능력에 불과하다. 따라서 감각적 경험을 통해 자료들이 주어질 때 비로소 이성이 작용하기 시작한다는 것이다.

한편 합리주의에 의하면 모든 경험(인식)이 감각적 경험과 함께 시작되는 것은 아니다. 어떤 인식은 감각적 경험에 의존하지 않는다. 왜냐하면 인간의 의식에는 태어나면서부터 갖추어져 있는 특수한 관념들, 즉 '본유관념'(innate idea; angeborene Idee)이 있기 때문이다. 인간은 본유관념에 의해 그 관념의 대상들을 알 수 있다는 것이다.

이와 같이 합리론과 경험론의 차이는 인식주체의 관점에서 볼 때 본유관념의 유무에 따라 구분될 수 있을 것이다. 그리고 그런 차이 때문에 그들의 탐구 영역도 다를 수밖에 없었다. 경험주의의 중요한 탐구영역은 인식론인데 반해, 합리주의의 주된 관심사는 형이상학에 있었다. 형이상학을 '일반 형이상학'(metaphysica generalis)과 '특수 형이상학'(metaphysica specialis)으로 구분할 때, 전자는 주로 존재자의 존재를 다루는 존재론이며, 후자의 탐구 대상은 특수한 존재자들 특히 신, 세계, 영혼 그리고 자유이다. 합리주의자들의 주된 관심은 특수 형이상학에 있었다. 영국 경험론과 대륙의 합리주의의 중요한 차이점은 다음과 같이 정리될 수 있다.

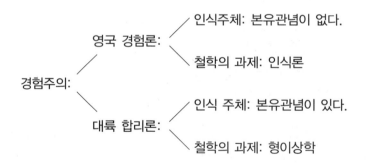

경험주의:

영국 경험론:
인식주체: 본유관념이 없다.
철학의 과제: 인식론

대륙 합리론:
인식 주체: 본유관념이 있다.
철학의 과제: 형이상학

7.1. 대륙의 합리론

17세기의 학문적 이념은 보편성과 필연성이었다. 그리고 수학은 이런 이념을 만족시킬 수 있는 학문으로 간주되었다. 따라서 수학적 방법이 모든 학문적 방법론의 모범으로 인정되었다. 대륙의 합리주의 철학은 이러한 수학적 방법과 이성의 절대적 신뢰에 기초한 사조였다. 이런 사조의 대표적인 철학자들은 데카르트, 스피노자 그리고 라이프니츠이다.

7.1.1. 데카르트(1596-1650)

데카르트는 수학적 방법론에 기초하여 형이상학의 문제를 해명하고자 했다. 다시 말해, 그는 특수 형이상학의 대상인 신, 세계, 영혼의 문제를 수학적 방법론에 기초하여 해명하고자 했다. 수학적 방법론이란 무엇인가? 데카르트는 어떻게 수학적 방법론에 근거하여 형이상학을 해명했는가?

수학적 방법론이란 먼저 의심의 여지가 없이 확실한 하나의 공리를 확보하고 그 공리로부터 결론을 도출하는 연역적 방법론이다. 데카르트는 형이상학의 대상인 신, 영혼, 세계의 확실성을 설명하기 위해 먼저 수학의 공리와 같은 것을 확보하고자 했다. 그리고 이런 공리를 확보하기 위해 그가 취한 첫 번째 조치가 바로 '방법적 회의'였다. 더 이상 의심할 수 없는 것을 확보하기 위해서는 모든 것을 의심해 보아야 한다는 것이다. 그런 후에야 비로소 의심의 여지가 없는 것이 무엇인지 알 수 있기 때문이다. 그러나 여기서 '방법적 회의'란 모든 것의 존재를 실제로 부정하는 것을 의미하지는 않는다. 그것은 확실성이 확보될 때까지 어떤 것이 우리가 보는 그대로 실재한다는 소박한 태도, 즉 '자연적 태도'를 잠시 괄호 속에 묶어 놓고 판단을 보류한다는 의미이다. '방법적 회의'란 표현에서 강조되어야 하는 부분은 '회의'가 아니라 '방법적'이란 개념이다. '방법'을 의미하는 단어인 'method' 또는 'Methode'는 어원적으로 볼 때 헬라어 'meta'(뒤에, 위에)와 'hodos'(길)의 합성어로 '길 위에 있음', '도상에 있음'이란 뜻이다. 따라서 방법적 회의는 절대적 확실성을 찾아 가는 도상에 있다는 뜻이다.

방법적 회의에 의해 데카르트가 도달한 의심의 여지가 없이 확실한 공리는 '생각하는 나'였다. 즉 내가 아무리 모든 것을 의심한다 할지라도 내가 의심하고 있다는 사실만은 의심할 수 없다는 것이다. 그리고 의심한다는 것은 생각한다는 것이다. '나는 내가 생각한다는 것을 생각한다.'(cogito cogitare me) 이것이야말로 공리와 같이 의심할 수 없는 사실이다.

이제 이렇게 확보된 공리로부터 데카르트는 형이상학의 문제를 해명한다. 먼저 데카르트는 수학의 공리와 같이 확실한 '생각하는 나'로부터 신의 존재를 증명하고자 한다. 어떻게 증명하는가?

생각하는 나에게 태어나면서부터 주어져 있는 관념들(본유관념들: Eingeborene Ideen)이 있으니 곧 "무한실체"와 "유한실체"에 관한 관념들이 그것이다. 무한실체란 완전한 존재자, 즉 스스로 존재하는 신이다. 유한실체는 물체와 정신인데, 물체는 연장(Ausdehnung)을 속성으로 가지며, 정신은 사유를 속성으로 가진다. 그밖에도 생각하는 나에게는 수, 시간, 장소, 운동, 형태, 등의 많은 본유관념들이 있다. 생각하는 나는 이런 본유관념들을 통해 외부의 대상들을 지각하게 된다.[1]

인간은 태어나면서부터 무한하고 전능한 본질의 신에 대한 관념을 가지고 있는데, 이 관념은 결코 감각에 의해 후천적으로 형성된 것이 아니다. 관념은 외부로부터 유래하든가 우리 자신에 의해 형성될 수 있다. 그런데 순수하게 생각하는 나는 아직 외부로부터 들어온 아무런 관념도 가지고 있지 않다. 그렇다면 본유관념으로서의 신에 대한 관념은 나 자신에 의해 형성된 것인가? 그러나 그 관념은 우리 자신에 의해 만들어진 관념은 아니다. 신에 관한 관념은 완전한 존재자에 관한 관념이기 때문에 유한한 존재자인 우리에 의해 만들어진 것이 아니다. 왜냐하면 어떤 것의 원인은 최소한 그 결과와 동일한 실재성을 가지고 있어야 하기 때문이다. 우리에게 신에 관한 관념을 가지게 한 그 원인은 최소한 우리가 신을 생각할 때 가지는 정도의 실재성을 가지고 있어야 한다는 것이다. 신에 대한 관념은 단순히 인간의 주관적 상상물이 아니라 실재성을 가진 존재자에 의해 주어진 것이어야 한다. 그러므로 신에 대한 관념에서는 사유와 존재가 일치한다.

---

1) 본유관념에 관한 데카르트의 이런 견해는 플로티노스와 아우구스티누스의 사상적 전통에 서 있는 것으로 후에 칸트에게서 다시 발견된다. 즉 칸트에게 있어서 오성의 선험적 형식인 "순수오성개념"(카테고리)은 본유관념의 일종이라 할 수 있다.

또한 신은 완전한 존재자이기 때문에 우리를 속이지 않는다. 따라서 만일 우리가 연장을 가진 어떤 것에 관해 명석하고 판명한 표상들을 가진다면 우리는 그 표상들이 참이라고 확신할 수 있을 것이다. 따라서 외부의 세계도 의심의 여지가 없이 확실하다.

7.1.2. 스피노자(1632-1677)

스피노자에 의하면 우주에서 인간의 위치에 관한 지식은 이성의 능력에 의해서만 성취될 수 있다. 이런 점에서 볼 때 그의 견해는 지식의 근본적 원천이 경험과 관찰이라고 믿는 경험론자들과는 크게 달랐다. 스피노자는 합리적 이성을 통해 우주의 본질을 발견할 수 있다고 믿었는데, 이것은 우주가 합리적 질서에 따라 운행되기 때문이다. 우주의 질서는 우연적이지 않다. 우주의 현재 상태는 그런 합리적 질서의 필연적 결과이다. 불완전한 감각적 경험을 통해서는 결코 우주를 정확하게 이해할 수 없다.

a. 형이상학

스피노자는 실체에 관한 데카르트의 견해를 비판함으로써 그의 철학을 시작한다. 실체란 '아래에 서있는 것'(substantia), 즉 모든 사물의 토대를 이루는 존재자를 의미한다. 데카르트는 이 실체를 무한실체(신)와 유한실체(자연과 정신)로 구분한다. 그러나 스피노자에 의하면 실체는 모든 것의 토대로 자기 자신 이외의 어떤 다른 원인도 가지지 않기 때문에 결코 둘일 수 없다. 실체는 플로티노스의 일자(一者)와 같이 하나이어야 한다. 그리고 일자로서의 실체는 자기 이외의 어떤 다른 원인도 가지지 않기 때문에 자연(自然; 스스로 그런 존재자)이기도 하다. 스피노자는 자연으로서의 이 실체를 신과 동일시한다. 따라서 스피노자에게 있어서 실체, 신, 자연은 모두 동일한 개념이다. 그런데 이때 스피노자가 말하는 자연이란 우리가 일상적으로 경험하는 현상으로서의 자연과는 다른 것이다.

'자연'(自然)이란 '스스로(自) 그러함(然)'이다. 스피노자는 자연을 "능산적 자연"(能産的 自然; natura naturans)과 "소산적 자연"(所産的 自然; natura naturata)으로 구분하는데, 이때 전자는 자기 이외의 어떤 다른 원인도 가지지 않는 '자기원인자'(causa sui)를 가리키며, 후자는 인간과의 관계에서 보면 '스스로 그런 것'(自然)이지만 어떤 다른 원인자로부터 기원된 또는 태어난(natus) 자연(nature)이다. 스피노자에게서 신과 동일시되는 자연은 '자기원인자'로서의 "능산적 자연"을 가리킨다. 스피노자는 "능산적 자연"을 신과 동일시하고 소산적 자연을 신에 의해 생산된(태어난) 자연이라고 생각한다. 그러나 신에 관한 그의 이론은 자연이 곧 신이라고 생각하는 '범신론'(pantheism; 汎神論)과는 다르다. 오히려 능산적 자연, 즉 신이 소산적 자연 속에 표현되어 있다고 보는 것이 타당할 것이다. 그렇다면 그의 이론은 '범재신론'(panentheism; 汎在神論) 또는 '만유내재신론'(panentheism; 萬有內在神論)의 일종이라 보아야 할 것이다.

무한실체로서의 신은 사유와 연장이라는 두 속성을 가진다. 그리고 속성은 드러나게 되어 있다. 따라서 무한실체의 두 속성들이 구체적으로 드러난 것이 소산적 자연으로서의 사물과 정신이다. 정신은 무한사유가 구체적으로 드러난 것이며, 현상의 사물들은 무한연장이 구체화된 것이다.

b. 인간론

스피노자는 마음과 몸의 문제, 즉 인간 실존의 정신적 측면과 신체적 측면의 관계성을 설명하는 문제에 대해 흥미로운 주장을 하였다. 이미 언급했듯이 스피노자 철학은 많은 부분에서 데카르트의 견해와 대립된다. 마음과 몸이 완전히 별개의 것이라고 주장하는 데카르트와 달리, 스피노자는 마음과 몸은 동일한 실체의 불가분적인 측면들이라고 주장했다. 마음과 몸은 동일한 실체의 두 측면들이다. 스피노자가 수용하는 이런 견해에 따르면 모든 물리적 사물들은 정신적 측면을 가질 수 있다.

자유의 이념은 스피노자 윤리학의 핵심이다. 그렇지만 그는 우리가 언제나 인과의 사슬에서 자유로울 수 있는 것은 아니라고 생각한다. 우리의 모든 행위와 우주에서 일어나는 모든 일들은 선행하는 원인들에 의해 결정된다. 스피노자에 의하면 인간의 결정은 이전의 결정들과 물리적 사건들에 의해 결정된다. 결정은 지금 즉흥적으로 일어난 것처럼 보이지만 사실은 그렇지 않다. 오직 신만이 진정으로 자유로울 수 있다. 신이 행하는 일들은 선행하는 원인들을 가지지 않는 '자기원인자'(ausa sui)이기 때문이다.

그러므로 인간에게 있어서 인과의 사슬에 매이지 않는 자유는 불가능하다. 그렇지만 인간은 격정의 노예가 되지 않을 수 있는 능력을 가진다. 인간이 자유로울 수 있다는 것은 이와 같이 외적 원인들에 의해 감정적으로 행동하기보다는 오히려 내적 원인들에 의해 행동한다는 의미에서이다. 도덕적 행위는 격정에 사로잡히는 것이 아니라 자발적으로 행동하는 것이다. 격정은 우리를 한 방향으로 몰아세워 절망적인 상태에서 벗어나지 못하게 만드는 폭력이다. 우리는 격정의 노예가 되는 수동성으로부터 벗어나 우리의 행위를 이해할 수 있을 때 자유롭게 된다.

인간이 속박되는 것은 자신이 왜 그런 행동을 하는지 원인을 알지 못하고 오직 외적 원인들에 의해서만 움직이기 때문이다. 그런 사람은 자기가 알지 못하는 힘에 의해 이리저리 굴러다니는 돌과 같다. 인간은 그가 행하는 행위의 원인들을 정확하게 이해할 때에만 격정의 속박에서 벗어나 내적 원인들에 의해 행동할 수 있다. 일단 우리가 감정(emotion)의 원인을 인식하면, 감정은 더 이상 우리를 격정(passion)에 사로잡히게 하지 못한다.

이런 점에서 스피노자의 사상은 일종의 심리요법을 권장한다. 격정으로부터의 자유를 획득하기 위해 우리는 우리 행위의 근본적인 원인들을 이해해야 한다. 행위의 원인들이 이해될 때 그 원인들은 내(재)화된다. 그런 원인들은 이해됨으로써 변형된다. 그러나 그렇게 내재화된 원인들에 의해 일어나는 행위들은 여전히 결정된 상태로 남는다. 따라서 인과적으로 결정된 행위들과 자유는 서로 모순되지 않는다.

인간은 자기 자신과 우주 안에서 자신의 위치를 이해하고자 노력해야 한다. 그것이 지혜로 가는 길이다. 그것은 또한 마음이 보다 높은 단계의 완전을 획득할 때 도달하는 행복으로 가는 길이기도 하다. 스피노자 철학의 핵심은 신에 대한 지성적 사랑이다. 그렇지만 이런 사랑은 우리의 행복에 관심을 갖는 어떤 인격적 신에 대한 사랑은 아니다. 스피노자의 철학에는 전통적인 기독교나 유대교의 신이 자리 잡을 공간이 없다. 스피노자의 신은 비인격적인 신이기 때문이다.

7.1.3. 라이프니츠(1618-1648)

라이프니츠는 데카르트와 스피노자와는 달리 실체는 불가분적이고, 비연장적이며, 비물질적인 단일체이어야 한다고 주장한다. 그는 이 단일체를 '단자', 즉 모나드(monas)라고 불렀다. 세계는 바로 무수히 많은 이 모나드들로 구성되어 있다. 이와 관련하여 라이프니츠는 다음과 같이 말한다. "내가 운동 자체의 메커니즘(기계론)과 법칙들이 가지는 절대적인 근거들을 자세히 관찰했을 때, 나는 놀랍게도 그 근거들을 수학에서 발견하는 것은 불가능하며 따라서 이를 위해서는 형이상학으로 돌아가지 않을 수 없음을 알았다. 그 결과 나는 엔텔레케이아(Entelechien)란 개념에 도달하게 되었다. 드디어 나는 모나드들이 유일한 실체들이며, 물질적 사물들은 단순한 현상들임을 알게 되었다. 물론 이 현상들은 충분한 근거를 가지고 서로 잘 결합되어 있다." 다시 말해, 라이프니츠의 '모나드'는 기계론적인 원자 개념과 아리스토텔레스의 "엔텔레케이아"(entelecheia: 자기 속에 목적을 가지고 있기 때문에 완전한 현실태를 지향하는 힘)란 개념이 결합되어 형성된 개념이다. 따라서 모나드는 원자와 엔텔레케이아의 특성을 모두 포함하는 다음과 같은 4가지 특성들을 가진다.

① 모나드는 '점'과 같아서 연장을 가지지 않는다. 물질이 연장의 속성을 가지는 연속체로 보이는 것은 우리의 감성적 직관에 의해 그렇게 보일 뿐이다. 물질은 단순한 공간적 연장이 아니라 무수한 점의 집합이다.
② 모나드는 '힘'이다. 물질은 점의 집합체이며 이 점은 연장을 가지지 않는 힘이다. 따라서 물질은 힘의 집합체이다.
③ 단자는 영적인 실체이다.
④ 단자는 '개체'이다. 동일한 단자가 두 개 있을 수 없다. 모든 단자들은 자기만의 고유성을 가지기 때문에 서로 섞일 수 없다. 단자들은 절대타자들이다. 단자들은 서로 서로 침투할 수 없는 탄젠트와 같은 점들이다. 동일한 사물이 변하는 것은 그 모나드들의 결합형식이 달라지기 때문이다. 모나드 자체는 결코 변하지 않는다. 라이프니츠는 모나드의 이런 속성에 대해 "창문 없는 모나드"란 표현을 사용한다.

7.2. 영국 경험론

이성의 능력에 의존하여 형이상학을 해명하고자 하는 대륙의 합리론과는 달리 영국의 경험론은 형이상학이 불가능하다고 생각했다. 형이상학은 학문적 탐구의 영역이 아니며, 오직 우리가 경험할 수 있는 것만이 학문적 논의의 대상이라는 것이다. 영국 경험론의 대표적인 철학자들은 로크와 흄이다.

7.2.1. 로크(John Locke,1632-1704)

인간의 의식은 태어날 때 백지상태인가? 아니면 우리는 지식을 갖춘 상태에서 세상에 태어나는가? 로크는 『인간 오성론』(*An essay concerning human understanding*)에서 이런 물음들을 중점적으로 다루었다. 그에 의하면 모든 인식은 감각을 통해 수집된 정보와 함께 시작된다. 이런 견해는 인간의 의식에는 태어날 때부터 이미 어떤 관념들이 형성되어 있다고 생각하는 합리주의와 대조적이다.

로크에 의하면 철학의 과제는 무엇보다도 오성의 능력이 미칠 수 있는 한계를 밝히는 것이다. 다시 말해, 인간의 이성이 모든 영역의 대상들을 모두 인식할 수 있는 것은 아니라는 것이다. 로크는 데카르트와 마찬가지로 철저한 회의에서 출발하지만 세계를 연역적 방법론에 의해 설명될 수 있다고 확신한 데카르트와는 달리 "도대체 그런 인식이 인간의 오성에 의해 가능한가?"라는 물음을 제기했다. 그는 이 물음과 함께 인간 이성의 능력이 가지는 한

계를 지적하고자 했다. 이런 점에서 로크는 비판철학의 선구자라
할 수 있겠다.

이성의 비판적 고찰을 통해 로크는 인간의 이성에는 태어나면
서부터 주어져 있는 본유관념이란 존재하지 않는다고 주장했다.
언제 어디서나 타당하고 모든 것에 타당한 관념이나 개념은 존재
하지 않는다는 것이다. 신에 대한 관념도 경험의 산물이지 본유관
념이 아니라는 것이다. 인간의 이성은 백지(tabula rasa)와 같은데 여
기에 외부의 대상들이 들어와 관념이 형성된다는 것이다. 그렇다
면 관념은 어떻게 형성되는가?

우리가 어떤 대상을 볼 때 우리가 보는 것은 대상 자체가 아니
라 대상에 관한 표상(representation), 즉 관념(idea)이다. 관념은 우리의
머리에 떠오른 그림과 같다. 모든 관념은 일차적으로 직접적인 감
각경험으로부터 온다. 그러나 관념들이 모두 대상에 대한 직접적
인 지각(경험)으로부터 생기는 것은 아니다. 어떤 관념들은 우리가
어떤 것을 추리하거나 기억할 때처럼 반성의 산물이다.

로크에 따르면 모든 관념은 궁극적으로 경험으로부터 온다. 그
래서 우리가 지각하기보다는 오히려 반성할 때조차도 우리가 생
각하는 내용들은 모두 감각으로부터 온다. 세상으로부터 차단되
어 오직 검은색과 흰색에 대한 감각만 가지고 있는 어린이는 주
홍색이나 녹색에 관한 관념을 가지지 못할 것이다. 마찬가지로 굴
이나 파인애플을 먹어보지 못한 어린이는 그것들의 맛을 알지 못
할 것이다.

다양한 관념들은 다양한 방식으로 연합될 수 있다. 일단 우리

가 '주홍색'의 관념과 '외투'의 관념을 가지면 우리는 두 관념들을 결합하여 '주홍색 외투'를 상상할 수 있다. 비록 그런 외투를 한 번도 본 적이 없다 할지라도 말이다.[2] 그러나 복합관념들의 원천인 단순관념들은 모두 오감을 통한 감각에서 비롯된다.

7.2.2. 흄(David Hume, 1711-1776)

흄은 로크의 경험론을 계승하여 더욱 철저하게 발전시켰다. 흄은 경험의 모든 내용들에 대해 "지각"(perception)이란 개념을 사용하는데, 이 개념은 로크의 "관념"과 동일한 개념이다. 지각은 우리가 보고, 느끼고, 기억하고, 상상할 때 일어난다. 흄에게서 그 개념은 오늘날 우리가 생각하는 것보다 훨씬 넓은 의식영역을 의미한다. 그리고 "지각"은 다시 "인상"(impression)과 "관념"(idea)으로 구성된다.

"인상"은 우리가 보고, 느끼고, 사랑하고, 미워하고, 어떤 것을 바라거나 의지할 때 경험하는 지각내용이다. 그런 경험으로서 인상은 관념보다 더 생생하다. 생생하다는 것은 보다 명석하고 보다 상세하다는 의미이다. 관념은 인상의 복사물이다. 관념은 우리가 경험한 내용을 다시 회상하거나 상상할 때 생각된 것이다. 인상은 감각(외적 지각)과 반성(내적 지각)에 의해 주어져 있는 모든 표

---

2) 로크는 주홍색에 대한 관념과 외투에 대한 관념을 "단순관념"이라 하며, '주홍색 외투'를 "복합관념"이라 한다.)

상이며, 관념은 인상이 사라진 뒤에도 기억 또는 사상에 의해 남아있는 표상이다. 따라서 인상은 관념에 선행하며, 모든 관념은 인상에서 유래한다. 그리고 관념은 다시 "단순관념"과 "복합관념"으로 구분된다. 복합관념은 단순관념들의 연합에 의해 형성되는데, 이 연합은 세 가지 법칙에 따라 이루어진다. 1) 유사성과 상이성의 법칙 2) 공간적 시간적 근접성의 법칙 3) 원인과 결과에 의한 인과성의 법칙이 그것이다.

로크에 의하면 인간의 이성은 어떤 본유관념도 가지지 않는다. 흄은 더 나아가 심지어 인과율까지도 절대적 원리가 아니라고 주장하였다. 그에 의하면 일반적으로 원인과 결과의 관계에 있다고 생각되는 두 개의 대상들 사이에는 접근 또는 시간적 연속성의 관계는 존재하지만, 이 두 대상들이 원인과 결과의 관계에 있다고 말할 수는 없다. 두 개의 대상들 사이에 인과관계가 있다고 주장하기 위해서는 두 대상 간에 '필연적 결합'이란 관계가 필수적이다. 그러나 필연적 결합이란 관념은 우리가 아무리 대상에 대한 인상을 분석해도 그 속에는 포함되어 있지 않다. 따라서 인관관계라는 관념은 관찰과 경험의 반복과정에서 형성된 습관에 불과하다.[3] 그러므로 인과관계에 의해 형성된 지식은 엄밀한 의미의

---

3) 한스 요나스에 의하면 빅뱅과 함께 탄생된 물질은 개체성을 가지기 때문에 자기 정체성을 유지하려는 의지를 가지며, 이 의지 - 아리스토텔레스의 '엔텔레케이아' - 에 의해 최초의 혼돈으로부터 우주의 질서가 형성되었다. 빅뱅과 함께 형성된 근원적 물질은 아직 무질서한 혼돈 상태에 있었는데, 이런 혼돈에서 언제나 (또는 아주 오랫동안) 동일한 태도를 취함으로써 자기의 정체성을 유지하는 안정적이고 비교적 지속적인 개체들이 탄생되었을 것이다. 그리고 그들이 취하는 동일한 태도들이 규칙으로 정착되어 인과율이 형성되었을 것이다. 처음에는 그 규칙을 따르지 않는 개체들도 많이 있었을 것이다. 그러나 그런 개체들은 곧 사라지고 일정한 규칙을 따르는 것만 남게 되었을 것이다. 여기서 질서를 따르는 것이 정체성을 유지

지식일 수 없고 가설과 믿음일 뿐이다. 엄밀한 의미에서 인과율이
란 결국 하나의 사건이 일어나면 다른 사건이 뒤이어 일어나는 일
이 지속적으로 반복될 때 첫 번째 사건을 두 번째 사건의 원인이
라고 부르는 것이다. 흄이 "지속적 연합"(constant conjunction)이라 부
르는 것과 원인이 결과에 시간적으로 앞선다는 사실 이외에는 원
인과 결과 사이에 아무런 필연적 연과성도 없다.

7.3. 칸트(Immanuel Kant, 1724-1804)

7.3.1. 철학의 과제

칸트에 의하면 "형이상학적 탐구의 고유한 목표는 신, 자유, 그
리고 영혼불멸이라는 세 이념들이다"(B 395). 그리고 "순수이성 자
신의 피할 수 없는 과제들은 신, 자유, 그리고 영혼불멸이다. 그리
고 그 과제의 해결에 궁극적인 관심을 가지는 학문을 우리는 형
이상학이라 부른다."(B 7) 따라서 칸트의 근본적인 철학적 물음은
"어떻게 형이상학이 학으로서 가능한가?"(B 41)이다. 이 물음에서
우리는 칸트 철학의 과제와 방법론이 무엇인지 알 수 있다. 위의

하는데 더 효과적이라는 적자생존의 법칙이 형성되었다. 만물의 지배적인 원리인 인과율은
바로 이런 적자생존 법칙의 하나라 볼 수 있을 것이다. 그러나 인과율이 우주의 지배적 원리
로서 '우주적 이성'이라 할 수 있기는 하지만 절대적 원리라고 볼 수는 없다. 인과율에 따르
지 않는 개체들이 충분히 많아져 충분한 '무질서'가 형성되면 다른 원리가 새로이 탄생될 수
도 있을 것이기 때문이다. 참조, Hans Jonas, Materie, Geist und Schöpfung, Suhrkampf 1988,
13-16쪽.

물음에서 "형이상학"은 칸트 철학의 과제이며, "학으로서"는 방법론을 가리킨다. 다시 말해, 그의 궁극적 목표는 '형이상학'을 '학적'인 방법론에 근거하여 '재정립'(Neubegründung)하는 것이었다. 재정립한다는 것은 형이상학이 잘못 정립되어 있다는 의미이다.

칸트 당시 독일의 철학은 그 내용에 있어서 라이프니츠-볼프의 합리론이었다. 합리론이란 '나의 이성이 세계에 관해 말하는 것이 진리라는 관점에 입각한 철학이다. 이성에는 선천적으로 갖추어져 있는 근본적인 원리들이 있기 때문에 그 원리로부터 세계를 올바르게 설명할 수 있다는 것이다. 그것도 경험의 도움이 없이 말이다. 합리론에 의하면 경험이 우리의 인식의 기초가 아니고 한계도 아니기 때문에 형이상학, 즉 모든 경험을 초월하는 초감각적인 것에 관한 학문의 가능성에 관해 의심할 아무런 이유도 없다. 그리고 라이프니츠-볼프의 형이상학은 과연 우리의 이성이 경험을 초월하는 존재자에 대한 명석하고 판명하게 인식할 수 있느냐 하는 점을 미리 검토하지 않았기 때문에, 즉 그 근원적 존재자를 무비판적으로 전제하고 그 존재자가 '무엇'이냐 하는 것을 설명하고자 하였기 때문에 그 방법론에 있어서 '독단론'(Dogmatik)이었다. 칸트도 1760년까지는 합리론자인 그의 스승 크눗첸의 영향으로 라이프니츠-볼프 철학의 전통에 서 있었다. 그런데 칸트의 사상에 전환점이 왔다. 형이상학의 가능성에 대해 회의적이었던 로크와 흄의 경험론에 의해 "독단의 선잠"에서 깨어난 것이다. 로크에 의하면 인간의 의식에는 감각을 통해 주어진 것 이외에는 아무것도 없다. 경험(감각을 통한 외적 경험과 자기 반성적인 의식을 통한 내적 경험)이 인식의 원천이자 한계이다. 모든 인식은 경험과 함께 시작된다. 이렇게 철저히 경험론적인 입장에서 볼 때 신, 영혼, 영혼불멸, 자유, 도덕적 가치들, 초감각적인 세계를 해명하고자 하는 기존의 형이상학은 불가능하다. 그러나 칸트는 이런 형이상학적 주제들을 단순히 폐기하지 않고 경험론자들의 주장대로 학적인 방법론을 통해 해명하고자 했다.

기존의 형이상학적 주제들을 학적인 방법론에 근거하여 근원적으로 해명하기 위해 칸트는 도대체 인간의 이성이 그런 주제들을 인식할 수 있는지 먼저 검토해 보아야 한다고 생각했다. 그렇게 검토해 본 후에야 비로소 형이상학이 가능한지, 그리고 우리에 의해 파악된 것이 확실한지 결정할 수 있다는 것이다. 형이상학이 학으로서 가능한지 밝히기 위해서는 먼저 학적 인식의 조건이 무엇인지 살펴보아야 하겠다. 어떤 인식이 학적 가치를 가지려면 그 인식이 ① 새로운 정보를 제공해 주어야 하며, ② 그 정보가 보편적이고 필연적이어야 한다. ①의 조건은 경험에 의해서만 충족될 수 있다. 새로운 정보는 경험을 통해 획득되기 때문이다. 그런데 경험판단은 시간과 공간에 따라 변할 수 있기 때문에 보편성과 필연성이 보장되지 않는다. 그렇다면 ②의 조건은 어떻게 충족될 수 있는가? 주체가 대상과 관계할 때 언제 어디서나 동일하게 적용되는 개념들이 인식주체에 선험적으로 갖추어져 있기 때문에 주체가 동일한 대상을 볼 때는 필연적으로 언제나 동일한 대상으로 인식할 수 있는 것이다. 마치 미리 갖추어져 있는 수도관을 통해 가정으로 들어오는 물은 언제나 동일한 형태로 들어오는 것과 같은 이치이다. 이때 수도관을 통해 들어오는 물은 경험적 내용과 같으며, 미리 갖추어져 있는 관은 인식주체에 선험적으로 갖추어져 있는 형식들(시간과 공간, 그리고 순수오성개념들)이라 할 수 있겠다. 결국 ②의 조건은 인식주체에 선험적으로 갖추어져 있는 선험적 요소에 의해 충족된다. 따라서 '학적 인식'이란 한편에서는 새로운 정보를 제공해 주는 '종합판단'이어야 하며, 다른 한편에서는 보편성과 필연성이 보장되는 '선험적 판단'이어야 한다. 칸트는 이런 학적 인식을 "선험적 종합판단"(Synthetische Urteile a priori)이라 부른다. 형이상학이 학적으로 가능하냐 하는 질문은 결국 형이상학의 문제가 "선험적 종합판단"에 기초하여 가능하냐 하는 물음이다. 그렇다면 이제 중요한 것은 어떻게 선험적 종합판단이 가능한지, 즉 선험적 종합판단의 한계가 어디인지 분석하는 작업이 필요하다.

7.3.2. 방법론

이상에서 보았듯이 칸트의 철학은 형이상학을 학적으로 정초시키고자 하는 목표를 가진다. 그리고 이를 위해 칸트는 먼저 학적 인식의 가능성 또는 그 한계를 명확히 밝히고자 한다. 칸트는 『순수이성비판』에서 순수이성을 분석하여 학적 조건을 충족하는 인식이 어떤 인식인지 밝히고, 그 다음에는 이런 분석에 근거하여 형이상학의 대상들인 신, 영혼, 세계가 학문적으로 가능한지를 밝히고자 한다. 칸트는 이 책에서 단지 새로운 인식론을 제시하는데 그치지 않고 형이상학을 새로이 정립하기 위한 방법론적 기초를 마련하고자 한다. 『순수이성비판』이 칸트의 철학에서 차지하는 위치는 바로 여기에 있다. 그 책의 철학적 위치를 보다 분명히 하기 위해 이 책의 제목에 주목할 필요가 있다.

먼저 '순수이성'이란 무엇인가? 이성이란 인간의 총체적인 인식능력을 가리키며, '순수'란 '경험적 내용에 의존하지 않는' 즉 '모든 경험에 앞서는, 선험적인'이란 의미이다. 칸트는 경험에서 유래한 것을 표현할 때 "a posteriori"란 개념을 사용하고 경험의 근거가 되거나 경험 가능성의 조건으로서 경험에 앞서는 것을 표현할 때 "a priori"란 개념을 사용하는데, '순수'란 바로 이 a priori와 동일한 의미이다. 따라서 '순수이성'이란 선험적인, 즉 모든 경험에 앞서는 인간의 이성능력을 말한다.

다음에 주목할 것은 "비판"이란 개념이다. 비판을 가리키는 독일어 'Kritik'이나 영어의 'Critique'이란 단어가 그리스어 '크리네인'(κρινεῖν: 한계를 정하다)에서 유래했다는 사실에서 알 수 있듯이, 칸트에게 있어서 "비판"은 이성의 가능성과 한계를 확인하는 작업이다. 그러므로 『순수이성비판』은 "책이나 시스템을 비판하는 것이 아니라 이성이 경험에 의존하지 않고 추구하는 모든 인식에 관하여 이성능력 일반을 비판하는 것이며 그와 함께 형이상학 일반의 가능성 또는 불가능성을 결정하는 것이다"(A XII).

7.3.2. 순수이성 비판

『순수이성비판』은 칸트가 형이상학을 학적으로 해명하기 위해

취하는 방법론으로서 쓴 책이다. 이 책에서 칸트는 다음과 같은 물음을 제기하고 그에 대한 답을 시도한다. "어떻게 선험적 종합 판단이 가능한가?" 또는 "어떻게 종합판단이 선험적으로 가능한 가?" 이제 이 물음에서 출발하여 순수이성에 대한 칸트의 분석을 살펴보자.

a. 선험적 감성론

인식이 가능하기 위한 첫째 조건은 무엇인가? 인식이 이루어지기 위해서는 대상과 그 대상을 인식하는 주관과의 만남이 있어야 한다. 이 만남을 경험이라 하자. 그리고 그렇게 경험에 주어지는 대상을 '경험대상'이라 한다. 대상과의 만남, 즉 경험을 위해서는 먼저 대상이 주어져야 한다. 그런데 이때 대상과 주관이 만나 이루어지는 인식은 대상을 만들어 내는 것이 아니라 주어져 있는 대상을 받아들이는 것이다. 그럼 대상은 우리에게 어떻게 주어지는 가? 그리고 그렇게 주어지는 대상은 어떤 종류의 대상인가? 먼저 대상에 관한 칸트의 구분에 주목해 보자. 칸트는 대상의 종류를 "물자체"(Ding an sich: Noumenon)와 "현상"(Phaenomenon)으로 구분한다. 우리에게 주어지는 대상은 물자체가 아니라 현상으로서의 대상이 다. 따라서 칸트에 의하면 우리가 인식할 수 있는 것은 물자체가 아니라 단지 현상뿐이다. 물자체는 인식할 수 없다. 물자체가 감각기관을 촉발할 때 - 자극하여 깨울 때 - 다양한 감각적 인상들(감각적 느낌들)이 형성된다. 인식은 이런 인상들과 함께 시작된다. 대상이 우리에게 감각적 인상으로서 주어지고, 이 감각적 인상과 함께 감각적 경험이 이루어진다. 그러므로 인식은 시간적으로 볼 때 경험과 함께 시작된다. 이런 점에서 그는 철저하게 경험론의 입장에 서있다.

대상은 우리가 감각적으로 지각할 수 있는 방식으로 주어진다. 우리는 이렇게 주어져 있는 것을 현상이라 부르며, 이렇게 현상으로 주어져 있는 대상을 받아들이는 능력을 '감성'(Sinnlichkeit)이라 부른다. 그리고 감성이 대상을 받아들이는 방식을 감성적 직관(직접 봄)이라 한다. 감성적 직관을 통해 대상의 자료들(data)이 수집된다. 그런데 여기서 중요한 것은 감성에 의해 대상의 자료들이 수집되기 위해서는 감성과 대상이 그 구조에 있어서 같아야 한다는 것이다. 같은 것이라야 같은 것과 통할 수 있기 때문이다. 사람들도 끼리끼리 만나듯이 말이다. 그러나 여기서 같다는 것은 그 내용의 동일성이 아니라 '구조의 동일성', 즉 '아날로기아'(analogia)를 말한다.[4] 그렇다면 이 동일한 구조는 구체적으로 무엇인가? 감성에는 선험적으로 갖추어져 있는 형식들이 있으니 시간과 공간이 그것이다. 바로 이 시간과 공간이 감성과 대상을 연결하는 동일한 구조이다.

모든 자료들은 시간과 공간이라는 형식(틀)을 통해서만 인식주

---

4) '아날로기아'라는 헬라어는 원래 '같은 비율'을 의미한다. 같기는 같은데 그 양적인 내용이 아니라 비율에 있어서 같다는 것이다. 예를 들면, '1:2'와 '2:4'는 그 비율에 있어서 같기 때문에 아날로기의 관계에 있다고 할 수 있다. 감성과 대상도 그 내용에 있어서는 전혀 다르지만 시간과 공간이란 형식을 토대로 한다는 점에서는 동일하다. 그 둘이 만날 수 있는 것은 바로 이런 기본적인 틀에 의해 가능하다.

체에 주어질 수 있다. 인식은 주관과 대상의 만남에 있으며, 이 만남은 시간과 공간이라는 감성의 선험적 형식들을 통해 이루어진다. 예를 들어, 여기 하나의 장미꽃이 있다고 하자. 물론 이 꽃은 아직 '장미꽃'으로 인식되기 이전의 막연한 대상이다. 이 막연한 대상은 바로 '지금 여기 있는 이것'이다. 이 막연한 대상은 '지금'이라는 조건과 '여기'라는 조건에 의해 감성적 직관에 주어진다. 대상은 시간과 공간이란 감성의 형식을 통해 다양한 자료들로서 수집된 현상이다. 여기서 잠시 시간과 공간에 관한 칸트의 견해를 살펴보자. 칸트는 1769년에 「공간적 차이의 첫 번째 근거에 관하여」(Von dem ersten Grund des Unterschieds der Gegenden im Raume)라는 논문을 썼는데, 이 논문에서 그는 공간이 절대적 실체를 가지느냐 아니면 단순히 사물들 사이의 관계들을 가리키는 총괄개념이냐 하는 물음에 관한 뉴턴과 라이프니츠 사이의 논쟁에 뛰어들었다. 칸트에 의하면 공간과 시간은 단순히 관계성을 가리키는 개념들이 아니고, 물자체의 가능성의 절대적 조건들도 아니며, 인간이 사물을 직관하는 주관적 형식들이다.

b. 선험적 분석론

인식이 성립되기 위해서는 감각적 자료들이 주어져야 한다. 그러나 감성에 의해 수집된 자료들만으로는 아직 인식이 이루어지지 않는다. 그 자료들은 아직 정돈되지 않은 잡다한 자료들이다. 인식을 위해 중요한 것은 그 자료들을 정돈하는 것이다. 인식은 자료정리이다. 그런데 어떤 자료를 정리할 때는 원칙이 있다. 정리한다는 것은 구분하는 것이며, 구분하기 위해서는 같은 것은 같은 것끼리 다른 것은 다른 것끼리 분류하는 것이 중요하다. 논리학에서는 이런 원칙들을 '동일률'과 '모순율'이라 한다. 그런데 이때 중요한 것은 분류될 것들이 서로 섞이지 않는 것이며, 그러기 위해서는 미리 준비된 그릇이 있어야 한다. 우리가 집안을 정리할 때 옷은 옷장에 넣고 신발은 신발장에 넣고 책은 책장에 넣는 것과 마찬가지이다.

인간의 인식능력 중에서 수집된 자료들을 정리하는 작업을 하는 능력이 있다. 그 능력은 동일률과 모순율에 의존해 어떤 것을 '다른 것과 다른 것'으로 분류하는 능력, 즉 판단력이다. 우리는 그런 능력을 가진 기능을 "오성"(Verstand; Understand)이라 부른다. 그리고 이 오성은 감성에 의해 수집된 자료들을 정리하기 이전에 이미 선험적으로 그의 고유한 개념들을 가지고 있다. 그 개념들은 경험적 요소를 전혀 가지고 있지 않기 때문에 순수하다. 우리는 그 개념들을 "순수오성개념" 또는 "범주"(카테고리)라 한다. 범주는 경험적 내용이 전혀 없는 순수한 형식이다. 인식은 감성에 의해 수집된 자료들이 오성에 선험적으로 갖추어져 있는 이 형식들에 따라 분류됨으로써 성립한다. 분류, 즉 감각 자료들을 순수오성개념에 따라 정돈하는 것은 판단이기 때문에 이 판단에서 모든 내용들을 배제하면 순수한 판단의 형식들이 남는다. 칸트는 이 판단형식들로부터 12개의 순수오성 개념들을 도출한다.

오성에 미리 갖추어져 있는 형식들이 감각자료들에 적용됨으로써 인식이 성립한다. 그런데 여기서 문제가 발생한다. 어떻게 경험에서 유래하지 않은 순수오성개념들이 경험적 내용들과 결합될 수 있는가? 먼저 순수오성개념들이 감성화되어야 한다. 감성화된 후에야 비로소 그 개념들이 감각 자료들에 적용될 수 있다. 그러므로 '감성화된 개념'이 중요하다. 감성화된다는 것은 무엇을 의미하는가? 감성의 순수한 형식은 시간이다. 따라서 '감성화된다'는 것은 '시간적으로 규정된다'는 것이다. 순수오성개념이 감성화된다는 것은 그 개념이 '시간화된다'(Verzeitlichung)는 것을 의미한다. 칸트는 이렇게 순수오성 개념이 시간적으로 규정된 것을 순수오성개념의 "시간규정"(Zeitbestimmung) 또는 "도식"(Schema)이라 한다. 순수오성개념들이 감각 자료들에 적용(결합)되어 인식이 성립하기 위해서는 순수오성개념들이 도식화되어야 한다. 그리고 이런 도식화는 시간의식인 "선험적 구상력(상상력)"(transzendentale Einbildungskraft)의 작용이다.[5] 칸트는 범주표에 따라 그에 상응하는 도식들을 다음과 같이 제시한다. "크기(양)의 순수 도식은 수이다"(B 182). "실체의 도식은 시간 속에 실제로 있는 것의 지속성이다"(B 183). "원인의 도식은 임의의 어떤 것이 전제될 때는 언제나 어떤 다른 것이 수반되는 그런 실제적인 사물이다"(B 183). "상호작용의 도식은 하나의 보편적인 규칙에 따라 어떤 하나의 규정이 다른 것의 규정과 동시에 있음이다"(B 183f.). "실제성의 도식은 어떤 특정한 시간에

---

5) 칸트는 구상력(상상력)을 "생산적 구상력"(produktive Einbildungskraft)과 "선험적 구상력"(transzendentale Einbildungskraft)의 두 종류로 나눈다. 생산적 구상력이란 대상이 없어도 그 대상을 표상할 수 있는 능력이며, 선험적 구상력은 생산적 구상력의 기초가 되는 순수한 시간의식이다.

거기 있음이다. 필연성의 도식은 어떤 대상이 모든 시간에 거기 있음이다"(B 184). 순수오성개념이 도식화되어 감성의 자료들에 적용될 때 경험적 종합으로서의 "선험적 종합판단", 즉 인식이 이루어진다.

지금까지의 논의를 정리하면 다음과 같다.

1) 모든 인식은 사유와 직관의 종합(Synthesis)이다. 우리는 순수오성개념들 내에서 사유한다. 우리의 직관은 시간이란 형식 아래 있는 감성이다.
2) 순수오성개념들은 감각적 직관의 내용에만 관계할 수 있다. 그 개념들은 초월적인 대상들에는 적용될 수 없다. 인식은 철저히 경험의 영역에 한정된다.
3) 선험적 종합판단, 즉 사유와 직관의 종합(Synthesis)은 선험적 도식론을 매개로 하여 가능하다. 그리고 종합은 - 그것이 경험적 종합이든 순수종합이든 - 통일성의 원리를 전제한다. 그러므로 이제 모든 인식의 종합하는 사건을 주도적으로 가능하게 하는 최후의 최고 통일성에 대한 물음이 제기된다. 칸트는 이런 최고의 통일성을 "선험적(초월론적) 통각"(Transzendentale Apperzeption)이라 부른다. 선험적 통각이란 무엇인가?

모든 인식(종합)을 보편적이고 필연적으로 가능하게 하는 최후의 원리는 무엇인가? 내가 어떤 대상을 인식할 때 그 인식의 일관성을 보증해 주는 것은 무엇인가? 동일한 대상이 어제는 책상으로 인식되었다가 오늘은 의자로 인식된다면 그 인식은 통일성이 결여된 것이다. 모든 종합이 일관적일 수 있는 것은 그것이 통일적인 자기의식, 즉 "나는 생각한다"에 의해 주도되기 때문이다. 칸트는 이런 자기의식을 "선험적(초월론적) 통각"이라 부른다. 칸트의 이 개념은 원래 라이프니츠가 처음 사용한 것으로 '지각'(대상의식)과 구별되는 '자기의식'(Selbstbewusstsein)을 의미한다.[6]

칸트에 의하면 모든 인식에 통일성을 부여하는 최후의 근거인 자기의식, 즉 '자아'는 세 종류로 구분될 수 있다. ①경험적 자아, 또는 "경험적 통각"(B 132)은 경험적 종합으로서 모든 인식을 형성하는 통일적 주체이다. 다시 말해, 그것은 외적 감각을 통해 수집된 다양한 감각적 자료들을 종합하여 분명한 표상(개념)을 형성하는 오성의 인식능력이다. 그리고 이런 경험적 종합을 가능하게 하는 ②선험적 자아는 순수한 '나는 생각한다'이다. 이것은 "자기의식의 선험적 통일성"(B 132)으로서 모든 경험의 조건이다. 그것은 오성과 이성을 포함한 의식일반의 능력으로, 오성에 의한 개념과 이성의 추리에 보편적이고 필연적인 통일성을 부여하는 근원이다.

---

6) '통각'(統覺)을 의미하는 독일어 'Apperzeption'과 영어의 'apperception'은 라틴어 'apperceptio'에서 유래한 개념이다. 그리고 라틴어 'apperceptio'의 동사형인 'appercipere'는 'ad'(~에 더하여, 향하여, 가까이로)와 'percipere'(지각하다)의 합성어로 원래 '~에 더하여 지각하다'는 뜻이다. 따라서 통각은 어원적으로 볼 때 ①'새로운 경험이 과거의 경험에 동화되어 새로운 전체가 형성되는 심리적 과정'과 ②'마음이 자신의 내적 상태를 반성적으로 지각함'을 의미한다고 볼 수 있다. 칸트의 관점에서 보면 ①의 의미에서의 통각은 경험적 자아의 활동에 해당된다고 볼 수 있으며, 자기의식으로서의 선험적 통각은 ②의 정의에 해당된다고 볼 수 있을 것이다. 그리고 이런 자기의식은 자신의 인지과정을 인지하는 능력인 '메타인지'(metacognition)라 볼 수 있겠다.

선험적 자아를 통해서 나는 모든 인식내용들을 자아의 통일성과 관련시킬 수 있으며, 그것들을 "나의 표상들"로 경험할 수 있으며, "다양한 표상들을 하나의 의식에서 결합할 수 있다."(B 133) 보다 구체적으로 말하면, 인식에 통일성을 부여하는 원리들은 감각적 직관에서는 시간과 공간이며, 오성의 사유에서는 최후의 통일성을 부여해 주는 선험적 통각이다. 직관과 사유의 종합하는 기능들은 바로 이 선험적 통각에 근거한다. 그러나 선험적 통각은 순수한 논리적 개념이다. 칸트는 이 논리적 개념과 구별하여 ③형이상학적인 자아라는 또 다른 통일성의 원리를 주장한다. 순수한 논리적 개념으로서의 선험적 통각과는 달리 이 형이상학적 자아는 영적 또는 정신적 실체이다. 그러나 이 정신적 실체는 오성에 의해 인식될 수는 없고 단지 건전한 인식을 위해 "순수이성의 이념"으로서 전제될 뿐이다.

c. 선험적 변증론 - 형이상학의 가능성에 관하여

칸트의 목표는 어떻게 형이상학이 학으로서 가능한지 밝히는 것이다. 그리고 이때 칸트의 주된 관심사는 존재일반을 다루는 '일반 형이상학'(metaphysica generalis)이 아니라 신, 영혼, 세계의 문제를 다루는 '특수 형이상학'(metaphysica specialis)이다.[7] 앞에서 우리는

---

7) 형이상학을 '일반 형이상학'과 '특수 형이상학'으로 구분한 사람은 크리스티안 볼프이다. 일반 형이상학은 존재자로서의 존재자를 대상으로 하는 존재론에 해당되며, 특수 형이상학은 철학을 신, 자연, 인간이란 특수한 형이상학적 실체들을 탐구의 대상으로 한다. 그리고 특수 형이상학의 대상을 이렇게 셋으로 구분한 것은 철학의 대상을 신, 자연, 인간으로 구분한 프

경험적 대상에 대한 학적 인식이 어떻게 이루어지는지 살펴보았다. 그렇다면 신, 영혼, 세계는 이런 학적 인식과 관련하여 어떻게 해명될 수 있는가? 이런 형이상학적 주제들은 오성에 의한 학적 인식을 토대로 해서 해명될 수 있다. 그렇지 않으면 형이상학은 독단론이 될 수밖에 없다. 앞에서 제시된 인식론은 궁극적으로 형이상학의 해명을 위한 준비단계이다. 앞에서 우리는 오성에 의한 개념형성에 관해 살펴보았다. 그런데 인간의 경험은 하나의 개념형성에만 국한되지 않는다. 인간의 인식능력에는 여러 개념들을 종합하여 직접 경험하지 않은 하나의 새로운 개념을 추리하는 능력이 있다. 개념화 능력이 오성이라면 이렇게 추리하는 능력은 이성(이론이성)의 능력에 속한다. 칸트는 이성의 추리하는 능력에 근거하여 형이상학의 문제들을 해명한다.

오성에 의해 개별적 대상이 하나의 개념으로서 인식되며, 이성의 추리에 의해 오성의 건전한 인식을 가능케 하는 최후의 통일성이 "이념"으로서 확보될 수 있다. 오성은 대상이 주어질 때에 그 대상을 인식하는 능력인데, 이성은 주어진 것을 토대로 하여 결론을 이끌어 내는 추리능력이다. 형이상학(특수 형이상학)의 대상들이 근원적으로 해명될 수 있는 것은 바로 이성의 이런 추리능력에 의해서이다. 오성이 순수오성개념들을 적용하는 능력이라면 이성은 오성에 의한 인식이 통일적으로 이루어질 수 있게 해주는 형이상학적

란시스 베이컨과 실체를 무한실체(신)와 유한실체로 구분하고 유한실체를 다시 물체와 사유하는 실체로 구분한 데카르트의 구분에 기초한다.

실체들을 통찰(추리)할 수 있는 능력이다. 이성에 의해 이렇게 통찰된 형이상학적 대상들은 오성에 의해 형성된 대상의 개념과는 달리 "순수이성의 이념들"이다. 그 이념들은 학문적 판단을 통해 형성된 개념들이 아니라 그 개념들의 통일성을 위한 전제로서 요청되는 이념들이다.

이제 오성과 이성의 구분에 근거하여 형이상학의 가능성에 관해 살펴보자. 칸트에 의하면 형이상학의 대상들에 대한 학적 인식은 불가능하다. 형이상학의 대상들은 감각적 경험을 통해 자료로서 주어지지 않기 때문이다. 그러나 칸트는 형이상학의 가능성 자체를 부정하지 않는다. 단지 형이상학의 대상들은 오성에 의해 개념화되는 방식으로는 파악될 수 없다는 것이다. 오성은 대상의 개념화에 머물지만 이성은 더 나아가 그 개념화 작용의 절대적 조건들을 찾아내고자 하는 본성을 가진다. 칸트는 순수이성의 이런 본성을 "인간 이성의 자연본성"(B 22)이라 부른다. 개념은 통일성을 가져야 하는데 그 통일성을 위한 최후의 절대적인 조건들은 무엇인가? 먼저 생각하는 주체가 통일적인 주체이어야 한다. 그 주체가 영적인 분열 상태에 있다면 통일적인 인식은 불가능할 것이다. 칸트는 주체의 통일성을 보장해 주는 실체를 "영혼"이라 한다. 다음에는 대상이 통일적이어야 한다. 만일 대상이 지금은 책상이었다고 조금 후에는 의자가 된다면 통일적인 인식은 불가능할 것이다. 칸트에 의하면 대상의 통일성을 보증해 주는 실체는 "세계"이다. 마지막으로 주체와 대상 즉 모든 존재자들의 통일성을 보증해 주는 실체가 있어야 하는데 그 실체가 바로 "신"이다. 요약하면, 영혼, 세계, 신은 개념의 통일성을 보증해주는 최후의 절대적인 조건들이다. 그러나 형이상학적인 이 실체들은 개념들이 아니라 이성에 의해 추론된 "순수이성의 이념들"이다. 그리고 이 이념들은 순수오성개념들처럼 대상을 구성하는(konstitutiv) 기능을 하는 것이 아니라 대상에 대한 인식이 통일적이 되도록 조정하는 규제적(regulativ) 기능을 가진다. 순수오성개념들이 '사실규정'인데 반해, 순수이성의 이념들은 '당위성 규정'이다. 이 이념들은 인식의 조건들일 뿐 아니라 행위의 조건들이기도 하며 따라서 존재의 조건들이기도 하다. 형이상학은 순수이성의 이념들에 의해 가능하다. 형이상학은 학적으로는 불가능하지만, 학적 인식의 토대로서는 가능해야 한다.

d. 순수이성비판 서문

다음의 글은 순수이성의 비판을 통한 형이상학 재정립과 관련하여 칸트가 『순수이성비판』 서문에서 제시하는 내용을 인용한 것이다.

- 순수이성의 일반적 과제 (B 19) -

많은 연구들을 단 하나의 과제를 중심으로 정리할 수 있다면 그것은 이미 대단한 성과이다. 우리의 고유한 과업을 자세히 규정함으로써 그 과업이 용이해질 뿐만 아니라 그 과업을 검토하고자 하는 모든 다른 사람들에 우리가 우리의 계획을 위해 최선을 다 했는지 판단할 수 있게 해주기 때문이다. 순수이성의 고유한 과제는 '어떻게 선험적 종합판단이 가능한가?'라는 물음에 요약되어 있다.

지금까지 형이상학이 불확실성과 모순에 사로잡혀 거기서 헤어나지 못한 것은 우리가 형이상학의 이런 과제에 관심을 가지지 못했기 때문이며, 심지어는 분석판단과 종합판단의 차이조차도 미처 고려하지 못했기 때문일 것이다. 이제 형이상학의 성패는 이러한 과제의 해결에 달려있다. 아니면 그런 과제가 해명될 수 있는 가능성이 사실상 전혀 없음을 충분히 입증하는데 달려있다. 모든 철학자들 가운데 이런 과제에 가장 근접하기는 했지만 그 과제를 계속해서 충분하고도 보편적으로 사유하지 못하고 단지 결과를 그 원인과 결합시키는 종합명제(인과율)에 머물렀던 데이비드 흄은 그런 명제가 선험적으로 전혀 불가능하다는 것을 밝힐 수 있다고 믿었다. 그에 의하면 우리가 형이상학이라 부르는 모든 것은 단순히 경험에서 획득되었지만 습관에 의해 필연적이라고 간주되어 온 것을 이성적 통찰이라고 착각하는 망상으로 끝날 것이라는 것이다. 그러나 만일 그가 우리의 과제를 그의 보편성에서 파악했다면 그는 결코 순수한 철학을 파괴하는 그런 주장을 하지 않았을 것이다. 그의 주장에 따르면 순수수학도 불가능할 것이기 때문이다. 순수수학에는 분명 선험적 종합명제들이 포함되어 있는데, 그런 명제들의 주장에 대해서는 뛰어난 지성을 가진 흄도 당연히 이의를 제기하지 않았을 것이기 때문이다.(B 20)

선험적 종합판단의 가능성에 대한 문제가 해결되면 대상들에 대한 선험적인 이론적 인식을 내포하는 모든 학문들을 근거지우고 수행하는데 있어서 순수한 이성사용의 가능성도 함께 해결된다. 즉 다음과 같은 물음들에 대한 대답이 주어진다는 것이다.

어떻게 순수 수학이 가능한가?
어떻게 순수 자연과학이 가능한가? (B 21)

이제 이런 학문들에 관해서는 그런 학문들이 실제로 주어져 있기 때문에 어떻게 그것들이 가능한지 당연히 물음이 제기될 수 있다. 그런 학문들이 가능해야 한다는 것은 그 학문들의 사실성 (Wirklichkeit)을 통해 입증되기 때문이다.[8] 그러나 형이상학의 경우는 지금까지 형이상학이 걸어온 잘못된 과정 때문에 - 그리고 우리는 형이상학의 본질적 목적에 관해 지금까지 제시된 어떤 주장으로부터도 형이상학이 현실적이라고 말할 수 없기 때문에 - 우리가 그 가능성을 의심하는 것은 당연하다.

그러나 이제 이런 유의 인식도 어떤 의미에서는 (실제로) 주어져 있는 것으로 생각될 수 있다. 그리고 형이상학은 비록 학문으로서는 아니지만 '자연적 토대'(metaphysica naturalis)로서는 실제적이

---

8) 순수자연과학에 관해서는 그 사실성을 여전히 의심하는 사람들이 많이 있다. 그렇지만 우리가 질량불변의 법칙, 관성의 법칙, 작용과 반작용의 동일성의 법칙과 같이 본래적 의미의 (경험적인) 물리학의 첫 부분에 나타나는 몇 가지 명제들을 검증해 보기만 하면 우리는 곧 그 명제들이 고유한 학문으로서 독자적 영역을 확보하는 순수물리학(또는 합리적 물리학)의 기초가 된다고 확신하게 된다.

다. 왜냐하면 인간의 이성은 단순히 지식을 쌓으려는 조바심 때문이 아니라 자신의 고유한 요구에 의해 이성의 어떤 경험적 사용과 그런 사용에서 획득된 원리들을 통해 대답될 수 없는 그런 물음들에 대해서까지도 대답을 시도하기 때문이며, 모든 사람들 속에는 이성이 그들 내부에서 사변에까지 확장되자마자 곧 모종의 형이상학이 언제나 실제로 존재했기 때문이며, 그런 형이상학은 언제나 그렇게 존재할 것이기 때문이다. 이제 이에 관해서도 다음과 같은 물음이 제기된다.

어떻게 형이상학이 자연적 토대로서 가능한가? (B 22)

다시 말하면, 순수이성이 제기하고 이성 자신의 고유한 필요에 의해 순수이성이 제기할 수 있는 만큼 그렇게 잘 대답을 시도하는 물음들이 어떻게 보편적 인간이성의 자연본성으로부터 발생하는가?

그러나 세계는 시초를 가지는가 아니면 시작을 알 수 없는 영원 전부터 있었는가 하는 자연적 물음들에 대답하려는 지금까지의 모든 시도들은 언제나 피할 수 없는 모순에 부딪히기 때문에 우리는 형이상학을 지향하는 단순한 자연적 토대 즉 순수한 이성능력 자체로는 만족할 수 없다. 비록 이성능력 자체로부터 언제나 모종의 형이상학이 성장하기는 하지만 말이다. 그와 함께(형이상학을 지향하는 자연적 토대와 함께) 대상들을 알 수 있느냐 아니면 알 수 없느냐 하는 점 즉 이성이 묻는 대상들에 관해서 또는 어떤 것을 판단하는 이성의 능력과 무능력에 관해 확실한 결정이 이루어져야 한다. 우리의 이성의 능력을 확실하게 확장하든가 아니면 이성의 분명한 한계를 정하든가 해야 한다. 위에서 제시된 보편적 과제로부터 흘러나오는 이 물음은 "어떻게 형이상학이 학으로서 가능한가?" 하는 물음이다.

그러므로 이성비판은 결국 필연적으로 학문에 이른다. 반대로 이성의 무비판적인 독단적 사용은 근거 없는 주장들에 이르며 – 우리는 그런 주장들과 똑같이 타당해 보이는 그럴듯한 반대주장들을 제기할 수 있다 – 그 결과 회의주의에 이른다.

이런 학문은 아주 놀라운 것일 수도 없다. 왜냐하면 그 학문은 이성의 무한히 다양한 대상들을 다루는 것이 아니라 단순히 자기 자신과 관계할 뿐이며, 전적으로 자기 자신으로부터 생성된 과제이자 그 학문과 다른 사물의 본성을 통해서가 아니라 그 학문 자신의 고유한 본성을 통해 부과된 과제와 관계하기 때문이다. 학문이 경험에서 그에게 주어질 수 있는 대상들을 고려하여 그 자신의 능력을 미리 알았다면 모든 경험의 한계에 관해 시도된 그 학문의 사용 범위와 한계를 완전하고 확실하게 규정하는 것이 쉽게 될 것이다.(B 23)

따라서 우리는 하나의 형이상학을 독단적으로 수립하려는 지금까지의 모든 시도를 성공하지 못한 것으로 간주할 수 있고 또 그렇게 간주해야 한다. 이런 저런 형이상학적 시도에서 분석적인 것은 즉 우리의 이성에 선천적으로 내재하는 개념들을 단순히 분해하는 것은 목적이 아니라 단지 그의 선험적 인식을 종합적으로 확장하는 본래적인 형이상학을 위한 준비단계에 불과하며 따라서 본래적 형이상학에 도달하려는 이런 목적에는 도움이 되지 않는다. 왜냐하면 그것은 단지 이 개념의 내용이 무엇인지 보여줄 뿐, 우리가 어떻게 선험적으로 그런 개념들에 도달하여 모든 인식일반의 대상들을 고려하여 그런 개념들을 유효하게 사용할 수 있는지에 대해서는 아무것도 말해주지 않기 때문이다.[9] 게다가 이런 모든 요구들을 포기하는 것은 아주 미약하기는 하지만 (형이상학의) 자기부정에 속하기도 한다.(형이상학이 마땅히 다루었어야 하는 선험 철학적 요구들을 포기한다는 것은 형이상학이 그의 본래적 지위를 포기하는 것과 같다: H.C. Oh) 부정할 수 없고 독단적 연구에서도 피할 수 없는 이성의 자기모순들 때문에 지금까지의 모든 형이상학은 이미 오래 전에 그 권위를 상실했기 때문이다. 내적 어려움과 외적 저항에도 불구하고 인간의 이성에 절대적으로 중요한 하나의 학문을 – 사람들이 그 학문에서 자라나온 가지를 잘라낼 수는 있어도 그 학문의 뿌리를 뽑아낼 수는 없는 그런 학문 – 지금까지와는 전혀 다른 탐구방식을 통해 드디어 무성하고 풍성하게 자랄 수 있도록 해주기 위해서는 더 많은 인내가 필요할 것이다.(B 24)

---

9) 칸트가 여기서 본래적 의미의 형이상학이라 규정하는 것은 선험철학을 의미한다. 기존의 합리론자들은 본유관념을 분석하여 형이상학의 내용에 관해 이러저러하게 이야기했을 뿐 우리가 도대체 그런 개념들에 도달할 수 있는지 그리고 도달할 수 있다면 어떻게 도달할 수 있는지를 다루는 선험철학에 관해서는 전혀 말하지 않았다. 선험철학을 통해서만 형이상학 특히 특수 형이상학(metaphysica specialis)에서 다루는 대상들인 신, 세계, 영혼 등의 개념에 어떻게 도달할 수 있으며 또 그런 대상을 학적으로 다룰 수 있는지 알 수 있다. 미리 말하자면, 칸트는 그런 개념들은 학적 탐구의 대상이 아니라 학적 탐구가 건전하고 타당하게 진행되기 위한 이념으로서, 즉 인식주체와 인식대상의 통일성을 보장해주는 이념으로서 전제되어야 한다고 주장한다.

7.3.3. 실천이성 비판

인간은 인식하는 존재자인 동시에 행동하는 존재자이기도 하다. 위에서 우리는 경험은 언제나 개별적이고 우연적인 것에 관계하기 때문에 경험을 통해서는 보편적이고 필연적인 법칙이 도출될 수 없음을 살펴보았다. 보편성과 필연성의 문제는 실천적 행위의 영역에서도 다시 대두된다. 도덕적 법칙들은 보편적이고 필연적이어서 모든 사람들과 모든 행위들에 대하여 타당한 것이어야 한다. 그런데 이런 보편적이고 필연적인 법칙들은 결코 경험으로부터 도출될 수 없다. 그 법칙들은 선험적으로 타당해야 한다. 칸트는 이와 관련된 문제들을 『실천이성 비판』에서 다루는데, 이 책은 윤리학의 기초를 제공할 뿐만 아니라 형이상학을 해명하고자 하는 그의 철학적 과제를 해결하기 위한 것이기도 한다.

a. 윤리학의 기초로서의 실천이성의 근본 법칙

나는 무엇을 해야 할 것인가? 이 물음은 윤리학의 기본적인 물음이다. 칸트는 이 물음에 대한 대답으로 다음과 같은 두 가지 '윤리적 정언명령'을 모든 행위의 근본법칙으로 제시한다.

1) 첫 번째 정언명령은 '선의지에 따라 자율적으로 행동하라'는 내용으로 다음과 같다. "당신의 의지의 원칙(Maxime)이 언제

나 당신의 의지의 원칙일 뿐만 아니라 동시에 보편적 입법의 원리(Prinzip)로서도 타당할 수 있도록 그렇게 행동하십시오."(KpV A 54).¹⁰⁾ 이 명령은 우리가 어떻게 행동해야 할 것인가에 대해 지침을 제공하는 근본규정이다. 이 규정에서 "의지의 원칙"은 주관적인 행동기준이며, "입법의 원리"는 객관적 기준이라 볼 수 있겠다. 그렇다면 이 명령의 근본 취지는 '내가 원하는 것이 다른 사람도 원하는 것이 되도록 하라'는 황금률과 같다고 할 수 있겠다. 이 명령에서 중요한 것이 무엇인지 보다 구체적으로 살펴보자.

먼저 그 명령은 우리의 행위가 자율적이어야 함을 강조한다. 우리는 어떻게 행동해야 하며, 우리의 의지는 무엇에 의해 규정되어야 하는가? 두 가지 가능성이 있다. ① 우리의 의지는 우리 안에 있는 법칙, 즉 우리의 이성이 가리키는 법칙에 따라 규정되든가, ② 아니면 우리 밖에 있는 어떤 것에 의해 규정될 수 있다. 전자의 경우는 이성이 그의 법칙을 스스로 부여해주기 때문에 자율적이라 할 수 있으며, 후자의 경우는 우리의 의지가 낯선 법칙에 의해 규정되기 때문에 타율적이다. "의지의 자율성(Autonomie)은 모든 도덕적 법칙과 그 법칙에 따른 의무의 유일한 원리이다. 반대로 타의에 의해 지배되는 타율성(Heteronomie)은 어떤 의무의 근거도 되지 못하며 오히려 의무의 원리에 대립되고 자율적 의지에 기초한 도덕에 대립된다. 도덕의 유일한 원리는 본질적으로 법칙의 모든 내

---

10) 요나스(Hans Jonas)는 『책임의 원리』(Das Prinzip Verantwortung)란 책에서 칸트의 '윤리적 정언명령'에 기초하여 책임 있는 인간의 근본적인 윤리적 원리를 다음과 같이 제시한다. "당신의 행위가 이 땅에서 진정한 인간의 삶이 영속적으로 지속되는데 기여하도록 그렇게 행동하십시오." 우리는 그의 이런 요구를 '생태학적 명령'이라 부를 수 있을 것이다.

용(즉 욕망의 대상)에 의존하지 않으며 동시에 단순한 보편적인 입법의 형식을 통한 타의의 규정에도 의존하지 않기 때문이다. 그러나 도덕적 원리의 독자성은 부정적인 의미에서의 자유이지만 순수하고 독자적인 실천이성의 고유한 입법은 긍정적인 오성에서의 자유이다. 그러므로 도덕적 법칙은 바로 순수한 실천이성의 자율성이다."(KpV A 58f.) 따라서 자율성이란 ① 부정적인 의미에서 우리의 행위가 어떠한 경험적인 조건들이나 활동근거들에도 의지하지 않고 외적인 입법의 강요에도 의존하지 않는 자유를 의미한다. 단순한 타율성은 도덕적 의무를 근거지울 수 없고 단지 그 근거를 전제할 수 있을 뿐이기 때문이다. 한편 자율성은 ② 긍정적인 의미에서 오직 자기 자신으로부터 자기 자신을 통해서만 스스로를 규제할 수 있는 순수한 실천이성의 자기입법이다. 그리고 '자기 자신으로부터 자기 자신을 통해서만 스스로를 규제하는 것'은 순수 선의지에 따라야 한다. 자율적이란 선의지의 법칙에 따라 움직이는 것이며, 이런 행위만이 선한 행위이다. "이 세상 어디에서도, 그리고 이 세상 밖의 어디에서도 순수한 선의지 이외에는 무제약적으로 선하다고 간주될 수 있는 것은 아무것도 없다."(『도덕 형이상학을 위한 기초』, 249)

칸트에 의하면 올바른 행위에 관한 가르침으로서 기존의 윤리학은 우리의 의지를 규정하는 근거를 우리 자신 밖에서 찾는 오류를 범했다. 그 윤리학은 행복이라든가 완전함 등과 같은 최고의 선을 제시하고 어떻게 거기에 도달할 수 있는가를 가르친다. 그런 행동규칙은 타율적이다. 그것은 결코 보편적이고 필연적인 행위의 법칙일 수 없다.

지금까지의 논의를 종합해 볼 때, 위의 명령은 우리의 모든 행위가 한편에서는 자율적이어야 하며, 다른 한편에서는 순수한 선의지에 따라야 함을 강조하고 있다. 따라서 그 명령은 '순수 선의지에 따라 자율적으로 행동하라'는 명제로 요약될 수 있겠다.

2) 칸트가 인간의 행위와 관련하여 제시하는 두 번째 정언명령은 모든 사람을 목적 자체로 대하라는 것이다. "인간은 그리고 모든 이성적인 존재자는 단순히 어떤 임의의 목적을 위한 수단으로서가 아니라 목적 자체로서 존재한다. (…) 인간은 언제나 동시에 목적으로서 간주되어야 한다"(IV 428). 이성은 다른 사람들도 인격으로서 동등한 가치를 가진다는 것을 강조한다. 이와 관련해 칸트는 다음과 같이 그 이유를 제시한다. "도덕법칙은 거룩하다(신성하다). 물론 인간은 결코 거룩하지 않다. 그러나 그의 인격에 들어있는 인간성은 그에게 거룩함에 틀림없다. 모든 피조물에서 모든것은 … 단순한 도구로 사용될 수 있다. 인간만이 그리고 그와 함께 모든 이성적인 피조물은 목적 자체이다. 말하자면, 인간은 거룩한 도덕법칙의 주체이다."(KpV A 155f.)

위에서 우리는 칸트가 제시하는 두 종류의 윤리적 정언명령에 관해 살펴보았다. 칸트에 의하면 이 정언명령들에서 제시된 도덕법칙 자체만이 모든 도덕적 행위의 동기이다. 다시 말해, 도덕적 행위에서 중요한 것은 외적으로 드러난 결과가 아니라 내적인 자세라는 것이다. 따라서 칸트는 외적으로 드러난 결과를 중요시하는 합법성(Legalität)과 내적 자세를 중요시하는 도덕성(Moralität)을 구분한다. "의지의 규정이 비록 도덕적 법칙에 따라 일어난다 할지라도 그 규정이 법칙 때문이 아니라 감각을 매개로 해서 - 그 감각이 어떤 종류의 것이건 간에 - 일어난다면 그 행위는 합법성을 가지기는 하지만 도덕성을 가지지 못한다,"(A 126f.). 그런 행위는 외적인 윤리적 규정에서 볼 때는 선하지만 윤리의 정신의 관점에서 보면 선하지 않다. 진정한 도덕성이 도달되는 것은 그 법칙이 오직 그 법칙 자체만을 위하여 충족될 때에만, 즉 행위가 단지 의무 때문에 행해지고 법칙에 대한 존중 때문에 행해지는 것이지 그 행위를 야기하는 것에 대한 사랑과 경향성 때문에 행해지지 않을 때뿐이다. 어떤 사람이 다른 사람을 돕는 것이 그 사람을 좋아해서 그렇게 한다든가, 천성이 착해서 그렇게 한다든가, 보상을 바라서 그렇게 한다든가, 위협 때문에 그렇게 한다든가, 사회가 그것을 요구하기 때문에 그렇게 한다면 그는 외적으로는 도덕법칙이 요구하는 것을 행하며 따라서 그의 행위는 합법성을 가진다. 그러나 그는 의무가 아닌 다른 동기로 인해 그렇게 행하기 때문에 그의 행위에는 도덕성은 결여되어 있다. 그의 행위는 합법적이기는 하지만 도덕적이지는 않다. 칸트는 오직 의무만이 도덕적 행위의 절대적 기준이라 생각한다. 따라서 우리는 칸트의 윤리학을 '의무의 윤리학'이라 부른다.

b. 『실천이성비판』을 통한 형이상학 해명

칸트는 『순수이성비판』에서 형이상학은 엄밀한 학으로서는 불가능하지만 순수이성의 이념들에 기초한 자연적 토대로서는 가능하다고 주장했다. 그는 이제 『실천이성비판』에서 형이상학의 가능성을 도덕적 행위로부터 새로이 논증한다.

칸트는 도덕적 행위의 동기와 목적에서 출발하여 형이상학의 문제를 해결하고자 한다. 도덕적 행위를 규정하는 유일한 동기는 단지 '법칙' 자체뿐이다. 그 법칙이 무엇인지는 위에서 제시되었다. 도덕적 행위의 목적은 "최고선"(summum bonum; A 214f.)이다. 그리고 이 최고선에는 필연적으로 "신성함"과 "행복"이라는 두 요소들이 속한다. 칸트에 의하면 형이상학적 대상들은 도덕적 행위의 "근본 법칙"과 그 행위의 "신성함"과 "행복"이 실현되기 위해 필연적으로 요청되어진다.

위에서 언급했듯이 실천이성의 근본 법칙은 다음과 같다. "당신의 의지의 원칙(Maxime)이 언제나 당신의 의지의 원칙일 뿐만 아니라 동시에 보편적 입법의 원칙으로서 타당할 수 있도록 그렇게 행동하십시오."(KpV A 54). 이 법칙은 도덕적 행위의 자유로운 자기규정 즉 '의지의 자유'를 전제한다. 자유는 내적인 지각을 통해 경험될 수 있는 것이 아니다. 만일 그렇다면 자유는 경험적인 것일 것이다. 도덕적 행위의 근본 법칙은 순수한 실천이성의 사실(Faktum)로서 직접 주어지는데, 그 법칙이 실현되기 위해서는 의지의 자유가 실천이성에 의해 요청된 것으로서 전제되어야 한다.

인간은 살아있는 동안에 결코 완전한 도덕적 행위의 이상에 도달할 수 없고 끊임없이 그 이상을 추구해야 한다. 하나님 이외의 어느 누구도 거룩하지 않다. 모든 다른 존재자들은 언제나 '거룩함'의 도상에 있다. 이때 '거룩함'은 종교적인 의미가 아니라 순수한 도덕적 의미에서 도덕적 '완전성'으로 이해되어야 한다. 따라서 '영혼의 불멸성'(Unsterblichkeit)이 요구된다. 그렇지 않으면 도덕적 법칙은 공허한 망상에 불과할 것이다. 칸트는 말한다. "의지와 도덕적 법칙의 완전한 일치는 거룩함 즉 완전함이다. 그러나 이 세상의 어떤 이성적인 존재자도 그가 이 세상에 사는 동안에는 그 완전함에 이를 수 없다. 그렇지만 그런 완전함은 실천적인 측면에서는 필연적으로 요구되기 때문에 단지 무한한 과정을 거쳐서만 그런 완전한 일치가 실현될 수 있다. (…) 그러나 이런 무한한 과정은 동일성이 무한히 지속되는 이성적 존재자의 존재와 인격(우리는 이것을 영혼불멸이라 부른다)을 전제로 해서만 가능하다. 그러므로 최고선은 영혼불멸을 전제로 해서만 가능하다"(KpV A 220). 도덕적 완전성의 이상이 실현되기 위한 과정으로서 영혼불멸이 실천이성에 의해 요청된다.

도덕적 행위는 그의 완전한 이상이 실현되어야 할 뿐만 아니라 그에 대한 올바른 보상이 행복(Glückseligkeit)[11]으로서 주어져야 한다. 이 두 요소들, 즉 도덕적 행위의 완전함과 행복이 이루어지기 위해서는 하나님의 존재가 실천이성의 요구로서 전제되어야 한다.

---

11) 이와 관련하여 칸트는 전통적인 '유다이모니아'(εὐδαιμονια, beatitudo) 사상을 계승한다. 물론 이때 칸트는 유다이모니아를 도덕적 행위의 동기가 아니라 결과로서 생각한다.

위에서 우리는 도덕적 행위의 동기와 목적과 관련하여 형이상학의 대상인 의지의 자유와 영혼불멸과 신이 실천이성의 요청으로서 전제되어야 함을 살펴보았다. 즉 형이상학은 실천이성의 요청들에 의해 가능하다는 것이다.

그런데 여기서 주목해야 할 것이 있다. 신, 영혼불멸, 그리고 의지의 자유는 단지 실천이성에 의해 요청될 뿐만 아니라 신뢰되어야 한다는 것이다. 신을 믿지 않고 영혼불멸을 믿지 않고 자유를 믿지 않는 사람은 도덕적 행위를 할 수 없으며 또 그렇게 할 필요도 없다. 도덕적 행위는 실천인데 실천은 믿음이 없이는 불가능하다. 믿음이 없이는 실천할 수 없고 실천하지 않는 믿음은 없기 때문이다. 이제 도덕은 종교로 승화된다. 칸트에게 있어서 종교는 도덕이다. 도덕적 법칙들이 하나님의 명령으로서 간주된다면 말이다.

7.3.4. 판단력비판

판단이란 어떤 것을 다른 것과 다른 것으로 나누는 것을 말한다. 그런데 이렇게 판단하는 능력에는 두 종류가 있다. 한편에서 보편적인 것이 주어져 있을 때 개별적인 것을 그 보편적 원리에 따라 구분하는 능력이며, 다른 한편에서 개별적인 것이 주어져 있을 때 그 개별적인 것으로부터 보편적 원리를 추론해 내는 능력을 말한다. 전자의 판단력을 규정하는 판단력이라 하며, 후자의 판단력을 반성하는 판단력이라 한다.

규정하는 판단력은 이미 위에서 오성의 개념화 능력과 관련하여 살펴보았다. 구체적으로 말해 규정하는 판단력이란 어떤 것이 가진 고유한 속성을 다른 것과 구분하여 개념화하는 것을 말한다. 그리고 이렇게 개념화하는 능력은 순수이성의 세 기능 중 특히 오성의 기능에 속한다. 개념화하는 판단은 오성이 감성을 통해 주어진 감각 자료들을 자신에게 선험적으로 갖추어져 있는 순수오성개념들에 따라 정돈하는 작업이다. 여기서 순수오성개념들에 따라 정돈하는 작업이란 그 개념들을 감각 자료들에 적용하는 것인데, 문제는 순수오성개념이 그 자체로는 감각 자료들에 직접 적용될 수 없다는 것이다. 먼저 무시간적인 카테고리들이 시간을 통해 규정되어야 한다. 시간규정은 선험적 구상력의 판단능력에 의해 이루어진다. 여기서 우리는 판단력이 두 종류로 구분됨에 주목해야 한다. 구상력이 생산적 구상력과 선험적 구상력으로 구분되듯이 판단도 오성에 의한 경험적 판단력 선험적 구상력에 의한 선험적 판단으로 구분된다. 생산적 구상력이란 이전에 경험된 대상 또는 아직 경험되지 않은 대상을 지금 상으로 정립하는 능력인데 반해 선험적 구상력은 순수한 시간의식으로 경험적 구상력의 근거가 된다. 마찬가지로 경험적 판단이 어떤 대상을 다른 대상과 다른 것으로 구분하여 나누는 능력인데 반해, 선험적 판단력은 어떤 카테고리가 어떻게 시간적으로 규정되는가를 판단하는 능력으로 경험적 판단의 기초가 된다. 그렇다면 선험적 판단력이란 무엇인가?

반성적 판단력은 현상계의 개별적인 것으로부터 보편적인 것을 추론해 내야하기 때문에 경험을 통해서는 확보될 수 없는 하나의 원리를 필요로 한다. 모든 경험적 원리들을 보다 높은 원리들 아래 통일시켜야 하기 때문이다. 반성적 판단력은 그런 선험적 원리를 외부로부터 취하는 것이 아니라 스스로 입법화할 수 있다. 그렇지 않으면 그 능력은 규정하는 판단력일 것이다.

인간은 대상을 인식하는 존재자로서 그 인식은 대상에 의해 촉발된다. 한편 인간은 의지의 자유를 가진 존재자로 세계 내의 사물들을 변화시키는 원인이기도 하다. 전자가 순수이성의 영역이라면, 후자는 실천이성의 영역이다. 이 둘을 매개시키는 능력이 판단력 특히 반성적 판단력이다. 반성적 판단력은 합목적성과 아름다움의 원리를 준다. 인식하는 존재자로서 의지의 자유에 따른 실천적 존재자인 것은 인간이 합목적성과 아름다움을 추구하는 존재자이기 때문에 가능하다. 반성적 판단력은 개별적인 존재자들로부터 바로 이런 합목적성과 아름다움의 원리를 추론할 수 있는 능력이다. 자연의 사물들과 인간은 모두 합목적성을 추구하며, 이렇게 합목적적으로 전체와 조화를 이룰 때 아름다움이 느껴진다. "어떤 것에서 모든 개별적인 것이 합목적적인 전체로 조화를 이룰 때 우리는 그것이 아름답다고 한다."(Otfried Höffe, *Immanuel Kant*, 3, München 1992, 270쪽.)

8장
칸트 이후의 철학

8장

칸트 이후의 철학

8.1. 낭만주의와 신앙 철학자들

19세기 후반부의 철학은 칸트에 대한 비판적 고찰과 함께 시작된다. 칸트의 철학적 관점에서 보면 인간은 두 세계의 시민이다. 인간은 현상의 세계와 자유의 세계에 살고 있다. 칸트의 인식론도 이런 두 세계의 도식에서 움직인다. 한편에는 감각의 세계가 있으며, 다른 한편에는 '나'의 기능들인 '선험적 직관형식들'과 '순수오성개념들'이 있다. 인식은 이 기능들이 감각세계에 적용될 때, 즉 그 기능들과 감각적 자료들의 종합에 의해 형성된다.

칸트 이후의 철학은 칸트 철학의 어느 측면에 서느냐에 따라 전혀 다른 두 방향으로 갈라지게 되었다. 자아의 능동적인 활동성을 강조하여 그것을 철저하게 비판적으로 고찰한 사조는 독일 관념론으로 발전되었다. 이때 물자체와 자아의 관계가 특히 중요한 주제가 되었다. 한편 인식은 오직 현상계의 사물들에 대해서만 가능하고 현상계를 초월하는 대상을 다루는 형이상학은 불가능하다는 칸트의 주장을 철저화한 사조는 실증주의와 유물론으로 발전되었다.

이 두 사조는 칸트 철학의 한 측면을 강조함으로써 형성되었는데, 이들과는 달리 칸트 철학의 체계 자체를 반대하는 사조가 있었으니 낭만주의가 그것이다. 특히 낭만주의는 인간이 가지는 비합리성과 감각능력에 근거하여 칸트 철학의 합리론적 체계를 거부했다. 낭만주의는 한편에서 개인의 고유한 권리와 가치를 강조하여 개인을 보편적이고 필연적인 법칙에 종속시키는 칸트 철학을 비판했으며, 다른 한편 삶의 역동적 성격을 강조하여 기계론적인 세계관을 거부했다.

실러(Friedrich Schiller: 1759-1805)는 시적인 재능과 철학적 재능을 모두 갖춘 사람으로 칸트의 철학을 낭만주의의 방향으로 발전시켰다. 그는 칸트의 철학을 주로 윤리학과 미학적 관점에서 발전시켰다. 윤리학에서 그는 의무와 성향 사이의 대립을 "아름다운 영혼"의 이상에서 종합하였다. 그는 도덕 교육에 있어서 예술과 아름다움의 역할을 강조했다.

괴테는 칸트를 존경했지만 그의 세계관과 인생관은 칸트와는 상당히 다르다. 스피노자와 마찬가지로 그도 물질과 정신(육체와 영혼, 직관과 사유)을 통일적이고 영원한 자연(신)이 나타나는 두 가지 방식으로 보았다.

칸트의 철학에서 특히 비판의 대상이 되었던 것은 '물자체'였다.

특히 야코비(F. H. Jacobi, 1743-1819)는 칸트의 물자체가 가지는 모순성을 지적했다. 그는 많은 저술들을 통해 당시의 철학적 운동들에 대해 자신의 입장을 표명했는데, 그 중에서 그는 감각과 믿음의 중요성을 강조하는 철학을 지지했다. 이성의 통찰이 아니라 비합리적인 감각에 근거하는 그의 신앙철학은 낭만주의에 영향을 끼쳤으며 동시에 생철학과 실존주의에도 영향을 주었다.

하만(Johann Georg Hamann, 1730-1788)은 칸트처럼 쾨니히스베르크에서 태어나 공무원으로 일했으며, 칸트, 헤르더, 야코비와 친구였다. 독창적이고 사색적이며 기독교적 신비주의적 사상가인 그는 이미 당시에도 "북부의 마술사"로 일컬어졌다. 그는 합리주의적 계몽운동을 단호히 거부했으며, 칸트와는 반대로 감각의 창조적 능력을 강조하였다. 그는 인간의 인식능력을 감성과 이성으로 구분하는데 반대하였으며, 언어에 의존하여 그런 구분을 극복하고자 했다. 이성은 언어에서 감각적이 된다는 것이다. 그는 언어가 가지는 생동적이고 유기적인 기능을 강조하여 언어는 단순히 대상을 표지하는 기능 이상의 기능을 가진다고 주장했다. 그의 언어관은 기독교의 '로고스론'에 근거하여 언어를 "이성과 계시의 어머니"라고 보았다. 그에 의하면 이성은 언어 즉 로고스이다. 언어는 이성의 도구이며 동시에 이성의 기준이라는 것이다. 이러한 그의 언어관은 헤르더와 훔볼트와 슐라이어마허를 통해 계속 발전되어 당시의 낭만주의에 결정적인 영향을 주었을 뿐만 아니라 현대의 해석학과 언어철학에서 새로이 평가되기도 한다.

헤르더(Johann Gottfried Herder, 1744-1803)는 칸트의 제자였지만 그의

비판철학에 대해 비판적이 입장을 취했다. 칸트는 경험적 내용과 선험적 형식을 구분하고 자연적 현상의 인과적 필연성과 도덕적 행위의 자유를 구분하지만 그는 자연과 정신은 유기적이고 통일적으로 발전한다고 주장했다. 인간성의 역사적인 발전은 정신을 향한 '자연사건'(Naturgeschehen)의 전개과정에 기초한다는 것이다. 이러한 그의 철학적 주장은 스피노자 철학과 맥을 같이 한다. 그러나 그는 자연이 곧 신이라고 주장하는 스피노자의 범신론적 견해를 인격적 하나님 사상으로 수정했다. 한편 그는 라이프니츠의 단자론으로부터 개체성 사상을 물려받아 낭만주의와 마찬가지로 개인의 감성적 경험을 중요하게 생각하였다. 또한 그는 하만과 마찬가지로 언어를 특히 중요하게 생각했다. 그에 의하면 언어는 인간의 본성에 근거하며 따라서 신적인 기원을 가진다. 언어는 감각적 인상들과 사유를 매개해 준다. 사유는 언어를 통해 이루어진다는 것이다.

슐라이어마허(Friedrich Daniel Ernst Schleiermacher, 1768-1834)는 낭만주의자들 특히 슐레겔과 밀접한 관계를 맺고 있었다. 슐라이어마허에게 있어서 성서는 종교적 체험에 관한 기록이다. 따라서 그의 주된 관심사는 종교적 체험을 분석하고 그런 분석으로부터 종교의 본질을 이끌어내는 것이었다. 그의 대표적인 저서인 『기독교 신앙』(Der Christliche Glaube)에 따르면 종교의 본질은 행위도 아니고 지식도 아니라 그 둘을 모두 포괄한다. 그에게서 종교는 사유나 행위가 아니라 직관과 감각이다. 종교는 무한한 존재자를 느끼고 그를 추구하는 것이다. 신앙은 어떤 숭고한 존재자에 대해 느끼는 "절대적인 의존감정"(schlechthinniges Abhängigkeitsgefühl), 또는 "하나님과 관계를 맺고 있다는 의식"이다. 이런 의존감정에서 하나님에 대한 확신이 우리에게 직접적으로 주어진다. 이런 의존감정을 통해 무한한 존재자와 직접적으로 만나는 것이 가장 중요하다. 그이외의 교리들이나 성서는 중요하지 않으며 구원에 대한 믿음도 중요하지 않다는 것이다. 행위에 있어서도 모든 것은 종교적 감정을 중심으로 이루어져야 한다. 그 종교적 감정이 모든 인간 행위의 척도가 되어야 한다. 그렇게 직접적인 감정으로부터 행동하는 사람은 비록 그가 잘못을 범한다 할지라도 칸트의 윤리학이 요구하는 엄격한 자율성에 따라 사는 사람보다 더 낫다. 그렇지만 또 다른 측면에서 보면 그는 종교에 관한 견해에 있어서 칸트의 계승자이다. 그는 지식과 믿음을 엄격하게 구분한다. 그는 기독교 신앙과 그 신앙에 대한 학문적 탐구를 모두 정당하다고 보았다. 신앙이 학문을 방해해서는 안 되며, 학문이 신앙을 방해해서도 안 된다는 것이다. 그는 19세기의 독일 개신교 발전에 방향을 설정해 주었다.

우리가 하나님께 속한다고 생각하는 모든 속성들은 사실은 하나님의 속성이 아니라 절대의존 감정이 하나님과 관계를 맺는 특별한 방식이다. 죄도 마찬가지이다. 죄는 하나님의 율법을 범하는 것이라기보다는 오히려 감각 기능들의 독립성 때문에 영혼의 결정력이 속박되는 것이다. 죄는 인간이 의존적이어야 할 때 자유로워지고 싶어 하는 인간의 저급한 본성이다. 죄는 인간의 절대의존 감정을 덮는 구름이다. 극단적으로 말해 죄는 "하나님을 망각함"(Gottvergessenheit; God-forgetfulness)이다. 따라서 구원은 의존감정을 회복하는 것이다. 그런 구원은 오직 예수 그리스도를 통해서만 가능하다. 구원자 예수는 인간과 동일한 본성을 가지기 때문에 모든 인간과 동일하지만, 하나님이 자신 안에 확실하게 존재한다는 확신에 의해 모든 인간들과 구별된다. 따라서 예수의 구원역사는 믿는 사람들로 하여금 하나님이 자기 안에 거한다는 의식을 가지도록 하는 것이었다.

8.2. 독일 관념론(독일 이상주의)[1]

19세기 후반부의 철학은 칸트에 대한 비판적 고찰과 함께 시작된다. 칸트의 철학적 관점에서 보면 인간은 두 세계의 시민이다. 인간은 현상의 세계와 자유의 세계에 살고 있다. 칸트의 인식론도 이런 두 세계의 도식에서 움직인다. 한편에는 감각의 세계가 있으며, 다른 한편에는 '나'의 기능들인 선험적 직관형식들과 순수오성 개념들이 있다. 인식은 이 기능들이 감각세계에 적용될 때 즉 그 기능들이 감각적 자료들을 종합할 때 이루어진다.

칸트 이후의 철학은 칸트 철학의 어느 측면을 강조하느냐에 따라 전혀 다른 두 방향으로 갈라지게 되었다. 자아의 능동적인 활

---

1) 절대자를 그의 절대성에서 드러내는 것이 철학의 목표였다는 점에서 보면 '이상주의'라 볼 수 있고, 절대자를 정신과 동일시한 점에서 보면 '관념론'이라 할 수 있다.

동성을 강조하여 그것을 철저하게 비판적으로 고찰한 사조는 독일관념론으로 발전되었는데, 여기서는 물자체와 자아의 관계가 특히 중요한 주제가 되었다. 한편 인식은 오직 현상계의 사물들에 대해서만 가능하고 현상계를 초월하는 대상을 다루는 형이상학은 불가능하다는 칸트의 주장을 철저화한 사조는 실증주의와 유물론으로 발전되었다.

8.2.1. 피히테와 주관적 관념론

피히테(Johann Gottlieb Fichte, 1762-1814)에 의하면 칸트는 인간 정신의 창조적 능력에 관한 그의 위대한 사상을 철저하게 관철시키지 못했다. 그는 물자체가 인간의 표상능력을 촉발할 때 비로소 인간의 정신능력이 대상과 관계를 맺을 수 있다고 함으로써 정신의 절대적 자발성을 간과하였다. 그는 철저하게 비판적이지 못했으며, 아직도 너무나 독단적이었다. 따라서 칸트의 범주들은 여전히 '초경험적인 존재형식들'(transzendente Seinsformen)이지 순수한 정신의 자발성에 속하지 않는다는 것이다. 그로 인해 정신은 그의 자유를 상실하게 되었다는 것이다. 피히테에 의하면 철학은 독단론이 아니면 관념론인데, 오직 관념론만이 인간을 전적으로 자유롭게 한다. 어떤 종류의 철학을 선택하느냐는 그가 어떤 종류의 사람이냐에 달려있다. 피히테는 자유를 원했으며 따라서 관념론을 택했다. 칸트에 의하면 인간의 인식은 오성이 밖으로부터 주어진 감각적 표상들을 종합할 때 형성된다. 이때 오성은 감각 자료들을 판단하는 자발적 능력이기는 하지만 절대적 자발성은 아니다. 오성은 물자체에 의해 촉발될 때 비로소 대상과 관계를 맺을 수 있기 때문이다. 그러나 피히테는 물자체가 우리를 촉발한다는 칸트의 견해를 거부하고 자아의 절대적 자발성을 강조했다. 즉 경험은 물자체에 의해 촉발됨으로써 시작되는 것이 아니라 자아의 절대적 자발성에서 시작된다는 것이다. 이것은 자아가 순수하고 무한한 활동(Tätigkeit)이기 때문에 가능하다. 자아의 활동성의 본질은 무엇인가? 자아는 그 본질에 있어서 순수하고 무한한 활동으로 피히테는 그런 활동을 "사실행위"(事實行爲: Tathandlung)라 한다. 먼저 피히테 자신의 주장을 들어보자. "그것(자아)은 행동하는 자이면서 동시에 그 행위의 산물이다. 행동하는 자이면서 그 행위를 통해 산출된 것이다. 행위(Handlung)와 행위사실(Tat)은 동일한 것이다. 따라서 '내가 존재한다'는 행위의 표현이다." 모든 존재하는 것들은 무엇인가를 하고 그 행위의 결과 무엇인가 생산된다. 일반적으로 그 행위에 의해 생산된 것은 행위자와는 다른 어떤 것이다. 예를 들면, 목수와 그 목수에 의해 생산된 책상의 관계가 그렇다. 그런데 이와는 달리 순수한 행위 자체에 의해 생산된 것은 행위 이외의 다른 것이 아니다. 행위가 행위를 생산하고 그렇게 생산된 행위를 통해 그 행위가 자신의 행위임을 자각하게 된다. 순수한 자아는 행위 자체로서 자아를 산출하고 그렇게 산출된 자아를 통해 자신의 존재를 확인한다.

사실행위는 '(사실)행위'로서 '사실(행위)'을 생산하고 그렇게 생산된 '사실(행위)'을 통해 자신을 '사실행위'로서 확인한다. 절대적 무

차별성의 상태에 있던 사실행위가 '(사실)행위'와 '사실(행위)'로 분화되고, 그런 분화를 통해 비로소 자신의 사실행위를 자각한다. 이때 '(사실)행위'는 순수한 자아(Ich)이며, 그 행위에 의해 산출된 '사실(행위)'은 '비아'(Nicht-Ich)이다. 그리고 이 비아를 통해 자아는 자신의 자아를 확인한다. 다시 말해, 자아는 그의 즉자적인 상태에서 자신을 자아로서 정립하는데, 그렇게 정립하는 행위를 통해 이미 자아에 대해 비아를 반정립하며, 그렇게 반정립된 비아를 통해 자기동일성으로서의 자아를 확보한다. 절대적 자기동일성으로서의 이 자아는 '나는 생각한다'는 칸트의 선험적 통각보다 더 근원적이다. 그것은 대상에 의해 촉발된 것이 아니라 절대적 자발성의 산물이다. 칸트의 선험적 통각이 대상에 의해 촉발되는데 반해, 피히테의 자아는 전적으로 자기 자신의 자발성에 의해 형성된다. 자아의 이런 자기동일성과 함께 비로소 우리는 '나는 나다'라고 말할 수 있다. '정립-반정립-종합'의 이런 변증법은 정신의 절대적 자발성의 구조로서 독일관념론의 토대가 된다. 헤겔은 이런 변증법을 존재와 무 사이의 넘어감의 사건을 통해 설명한다. 그러나 변증법이 자기모순 작용이라는 형식적인 측면에 있어서는 피히테와 헤겔이 모두 동일하다.

8.2.2. 셸링(Friedrich Wilhelm Joseph Ritter von Schelling, 1775-1854)

피히테에 의하면 자아의 절대적 자발성은 모든 것을 생산하는 힘이다. 그에 의하면 자연은 결코 스스로 존재하는 것이 아니고 자아에 의해 생산된 것이다. 자아는 그에 의해 생산된 이 자아와의 대립을 통해 자기 자신을 실현한다. 셸링에게서는 자아와 자연의 이런 관계가 역전된다. 자연이 정신의 산물이 아니고 정신이 자연의 산물이라는 것이다. 그런데 여기서 주의해야 할 것이 있다. 이때 셸링이 사용하는 자연이란 개념은 결코 외적인 자연 현상을 가리키는 것이 아니다. 그에게 있어서 자연은 무한한 활동성으로서 스피노자의 능산적 자연과 같은 것이다. 이 무한한 활동성은 근원적인 힘(Urkraft)이며 절대자이다. 이 근원적 힘으로서의 '능산적 자연'(natura naturans)이 외적 자연, 즉 '소산적 자연'(natura naturata)과 정신으로 나타난다. 객관적이고 실제적인 측면이 우세할 경우에는 소산적 자연으로 나타나고, 주관적이고 관념적인 요소가 강할 때는 정신으로 나나난다. 따라서 셸링의 철학에서 '자연'은 자연의 '자연'이며, 정신의 '정신'이다.

근원적 힘으로서의 자연이 나타날 때 소산적 자연과 인간의 정신으로 나타나기 때문에, 소산적 자연과 인간의 정신은 동일한 것이라 할 수 있다. 단지 양적인 차이가 있을 뿐이다. 이런 점에서 우리는 그의 철학을 '동일철학'이라 부른다. 셸링은 자연(소산적 자연)에서 '(절대)정신'의 무의식적인 활동을 보며, 정신에서 '자연(절대정신 또는 능산적 자연)이 스스로를 의식해 감'을 본다. 이런 점에서 보면 개개의 모든 사물들에는 정신과 자연이 동시에 존재한다고 할 수 있다.

셸링은 예술에서 자연과 정신이 완벽하게 조화를 이루어 나타난다고 생각했다. 예술은 세계와 자아, 실제적인 것과 관념적인 것, 자연의 무의식적인 작용과 의식적인 작용이 가장 완벽하게 조화를 이루고 나타나는 영역이다. 예술작품에서 정신과 자연은 가장 완벽하게 조화를 이루고 나타나며, 또 그렇게 나타나는 한에 있어서만 그것은 예술작품이다. 그런데 자연과 정신의 이러한 조화는 추론적 이성(dianoia)을 통해서는 파악되지 않으며, 오직 "지성적 직관"(nous: Intellektuelle Anschauung)에서 직관될 수 있을 뿐이다.

8.2.3. 헤겔(Georg Wilhelm Friedrich Hegel 1770-1831)

8.2.3.1. 철학의 과제

헤겔에게 있어서 철학의 과제는 "신을 자연과 유한한 정신의 창조 이전의 그의 영원한 본질에서 드러내는 것"(WdL I, 44)이다. 이 인용구에서 "신"은 절대자이며, "그의 영원한 본질"은 '절대자의 절대성'을 의미한다. 따라서 철학의 과제는 절대자를 그의 절대성에서 드러내는 것이다.

> "진리는 전체적인 것이다. 그러나 전체적인 것은 오직 그의 전개를 통해 완성된 본질이다. 절대자는 본질적으로 결과이다. 절대자는 마지막 단계에 도달해서 비로소 진정한 의미의 절대자이다. 바로 여기에 현실적인 것, 주체 또는 자기 자신이 됨(Sichselbstwerden)으로서의 그의 본성이 있다."(PhäG 21)

이때 절대자는 정신(또는 신)이다. 따라서 절대자는 정신이 그의 발전과정에서 도달된 절대적 상태, 즉 존재자로서의 존재자를 의미한다. 절대정신은 그의 최초의 상태에서는 '즉자적 존재'(Ansichsein), 즉 순수한 개념이다. 이제 철학의 과제인 절대자와 절대성에 관해 보다 구체적으로 살펴보자.

이를 위해 우리는 형이상학의 역사로서 철학사 전체를 염두에 두어야 하며, 특히 헤겔과 동시대의 철학적 경향에 주목할 필요가 있다. 그중에서도 헤라클레이토스와 셸링과 괴테의 영향을 간과해서는 안 된다. 헤라클레이토스에게 있어서 만물의 존재론적 원리는 "로고스"이며, 셸링에게 있어서는 "(능산적)자연'이며, 괴테에게 있어서는 만물에 내재하는 "근원적 현상"(Urphänomen)이다. 헤겔이 위에서 철학의 과제와 관련하여 언급한 "신"은 로고스이며, 능산적 자연이며, 근원적 현상이다. 헤겔에게 있어서 그 신은 '절대자'이며, '사실 자체'이며, "이념"(Idee: 이상적인 것)이며, '진리'이다. 그렇다면 헤겔에게 있어서 이념이나 절대자나 진리는 무엇을 말하는가? 여기서 진리란 개념의 양면성에 주목할 필요가 있다.[2]

헤겔에게 있어서 절대자 또는 진리(또는 이념)는 인식론적 측면과

---

2) 진리(眞理)는 참(眞) 결(理)이다. 그리고 진리 즉 '참 결'은 그 결이 무엇의 '참 결'이냐에 따라 세 종류로 분류된다. ①그 결이 모든 존재하는 만물의 근원을 의미할 경우 우리는 그 진리를 형이상학적 진리 또는 존재론적 진리라고 부른다. 만물이 거기로부터 비롯된 바로 그 근원을 말한다. 성서에서 요한은 그 근원에 관해 이렇게 말한다. "만물이 그로 말미암아 지은바 되었으니 지은 것이 하나도 그가 없이는 된 것이 없느니라."(요 1:3) 바울은 그 진리에 관해 다음과 같이 말한다. "우리가 그를 힘입어 살며 기동하느니라."(행 17:28) ②한편 그 결은 사람들(人) 사이의 관계맺음(倫)에 있어서 '참 결' 즉 참 길(道)을 말한다. 다시 말해 그 결은 인륜지도(人倫之道)를 의미한다. 우리는 그 진리를 윤리적 진리라고 부를 수 있겠다. ③그 결은 개념과 대상의 일치를 의미한다. 우리가 책상을 보고 '책상'이라고 말한다면 우리는 진리를 말하는 것이다. 우리는 이것을 인식론적인 진리라고 부를 수 있겠다.

존재론적 측면으로 구분될 수 있다. 그에게 있어서 절대자는 한 편에서 "개념과 실제성의 절대적 일치"(L II 409, 465, 486, 551)이다. 주관과 대상의 일치이며 주어와 술어의 일치이다. 우리가 어떤 대상에 관해 'S는 P이다'라고 말할 때 P에 의해 설명된 내용이 주어인 S라는 개념과 일치할 때 우리는 그것을 진리라고 한다. 그러나 헤겔에게 있어서 절대자 또는 진리는 단지 인식론적인 측면에만 국한되지 않는다. 그에게 있어서 진리는 다른 한편 모든 존재자들의 존재론적인 근거를 의미한다. 철학자들은 그 진리를 아르케, 로고스, (능산적)자연, 근원적 현상, 존재 등의 개념으로 표현했다. 헤겔이 말하는 "이념", "절대자", "사실자체"는 바로 이런 형이상학적인 전통에서 이해되어야 한다. 그러나 헤겔은 형이상학의 전통을 단순히 수용하는데 그치지 않는다. 그는 절대자를 형이상학적인 전통과는 다르게 이해한다. 그는 셸링과 괴테의 자연과 근원적 현상이란 개념을 수용하지만 그들과는 전혀 다른 관점에서 이해한다. 즉 헤겔은 절대자를 실체로서가 아니라 사건으로 이해한다. 그에게 있어서 절대자는 모든 존재자들의 존재론적인 원리가 되는 사건이다. 이런 점에서 그는 만물의 근원을 로고스로 이해한 헤라클레이토스의 전통에 서 있다고 할 수 있겠다. 만물의 존재방식은 생성과 소멸의 운동인데 이 운동은 만물 속에 내재하는 모순 즉 "절대적 부정성"의 원리 때문이라는 것이다. 절대적 부정성, 즉 스스로에게 관계하는 부정성은 "모든 활동성, 즉 유기체와 정신의 자기운동의 내적 근원이다"(L II, 496, 563). 다시 말해, 헤겔에게 있어서 존재론적인 진리로서의 절대자 또는 이념은 "변증법" 이외의 다른 것이 아니다. 변증법은 절대자이며 동시에 그 절대자의 작용 형식이기도 하다. 따라서 헤겔에게서 절대자는 내용이면서 동시에 형식이다.[3]

8.2.3.2. 헤겔에게 있어서 "이념"의 의미

헤겔에게 있어서 이념이란 우선 개념이다. 이것은 이념을 의미하는 그리스어 '이데아'(ἰδέα)가 '호라오'(ὁράω: 내가 보다)의 제2단순과거 부정사인 '이데인'(ἰδεῖν: to see)의 과거분사로 "보여진 것"을 의미한다는 사실에서도 알 수 있다. 그런데 이념이란 보여진 것인데 감성에 의해 보여진 것이 아니라 이성에 의해 보여진 것을 의미한다. 이성에 의해 보여진 것, 이성에 의해 붙잡혀진 것(das Begriffene), 즉 개념(der Begriff)이다.

그러나 헤겔에 있어서 개념으로서의 이념은 플라톤에게서처럼 현실과 동떨어진 이데아가 아니며, 추상적인 개념이 아니라 구체적인 개념이다. 헤겔에게 있어서 이념은 '충전적 개념'(adaequate Begriff)이다. 여기서 우리는 다시 '충전적'이란 개념의 의미에 주목할 필요가 있다. 충전적으로 번역된 독일어 adaequat는 라틴어 adaeco에서 유래한 것으로 '완전한 일치'를 의미한다. 그렇다면 무엇과 무엇의 일치인가? "개념과 현실성의 일치"(Identitaet von Begriff

---

3) 헤겔의 "절대자"는 "태초에 행위가 있었다."(Im Anfang war Tat)는 괴테와 피히테의 명제에서 "태초의 행위"를 상기시킨다. 인간의 의식과 자연에 내재하는 절대적 실체이면서 동시에 형식인 헤겔의 "절대자"는 자아의 절대적 자발성으로서의 "사실행위"를 주장하는 피히테의 영향일 수 있다.

und Realitaet)이다. 예를 들어, '책상'이란 개념이 실제의 책상과 일치할 때 그 개념은 이념으로서의 책상인 것이다. 그런데 여기서 주목해야 할 것은 헤겔에게서 이념은 플라톤에서처럼 완결된 존재자를 의미하지 않는다는 사실이다. 그의 이념은 목적을 지향하는 과정으로서의 이념이다. 이념은 도달해야 할 목표이다. 이념은 완전한 상태의 개념이다.

헤겔에 의하면 개념과 실제성이 일치하는 이념들에는 생명의 이념, 인식의 이념, 그리고 정신의 이념이 있다. 그리고 이런 개별적 이념들의 체계로서의 절대적 이념을 말한다. 이 절대적 이념은 존재이다. 헤겔에게 있어서 존재는 한편에서는 주관과 대상의 절대적 일치에 의해 도달되는 인식의 이념으로서의 존재자성이며, 다른 한편에서는 개별적 이념들에 내재하는 논리적 구조인 절대적 이념으로서 존재자가 '존재하는(사건)'이기도 하다. 헤겔은 이런 존재사건이 무엇인지 그의 존재논리에서 논증하고 있다. 즉 존재자는 존재이며 동시에 무의 방식으로 존재하다. 존재자는 존재에서 무로 운동하며(소멸), 무에서 존재로 운동하는(생성) 방식으로 존재한다. 존재자는 그렇게 "넘어가 있음"(Übergegangensein)의 방식으로 존재한다. 헤겔에게 있어서 존재는 이렇게 넘어가 "있음"(존재)의 사건이다. 그리고 이런 사건은 바로 변증법 이외의 다른 것이 아니다. 헤겔에게 있어서 절대적 진리, 절대자, 절대적 이념, 변증법, 그리고 존재는 모두 동일한 사태를 가리키는 개념들이다. 이것은 헤겔 자신의 주장들로부터 분명히 알 수 있다. 헤겔에 의하면 "절대적 이념만이 존재이다."(WdL II 549) 그런데 헤겔의 이 명제는 "존재는 절대적 이념이다"라는 표준형식의 정언명제로 바꿀 수 있다. 한편 "(절대적)이념 자체는 변증법이다"(VIII 427). 위의 두 명제들로부터 우리는 '존재는 변증법이다'는 결론을 이끌어낼 수 있다. 이런 의미에서 코레트는 다음과 같이 말한다. "변증법의 형식은 존재 자체의 내적 본질이다."[4] 헤겔에게 있어서 변증법은 존재 자체의 구조이다. 그는 변증법을 통하여 존재 자체의 구조를 설명하고자 했다.[5] 이때 "존재"는 존재자성(Seiendheit)을 의미하지 않으며 존재와 무의 변증법에서 존재를 의미하지도 않는다. 여기서 "존재"는 변증법으로서의 존재사건이다.

헤겔은 논리학의 과제를 "부정적인 것이 동시에 긍정적이라는 논리적 명제, 자기모순적인 것은 무 즉 절대적 무로 화하는 것이 아니라 본질적으로 모순적인 것의 특별한 내용의 부정이 된다는 명제, 그러한 부정은 모든 것을 부정하는 절대적 부정이 아니라 해소되는 특정한 사실의 부정이며 따라서 특정한 부정이라는 명제"(WdL I, 49)를 인식하는 것이다. 우리는 이런 명제들의 내용이 변증법임을 알 수 있다.

이상에서 헤겔의 철학적 과제로 제시된 '절대자와 그의 절대성'은 다음과 같이 요약될 수 있겠다.

---

4) Emerich Coreth S.J., *Das Dialektische Sein in Hegels Logik*, Wien 1952, S. 18.

5) 참조, Oscar Daniel Brauer, *Dialektik der Zeit- Untersuchung* 켜 *Hegels Metaphysik der Weltgeschichte*, Stuttgart 1982, 106쪽.

```
              인식론적 진리(대상의 본질): 개념
       내용 –
              존재론적 진리(존재론적 근원): 정신, 이성
              (로고스)
절대자(이념) –
       형식 –  변증법(인식론적 진리와 존재론적 진리의
              논리적 구조)
```

8.2.3.3. 방법론

헤겔의 철학은 절대적 이념으로서의 변증법, 즉 존재사건을 드러내는 것이다. 이런 과제를 위해 헤겔은 어떤 방법론을 취하는가? 하르트만(N. Hartmann)에 의하면 헤겔의 방법론은 경험적으로 주어진 것을 그의 지성적 구조에서 파악하고자 하는 것이다.[6] 그의 이런 방법론에 관해 크로너는 다음과 같이 말한다. "헤겔의 사유는 개별적 내용에서는 경험적이며 전체에 있어서는 사변적이다."[7] 이것은 경험적 내용을 예로 들고 거기에 내재하는 절대적 이념으로서의 논리적 구조를 사변적 방법론에 의해 파악하는 헤겔의 방법론을 가리킨다. 헤겔에 의하면 "철학은 일어나는 사건을 설명하는 것이 아니라 그 사건 속에 내재하는 본질적 내용을 인식하는 것이며, 더 나아가 그 본질적 내용으로부터 그 설명에 단

---

6) Nicolai Hartmann, *Die Philosophie des deutschen Idealismus II*, Berlin-Leipzig 1929, S. 167

7) Richard Kroner, *Hegel zum 100. Todestage*, Tuebingen 1932, S. 20.

순한 사건으로서 나타나는 것을 파악하는 것이다."(WdL II, 260) 여기서 "단순한 사건으로서 나타나는 것"은 절대적 이념으로서의 변증법이다.

헤겔의 『논리의 학』은 개별적 이념으로서의 절대적 인식과 절대적 이념으로서의 변증법을 드러내는 것을 그 과제로 한다. 이런 과제가 독단론에 머물지 않기 위해 먼저 경험적 내용을 분석하여 그 내용을 하나의 거점으로 삼는 것이 중요하다. 바로 이 거점을 확보하는 작업이 바로 정신현상학이다. 논리의 학은 이런 경험론적 거점으로서의 정신현상학을 전제로 하여 그 경험적 내용에 내재하는 논리적 구조를 밝혀낸다.[8] 이때 우리는 "논리의 학"을 목적격적 소유격(genetivus objectivus)의 의미로 이해해야 할 것이다. 그리고 우리는 이 두 저작들의 관계를 이미 정신현상학의 제목에서 찾아낼 수 있다. 그런데 우리는 정신현상학과 논리학의 이런 관계를 이미 정신현상학의 부제에서 발견할 수 있다. 정신현상학은 "의식의 경험의 학"이다. 우리는 이 제목에서 정신현상학의 두 가지 기능을 발견한다. 즉 정신현상학은 한편에서는 "의식의 경험의 학"이며, 다른 한편에서는 "의식의 경험의 학"이다. 이때 첫 번째 소유격(의식의)은 주격적 소유격(genetivus subjectivus)이며, 두 번째 소유격(경험의)은 목적격적 소유격으로 이해되어야 한다. 즉 의식의 경험이 학의 대상이 된다. 정신현상학의 과제는 의식의 경험에 대한 분석

---

8) 정신현상학에서 감각적 확신은 매개되지 않은 직접성이며 이것은 논리의 학에서 순수 존재에 해당된다.

을 대상으로 하여 거기 내재하는 절대적 진리를 학적으로 드러내는 것이다. 그리고 의식의 경험에 내재하는 절대적 진리는 논리적 구조이기 때문에 의식의 경험을 대상으로 하는 학은 이미 논리의 학이다.

8.2.3.4. 『논리의 학』의 이중적 기능 : 인식론인 동시에 존재론

논리의 학의 과제는 우선 순수 사유를 그의 특별한 의미에서 드러내는 것이다. 즉 사유의 논리적 구조들인 카테고리들을 순수 사유 자체로부터 체계적으로 도출해 내는 것이다. 그러나 헤겔에게 있어서 사유는 인간의 사유만을 의미하는 것이 아니다. 그것은 모든 존재자들의 존재의 원리인 로고스이기도 하다. 그리고 이 로고스는 논리학의 궁극적 과제인 절대적 이념 이외의 다른 것이 아니다. 헤겔은 아낙사고라스를 "누스(Nus), 즉 사유(Gedanke)가 세계의 원리"(WdL I, 44)라고 주장한 최초의 철학자라고 높이 평가한다. 그런데 이때 아낙사고라스에게 있어서 "누스"는 인간의 이성을 의미하는 것이 아님에 주목해야 한다. 여기서 누스는 존재자의 근원적인 존재원리로서의 '로고스'를 의미한다고 보아야 할 것이다. 여기서 우리는 논리학의 과제인 사유를 위와 같이 두 가지 측면에서 이해해야 할 것이다. 그렇다면 논리학의 과제는 순수 사유와 절대자의 이념을 동시에 드러내는 것이라 할 수 있다. 논리학은 인식론인 동시에 형이상학이다.

헤겔의 궁극적인 철학적 과제는 절대자를 그의 절대성에서 드러내고자 하는 존재론이다. 그런 의미에서 그의 철학은 "형이상학으로의 복귀"[9]이다. 코레트는 헤겔의 철학이 존재론이라는 입장에서 객관적 논리학의 첫 부분인 존재의 논리학에서 헤겔이 전개하는 "순수한 존재의 변증법"을 "진정한 존재론적 문제"와 동일시한다.[10] 슈타인뷔헬에 의하면 "헤겔의 철학은 동시에 존재론이다."[11] 왜냐하면 그의 철학은 전통적인 형이상학적 의미에서 "모든 개별적인 존재자를 존재자체의 근원(Urgrund)으로부터 파악하기"[12] 때문이며, "존재자의 존재에 대한 물음이 헤겔 철학의 근본문제로서 그의 전체를 관통하고 있기"[13] 때문이다.

논리의 학은 인식론이며 동시에 존재론이다. 이에 관해 조금 더 살펴보자. 위에서 보았듯이 헤겔의 철학적 과제는 절대자를 그의 영원한 본질에서 드러내는 것이다. 그리고 그 절대자는 만물에 내재하는 존재론적 원리로서의 변증법이다. 그리고 이 점에 있어서 헤겔은 동시대의 셸링과 괴테와 다르다는 것을 보았다. 그런데 셸링과 괴테와의 차이는 그것만이 아니다.

헤겔의 철학은 그 형식에 있어서 피히테의 영향을 받았고, 그 내용에 있어서는 셸링과 괴테의 영향을 받았다. 헤겔은 피히테가

---

9) Richard Kroner, S. 11.
10) Emerich Coreth S.J, S. 10.
11) Theodor Steinbuechel, *Das Grundproblem der Hegelschen Philosophie I*, Bonn 1923, S. 355.
12) Steinbuechel, VI쪽.
13) Steinbuechel, VII쪽.

주장하는 "사실행위"의 형식적 구조를 더욱 발전시켜 그의 철학의 형식인 변증법을 전개하고, 셸링의 "자연"과 괴테의 "근원적 현상"으로부터 그의 철학의 내용을 취한다.

헤겔은 셸링으로부터 '절대자'란 개념을 수용하지만 그 개념을 셸링과는 다르게 이해했다. 즉, 그 절대자는 마치 모든 암소가 검게 보이는 밤처럼 모든 것이 동일하여 구별이 없는 하나가 아니다. 헤겔은 이 절대자를 그의 철학의 출발점이 아니라 목적지로 삼는다.

한편 헤겔은 1825년 4월 24일 괴테에게 보낸 편지에서 그가 괴테에게서 받은 영향력에 관해 다음과 같이 쓰고 있다. "저의 정신적 발전과정을 돌이켜 보면 저의 사상 전반에 걸쳐 선생님의 영향을 발견하게 됩니다. 저는 감히 제가 선생님의 아들들 중 하나라고 부르고 싶습니다." 그러나 헤겔은 괴테의 '근원적 현상'을 소박한 것이라고 하여 거부한다. 그는 괴테가 너무 소박한 추상에 의해 그 근원적 현상을 주장한다고 말한다. "존경하는 선생님, 저는 자연현상들을 탐구하는데 있어서 선생님이 취하시는 방식을 소박하다고 말하고 싶습니다. 선생님께서 단순한 근원적 진리를 추상적으로 단언하시고 단지 그 조건들만 탐구하시어 그렇게 쉽게 그 조건들을 발견하시는데 놀랐습니다."(1827년 7월 20일)

헤겔이 셸링과 괴테를 비판한 것은 그들의 철학적 방법론 때문이었다. 헤겔에게 있어서 중요한 것은 구체적으로 어떤 과정을 거쳐 그 절대자와 근원적 현상에 도달하는가 하는 것이다. 그가 셸링과 괴테를 비판하는 것은 그들이 너무나 추상적인 방법에 의존하고 있기 때문이다.

헤겔은 절대자를 드러내는데 있어서 절대자를 추상적으로 제시하는 헤라클레이토스와 셸링과 괴테와는 달리 구체적으로 입증하고자 한다. 헤겔의 철학이 가지는 고유성은 그가 변증법을 헤라클레이토스처럼 단순히 존재자를 존재하게 하는 원리로서 선언하는데 그치는 것이 아니라 – 그렇다면 그의 철학은 도그마였을 것이다 – 인간이란 존재자의 존재방식으로서의 의식을 분석하는데서 출발하여 존재자 일반의 보편적 존재방식으로서의 변증법을 체계적으로 제시한다는 데 있다. 헤겔은 우선 『정신현상학』에서 인간의 의식을 분석하여 사유와 존재가 일치함을 밝힌 후 이를 거점으로 하여 『논리학』에서 절대자(개념, 변증법, 즉 ˙존재사건)를 드러내고자 한다. (이때 사유는 사유하는 존재자를 가리키며 존재는 존재자의 본질을 가리킨다.)[14] 먼저 사유와 존재가 그 논리적 구조에 있어서 동일함을 밝힌 후 비로소 그 사유의 구조를 존재일반의 영역에 확대할 수 있기 때문이다. 이것이 바로 하나의 대표적인 존재자의 존재구조로부터 보편적인 존재구조를 사변적으로 추론해 내는 헤겔의 철학적 방법론이 가지는 고유성이다.

헤겔에게 있어서 논리학은 존재론이라 할 수 있겠다.[15] 헤겔

---

14) 헤겔에게 있어서 '존재'라는 개념은 다음과 같이 세 가지 의미로 사용된다. ①사물의 본질 (Seiendheit), ②존재사건: 존재론적인 원리(존재와 무의 변증법적 사건), ③존재사건인 존재론적 원리를 설명하기 위한 요소, 즉 '존재'와 '무'의 변증법에서 그 한 요소인 존재. (참조, Peter Ruben, "Von der 'Wissenschaft der Logik' und dem Verhältnis der Diakektik zur Logik", in: *Dialektik in der Philosophie Hegels* (hrg. Rolf-Peter Horstmann), Frankfurt a.M 1989, 96쪽).

15) 이를 이해하기 위해 우리는 논리학을 구분할 필요가 있겠다. 논리학은 형식논리와 선험논리와 존재논리로 구분할 수 있겠다. 이때 형식논리는 사고의 형식적 구조를 다루는 논리학이

의 논리학에서 중요한 것은 형식논리처럼 명제들의 논리적 구조를 다루는 것이 아니고 선험논리에서처럼 사유하는 자아의 선험적 구조를 분석하는 것도 아니며 모든 존재자들의 존재방식을 밝히는 것이다. 헤겔에 의하면 존재구조로서의 그 변증법을 밝히는 작업이 그의 철학의 가장 중요한 과제들 중 하나이다. 이와 관련하여 헤겔은 다음과 같이 말한다. "변증법적인 것을 올바로 파악하고 인식하는 것이 가장 중요하다. 바로 그 변증법이야말로 현실에서의 모든 운동과 모든 삶과 모든 활동의 원리이다. 마찬가지로 변증법적인 것은 모든 진정한 학문적 인식의 핵심이기도 하다."

헤겔은 『정신현상학』에서 인간 의식의 감각적 확신으로부터 출발하여 사유와 존재가 일치하는 "절대지"(absolutes Wissen)에 도달하는 과정을 밝힌다. 그리고 논리의 학은 이 절대지, 즉 사유에 의해 규정된 존재자로부터 다음과 같이 그의 존재론을 전개한다. 사유에 의해 규정된 존재자는 그 최초의 상태에서 '존재' 이외의 아

며 선험논리는 사유하는 주체의 논리적 구조를 다루는 것으로 형식논리의 기초가 된다고 볼 수 있겠다. 전자의 논리학은 아리스토텔레스에 의해 체계화되었으며 후자의 논리학은 칸트에 의해 체계화되었다. 형식논리에서 중요한 것은 명제의 건전성과 명제들 사이의 논리적 일관성이다. 그리고 명제들의 논리적 타당성은 삼단논법에 의해 검증된다. 선험논리는 경험에 앞서는 사유하는 주체의 존재방식을 논리적 필연성에 따라 밝히는 작업이다. 즉 경험이란 사유하는 주체와 대상의 결합에 의해 이루어지는데, 이때 사유하는 주체는 선험적 영역에 속하며 대상은 사유하는 주체에 의해 구성되기 때문에 경험적 영역에 속한다. 선험논리란 바로 선험적 영역에 속하는 이 사유하는 주체를 논리적으로 분석하는 것이다. 이 주체는 감성과 오성과 이성으로 구성되어 있으며 각각 고유한 기능을 가진다. (물론 이런 구분은 순전히 논리적인 구분이다. 사유하는 주체가 실제로 그렇게 구분되어 작용하지는 않는다.) 그런데 사유하는 주체의 존재방식은 더 나아가 보다 근원적으로 존재자 일반의 존재방식에 기초한다고 볼 수 있을 것이다. 헤겔의 논리학은 바로 존재자 일반의 존재방식인 변증법을 논리적으로 제시하고자 한다. 그런 의미에서 우리는 헤겔의 논리학을 존재론이라 할 수 있을 것이다.

무엇도 아니다. 모든 존재자들은 이러저러하게 규정되어 있다. 한 존재자가 어떻게 규정되어 있음이 그 존재자의 내용이며, 이 내용에 따라 존재자들은 서로 서로 구별된다. 그러나 개별적인 존재자가 아니라 '존재자 일반'의 경우는 어떤가? 존재자 일반을 규정하는 내용은 '존재'일 뿐 그 이외의 아무것도 아니다. 그러나 이때의 존재는 아무런 내용을 가지지 않는다. 따라서 그것은 '무'이다. 하나의 존재자 내에서 존재에서 무로의 운동이 일어난다. 그런데 이 무는 존재하지 않는다는 의미에서의 무가 아니라 존재자의 존재방식, 즉 존재이다. 여기서 무에서 존재로의 운동이 일어난다. 이와 같이 존재자가 존재한다는 것은 "무에서 존재로 넘어가 있음"(생성)이며, "존재에서 무로 넘어가 있음"(소멸)이다. 존재한다는 것은 생성과 소멸의 운동인데, 이 운동은 하나의 존재자 내에서 존재와 무 사이의 모순작용에 근거한다. 헤겔에 의하면 바로이 모순작용이야말로 "스스로에게 관계하는 부정성"으로서의 변증법이다. 논리학은 정신이 변증법적 과정을 거쳐 어떻게 절대정신에 도달하는지를 제시한다.

8.2.3.5. 정신철학과 자연철학

절대정신은 최초의 상태에서는 순수한 '즉자적 존재'(Ansichsein)이다. 이런 절대정신이 자신을 외화(Entäusserung)함으로써 자연이 되고 인간이 된다. 인간으로서의 정신은 의식을 사용하며 역사의 형태를 취한다. 인간의 의식작용에서 그리고 역사적 사건에서 정신은 자기 자신에게 다시 돌아가 '대자적'(für sich)이 된다. 절대정신은 예술과 종교와 철학을 통해 '즉자적인 동시에 대자적인'(an und für sich), 즉 절대정신이 된다. 자연현상들, 역사적 사건들, 인간의 의식단계들과 같은 모든 현실적인 것은 절대정신의 현상이며 따라서 이성적이다. 절대정신은 이성(Logos)이기 때문이다. "이성적인 것은 현실적이고, 현실적인 것은 이성적이다."[16]

　　인간의 의식과 역사는 절대정신의 외화현상이라는 헤겔의 견해는 막스 셸러(M. Scheler)의 인간론에서 다시 발견된다. 셸러에 의하면 정신(Geist)은 만물의 근원이 외화되어 나타난 현상이며, '인격체'는 정신이 현실화된 생명체이다. 정신은 단순히 생물학적인 생명이나 자연현상과 대립적이다. 정신의 본질은 자유, 즉 본능적 충동과 자연적 조건에 대해 '아니오'라고 말 할 수 있는 가능성이다. 정신은 자신을 타자에 대해 대립시킬 수 있으며, 타자를 그의 객관성(ob-iectum)에서 관찰할 수 있다. 정신은 단순한 생명과 달리 세계개방성을 통해 자기 자신을 인식할 수 있는 '자아의식'(Selbstbewußtsein)이기 때문이다. 자아의식은 내가 나를 관찰하는 주체로서 대상들에 대립시킬 수 있음을 전제한다. 대자적 존재는 자신의 고유한 활동을 대상화하고, 그렇게 함으로써 비로소 즉자적이면서 동시에 대자적이 된다. 정신이란 이렇게 즉자적이면서 동시에 대자적인 존재이다. 칸트에 의하면 이런 능력을 가진 생명체

---

16) F. Hegel, *Grundlinien der Philosophie des Rechts*, Theorie-Werkausgabe, Frankfurt a.M. 1970, Bd. 7, S. 24.

는 인격체, 즉 "다양한 시간에서 자기 자신의 수적 동일성을 의식하는"(KrV. A 361) 인격체가 된다. 그리고 인간이 이렇게 인격체로서 다른 생명체들과 결정적으로 다른 이유는 만물의 근원(헤겔의 절대정신)이 인간의 정신에서 외화되어 나타났기 때문이다. 정신은 단순히 이성, 로고스와 자아의식으로서 뿐만 아니라 자유와 인륜으로서도 자신을 외화한다. 이와 달리 오성(Verstand)은 단지 규제적 사유이다. 인간 존재의 특수한 위상을 설명할 때 언제나 등장하는 책임, 존엄성, 인격, 책임과 대속과 같은 윤리적인 술어들과 종교적인 술어들은 언제나 인간의 정신과 관련된 개념들이다. 인간에게 외회된 정신의 이런 특성은 셸러의 다음과 같은 주장에 잘 나타난다.

"인간의 본질과 인간의 '특수한 위상'(Sonderstellung)은 지성과 선택능력보다 훨씬 더 고상하다. 그리고 인간은 비록 그의 지성과 선태능력이 양적으로 아무리 상승한다 할지라도 이런 단계에 도달할 수는 없다."

"새로운 원리는 우리가 가장 넓은 의미에서 '생명'이라고 부르는 모든 것을 초월한다. 인간을 '인간'으로 만드는 것은 생명의 새로운 단계가 아니다. … 그것은 모든 생명일반과 다르며, 심지어 인간의 생명과도 다른 원리, 즉 그 자체로 '자연적 생명진화'로 소급될 수 없는 전적으로 새로운 본질이다."[17]

17) M. Scheler, *Die Stellung des Menschen im Kosmos*, München 1947, S. 10, 11. 인간의 정신

헤겔에 의하면 사유하는 존재자로서 인간의 정신은 다음과 같은 세 단계를 거쳐 발전한다.

주관적 정신 : 주관적 정신은 정신의 최하위 단계로 개인의 주관적 의식을 가리킨다. 인간이 자기 자신을 의식하는 절대적 자아의식의 단계이다. 이 단계에서 인간은 비록 자아의식을 가지기는 하지만 아직 자기 자신의 자아에만 한정되어 있다. 절대적으로 자기만을 아는 단계이다. 타자에 대한 의식이 전혀 없다. 즉, 이는 절대적 이기심의 단계이다.

객관적 정신 : 인간의 정신이 가정, 사회, 국가, 역사를 통해 보다 높은 단계의 질서에 도달하여 자신을 실현하는 단계이다. 이 단계에서 정신은 보다 고차적인 질서의 세계로 승화된다. 정신은 초개인적인 법, 즉 윤리적 법을 따르게 된다. 이 단계의 정신은 이기적인 절대적 자아의식에서 벗어나 보다 고차적인 단계로 승화되기는 하지만 아직 타율적 자아의 단계에 머문다.

절대정신 : 절대정신은 주관적 정신과 객관적 정신을 넘어 두 영역을 모두 포괄하는 정신이다. 여기서 비로소 정신은 '자기와 다른 존재로 있음'으로부터 자기 자신에게 돌아와 전적으로 자기 자신으로 머물게 된다. 이때 인간은 절대적인 자율적 자아의 단계

에 관한 셸러의 견해에 관해서는 참조, Kurt Wuchterl, *Lehrbuch der Phiolosophie*, Stuttgart 1998, S. 33-37.

에 도달한다. 우리는 이 단계를 진정한 정신의 단계라고 할 수 있겠다. 인간은 예술, 종교, 철학을 통해 이 단계에 도달할 수 있다. 이 단계에서 인간은 비로소 절대적 자유의 정신이 된다. 절대적 자유란 자기 자신에만 머물지도 않고 타율적인 규범에만 매이지도 않는 "타자 속에서 자기 자신으로 있음"이다.

한편 헤겔은 인간의 의식과 역사뿐만 아니라 자연현상들도 절대정신의 외화현상으로 본다. 헤겔에 의하면 자연의 근본적인 두 가지 요소는 "에테르" 또는 "절대적 물질"과 "물질"이다. "에테르" 는 절대자가 자연에 나타나는 가장 기초적인 방식이다. 에테르는 순수한 통일성으로서의 '차이 없음'으로서 이미 대립적 요소들을 잠재적으로 가지는 분화가능성(Potenz)이다(참조, Jenaer Systementwürfe I, 183). "차이 없음"인 에테르가 "차이"로 발전하여 물질이 되고, 물질이 다시 다양한 자연현상들로 나타난다. 헤겔에 의하면 "절대적 물질 또는 에테르는 … 순수정신과 동일하다. 절대적 물질은 감각적인 것이 아니라 자신 안에 있는 순수개념으로서의 개념이며, 그렇게 현존하는 정신이기 때문이다."(Jenaer Systementwürfe III, 3)[18]

---

18) 헤겔의 자연철학에 관해서는 참조, Terry Pinkard, 『헤겔』(전대호, 태경석 옮김), 247-251쪽.

8.3. 유물론과 마르크스

8.3.1. 변증법적 유물론

마르크스(1818-1883)는 헤겔 철학의 형식적 측면인 변증법을 그대로 수용하지만, 그 내용에 있어서는 헤겔과 정반대의 입장을 취한다. 헤겔은 모든 것의 토대를 이루는 정신이 변증법적으로 자기를 전개한다고 보았는데 반하여, 마르크스는 모든 것의 토대는 정신이 아니라 물질이라고 보았다. 그에 의하면 정신이 모든 것의 토대라고 주장하는 것은 머리를 땅에 대고 물구나무 서있는 것과 같다는 것이다. 그는 거꾸로 서있는 헤겔의 철학을 바로잡겠다고 했다.

마르크스는 물질을 관념이 형상화된 형식에 불과하다고 보는 헤겔과는 달리, 정신이 물질의 산물이라고 주장하는 유물론적 세계관을 전개했다.

8.3.2. 사적 유물론

'사적 유물론' 또는 '유물사관'은 변증법적 유물론의 이론을 사회의 변천에 적용한 것이다. 사회는 상부구조와 하부구조로 이루어져 있는데, 그 중에서 사회를 움직이는 것은 하부구조라는 것이다. 하부구조를 이루고 있는 것은 사회의 경제적 관계이며, 상부구조는 두 종류가 있는데, 하나는 하부구조와 직접적으로 관련된 정치적 법률적 구조이며, 다른 하나는 철학, 학문, 예술, 도덕, 종교와 같은 이데올로기적 상부구조이다. 모든 형태의 상부구조들은 경제적 기존 구조인 하부구조에 의존한다. 그렇다면 하나의 사회는 하부구조인 경제적 구조에 의해 어떻게 바뀌어 나가는가?

a. 계급투쟁

하부구조를 형성하고 있는 경제관계는 다시 생산력과 생산관계라는 두 요소에 의해 결정된다. 생산력이란 봉건시대에는 토지와 자본을 말하며, 생산관계란 생산력을 중심으로 한 인간 상호간의 관계를 말한다. 다시 말해, 생산력을 누가 가지느냐에 따라 생산관계가 달라진다는 것이다. 생산력을 가진 계급은 자본가 계급이 되며 생산력을 가지지 못하는 사람은 노동자 계급이 된다. 따라서 생산력을 획득하기 위해 계급 사이에 끊임없는 투쟁이 일어난다. 인류의 역사는 끝없는 계급투쟁의 역사이다.

b. 노동소외

노동자는 그의 노동을 통해 상품을 생산한다. 상품은 노동자의 삶의 일부이다. 그런데 이 상품이 임금으로 화하여 노동자에게 돌아올 때 그 가치는 노동의 가치에 비해 현저히 적다. 따라서 노동자는 그의 노동으로부터 소외된다. 노동자에게 돌아오지 않은 가치는 잉여가치로 자본가에게 돌아간다. 따라서 자본가는 점점 더 많은 자본을 축적하게 되고 노동자는 점점 더 빈곤하게 된다. 이런 과정이 되풀이 되면 노동자는 완전히 파멸에 이르게 된다. 따라서 노동자는 이런 생산관계를 역전시키기 위해 혁명을 일으켜야 한다는 것이다. 이것이 바로 프롤레타리아 혁명론이다.

8.4. 생(生)철학

8.4.1. 쇼펜하우어(Arthur Schopenhauer, 1788-1866)

쇼펜하우어의 사상은 『의지와 표상으로서의 세계』에 잘 나타난다. 『의지와 표상으로서의 세계』는 종종 4악장으로 구성된 심포니에 비유된다. 4단원으로 구성된 그 책의 각 단원은 독특한 음계와 박자를 가진다. 그 책의 첫 단원은 우리가 경험하는 표상으로서의 세계와 우리의 관계에 관해 설명한다. 두 번째 단원은 표상세계보다 더 깊은 실재성이 있다고 주장한다. 세 번째 단원에서는 예술에 관한 긍정적인 평가를 제시한다. 쇼펜하우어에 의하면 예술은 우리로 하여금 표상세계의 욕망으로부터 벗어나 더 깊은 의지의 세계를 볼 수 있게 해준다. 네 번째 단원에서 쇼펜하우어는 인간은 자신의 본성 때문에 고통을 당하지만 욕망을 줄이고 절제의 삶을 살면 고통에서 해방될 수 있는 길이 있다고 주장한다.

a. 표상으로서의 세계

이 책은 "세계는 나의 표상이다"는 말로 시작된다. 우리에게 나타나는 그대로의 세계가 세계의 실상이라는 것이다. 쇼펜하우어에 의하면 객관적 세계는 언제나 우리에게 표상으로서 주어진다. 대상은 단지 주체와 대상의 표상관계의 한 측면으로서 존재한다. 쇼펜하우어는 우리가 경험하는 세계, 즉 표상으로서의 세계와 표상세계의 토대가 되는 물자체를 구분하는 칸트의 견해를 수용한다. 칸트는 경험의 배후에 있는 실재를 "실체세계"(noumenal world)라고 부르고, 쇼펜하우어는 그 세계를 "의지의 세계"라고 부른다. 그러나 그는 물자체를 인식할 수 없다는 칸트의 주장을 거부한다. 물자체는 인식할 수 없기는 하지만 경험할 수 없는 것은 아니다. 쇼펜하우어에 의하면 우리가 자발적 의지, 즉 몸을 움직이기 위해 작용하는 힘을 경험할 때 의지로서의 세계가 모습을 드러낸다. 의지는 신체의 움직임의 일부이다. 우리 자신의 의지를 의식할 때 우리는 표상의 세계를 초월하여 물자체를 희미하게 볼 수 있다. 우리는 이렇게 내적 반성을 통해 우리의 내적 근원인 "의지"(물자체)를 경험할 수 있다. 따라서 물자체로서의 의지는 인간과 동물의 모든 행위의 추동력일 뿐만 아니라 물리학적 법칙들을 포함한 모든 자연 법칙들의 절대적 근원이다. 물자체로서의 의지가 표상으로서 나타난다. 세계는 의지가 우리의 인식양식인 시간과 공간과 인과율에 따라 개체화되고 결합되어 나타난 것이다. 이렇게 나타난 세계는 단지 우리를 위한 세계이지 의지 차체는 아니다. 우리는 실재의 근원적 본성에 직접 접근하기보다는 오히려 세계를 우리 자신에게 표상한다.

b. 의지로서의 세계

한편 세계는 나의 표상일 뿐만 아니라 그의 내면은 의지, 즉 세계의지(의지로서의 세계)이다. 그 세계가 우리에게 표상되는 대로의 세계인 것은 그 세계의 내면에 있는 세계의지가 그렇게 나타났기 때문이다. 쇼펜하우어는 표상세계의 근원인 이 의지를 맹목적 충동이라고 생각했다. 그리고 그는 이런 의지가 어떤 방식으로 작용하느냐에 따라 세 종류로 구분한다. 의지가 인과율에 따라 작용할 때 그 의지는 원인이며, 잠재적 에너지가 발산될 때 의지는 자극으로서 작용하며, 특정한 의도들이 작용할 때 의지는 그런 의도들의 동기로서 작용한다.

> "나는 어떤 상태의 물질이 필연적으로 다른 상태를 유발시킴으로써 자신도 그가 유발시킨 그것만큼 변하는 것을 가장 엄밀한 의미에서 원인이라 부른다. (…) 그런데 자신은 아무런 영향도 받지 않으면서 어떤 결과를 유발시키는 원인이 있는데, 나는 그런 원인을 자극이라 부른다. (…) 자극은 의지가 작용하는 원인인 동기와 가장 좁은 의미의 원인 사이의 중간 상태이다."[19]

---

19) A. Schopenhauer, *Die Welt als Wille und Vorstellung I*, Köln 1997, §. 23.

이와 같이 의지는 자연에서 일어나는 모든 활동들을 규정한다. 의지는 삶의 의지와 종족보존 의지로서 현상 세계에 나타난다.

한편 인간의 자유의지에 관해서도 쇼펜하우어는 자유의지를 인정하기는 하지만 그것이 무제한적인 것은 아니라고 한다. 이것은 다음과 같은 그의 유명한 명제에서 잘 표현된다. "인간은 그가 의지하는 것을 행할 수 있다. 그러나 그는 그가 의지하는 것을 의지할 수는 없다." 이렇게 인간의 자유의지가 제한적일 수밖에 없는 것은 철저하게 인과율이 지배하는 표상세계에서 인간도 예외일 수 없기 때문만은 아니다. 그것은 의지가 그의 모든 영역에서 인과율의 법칙에 따라 자신을 실현하기 때문이다. 우리는 의지가 어떤 다른 것에 의해서도 규정되지 않을 때에만 의지의 자유를 말할 수 있다. 그런데 인간의 의지는 의지 자체가 인간의 성정을 통해 실현된 것이기 때문에, 인간의 의지는 이미 의지 자체에 의해 규정된 의지이다. 따라서 인간이 자유의지에 따라 결정하는 것은 실제로는 그의 자의적인 성정에 따라 의지하는 것이다. 그러나 인간의 자유의지가 완전히 불가능한 것은 아니다. 인간이 깊은 예술 감상과 같은 명상의 순간에 자신의 의지를 규정하는 의지를 인식한다면 그는 그 의지를 거부할 수 있다. 쇼펜하우어는 이런 순간을 "멜랑콜리"의 상태라고 부른다.

c. 의지와 이성의 관계에 관하여

쇼펜하우어에 의하면 인간의 삶은 이성과 의지의 두 요소로 이루어져 있지만 그 중에서도 더 근본적인 것은 이성이 아니라 의지, 즉 삶의 의지이다. 이 삶의 의지야말로 인간의 삶을 이끌어가는 힘이다. 표상으로서의 세계의 기초를 이루는 것이 세계의지이듯이, 삶의 의지는 인간의 모든 표상의 근저에 놓여있다. 이 의지가 없으면 인간의 삶은 눈은 있으나 다리가 불구인 사람과 같다. 인간의 삶은 이성과 의지의 조화이다. 이것은 마치 눈은 멀었으나 다리는 건강한 사람이 눈은 떴으나 다리가 불구인 사람을 어깨에 태우고 걸어가는 것과 같다. 이때 눈은 이성이며 다리는 의지를 가리킨다.[20]

d. 윤리학

맹목적이고 비이성적인 세계의지는 절대적인 근원적 힘이며 세계의 본질이다. 이성은 비합리적인 세계의지의 하인에 불과하다. 비이성적인 의지의 산물인 세계는 최악의 상태이다. 세계는 고통으로 가득 찬 "눈물 골짜기"(Jammertal)이다.[21] "모든 열망은 결핍

---

20) 의지와 이성이 인간의 행위를 구성하는 두 요소라는 쇼펜하우어의 주장은 이미 중세의 둔스 스코투스에게서도 발견된다. 둔스 스코투스에 의하면 인간의 의지에는 정의를 추구하는 경향과 감정을 따라 편안함을 추구하는 경향이 있다. 편안함을 추구하는 사람은 최고의 행운을 추구하고, 정의를 추구하는 사람은 절대적인 최고선을 추구한다. 최고의 행운은 세속적인 사람들이 추구하는 가치인데 반해, 최고선은 정의를 추구하는 모든 사람들에게 무제한의 타당성을 가진다. 죄란 단지 편안함만 추구하여 정의의 명령을 따르지 않는 것이다. 따라서 의지는 두 경향의 모순을 인식하는 이성의 도움을 받아 편안함을 추구하는 경향을 통제해야 한다. 의지 자체는 목표를 추구하는 맹목적 능력에 불과하다. 그 목표가 최고선을 지향하는 것이기 위해서는 이성의 도움이 필요하다.

21) A. Schopenhauer, *Die Welt als Wille und Vorstellung I*, Köln 1997, §. 59.

즉 현재의 상태에 대한 불만족에서 오며, 따라서 그 열망이 충족되지 못하는 한 그 열망은 고통이다. 일시적인 만족이 있을 수 있지만 지속적이지 못하다. 일시적인 만족은 언제나 새로운 열망의 시작에 불과하다. (…) 열망은 끝이 없으며 따라서 고통도 끝이 없다."[22] 모든 행복은 환상이며, 모든 욕망은 부질없는 것이다. 끝없는 의지는 어떤 것으로도 채워지지 않는다. 모든 의지의 근저에는 결핍이 자리하고 있으며 따라서 의지에는 고통이 따른다. 의지는 삶의 추진력이긴 하지만 또한 고통의 근원이기도 하다. 인간의 의지는 무한하고 따라서 결코 충족될 수 없다. 어떤 욕망도 그것이 충족되고 나면 다시 새로운 욕망이 나타나기 마련이다. 이런 충족되지 않는 욕망은 고통의 원인이다.

인간의 삶은 그것이 의지에 의해 지배되는 한 욕망에서 벗어날 수 없고 따라서 언제나 고통이다. 쾌락이나 행복은 다만 일시적인 고통의 부재에 불과하다. 그 고통은 여러 가지 양태로 나타난다. 곤경과 권태와 고독 등이 그것이다. "단테가 묘사한 지옥의 소재는 우리의 현실세계가 아니고 무엇이겠는가? 그는 지옥에 관해서는 잘 묘사하고 있다. 그러나 천국과 환희를 묘사하는 장면에서는 단테도 난관에 부딪힐 수밖에 없었다. 바로 우리의 현실에 그런 소재가 전혀 없기 때문이다."

이런 고통에서 벗어날 수 있는 길은 없는가? 의지의 지배로부터 벗어날 수 있는 길은 없는가? 쇼펜하우어는 이 세계의 "눈물

---

22) A. Schopenhauer, *Die Welt als Wille und Vorstellung I*, Köln 1997, §. 56.

골짜기"에서는 죽음이 삶보다 더 낫다고 생각한다. 그렇다고 그가 자살을 권장하는 것은 아니다. 자살은 결코 고통의 해결책이 아니다. 형이상학적 의지가 어떤 방식으로든 새로운 형식으로 나타나 삶의 수레바퀴를 새로이 돌게 할 것이기 때문이다. 그렇지만 인간은 의지 자체를 부정할 줄 아는 존재자이기도 하다. "모든 존재자들이 하나임을 인식하고 금욕적인 생활을 함으로써 삶의 의지를 부정하는 것만이 구원의 길이다. 우리를 구원할 수 있는 것은 자살이 아니다. 자살은 세계의지가 개체를 통해 나타나는 것을 막을 수 있을 뿐이다."[23)

현상세계에서 최고의 존재자인 인간에게는 의지와 고통을 벗어나 '무'(일종의 니르바나)의 상태에 이를 수 있는 가능성이 주어져 있다. 쇼펜하우어는 예술을 통한 해탈의 길과 윤리를 통한 해탈의 길을 제시한다. 예술작품을 감상하면서 인간은 의지의 예속으로부터 벗어날 수 있다. 참된 예술작품은 인간이 어떤 사실의 내적 본질을 자각하여 객관적 시각을 가지도록 도와줌으로써 의지로부터 벗어날 수 있도록 도와준다. 그러나 예술을 통한 그런 해탈은 일시적인 위안에 지나지 않는다. 그렇다면 진정한 해탈의 길은 무엇인가? 쇼펜하우어에 의하면 그 길은 윤리를 통한 길이다. 그는 모든 도덕의 원리로서 다음과 같은 명령을 제시한다. "아무에게도 상처를 주지 말고 오히려 가능한 한 모든 사람들을 도우라." 이런 명령은 이기적으로 행동하지 않고 다른 사람의 고통에

---

23) A. Schopenhauer, *Die Welt als Wille und Vorstellung I*, Köln 1997, §.68.

동참함으로써만 실천될 수 있다. 위대한 종교의 가르침과 성자들의 삶을 본받는 길이 바로 그런 길이다. 진정한 기독교의 가르침과 예수의 삶에서 의지를 부정한 모범을 발견할 수 있다. 그것은 자기를 부정하는 길이며, 십자가를 지는 길이다. 그러나 보다 깊이 생의 의지를 부정한 사상은 고대 인도인들에게서 발견된다.

쇼펜하우어에 의하면 우리가 실재의 본질을 통찰한다면, 즉 우리가 마야의 베일을 통해 실재의 본질을 꿰뚫어 본다면, 즉 의로서의 세계를 알게 된다면, 고통으로부터 영원히 벗어날 수 있는 기회가 있으며, 적어도 예술이 제공해 줄 수 있는 미학적 관조의 순간들처럼 지고한 행복의 단계에 도달할 수 있다.

이런 상태에 도달하기 위해서는 다른 사람들을 해치는 것이 일종의 자해임을 깨달아야 한다. 왜냐하면 의지의 수준에서는 해를 가하는 사람과 해를 당하는 사람은 하나이기 때문이다. 가해자와 피해자가 다르다고 생각하는 것은 현상의 수준에서만 그렇다. 이런 사실을 깨닫는다면 우리는 모든 고통은 어떤 의미에서 우리 자신의 고통임을 알게 될 것이고, 그런 깨달음이 동기가 되어 그런 고통을 막기 위해 노력하게 될 것이다. 어떤 사람이 다른 사람을 해치는 것은 마치 의지가 미친 짐승처럼 이빨로 자기 살을 물어뜯으면서도 그것이 자해임을 알지 못하는 것과 같다.

8.4.2. 니체(Friedrich Wilhelm Nietzsche, 1844-1900)

니체의 철학은 소크라테스에 대한 비판에서 시작된다. 니체는 그리스의 문화를 종래와는 전혀 다른 각도에서 바라본다. 그에 의하면 그리스 문화를 구성하는 두 요소는 아폴로적인 요소와 디오니소스적인 요소가 있다. 아폴로는 원래 이성과 조화와 균형을 상징하는 신이며, 디오니소스는 술의 신으로 감성과 도취를 상징한다. 니체에 의하면 이 두 요소는 단지 그리스 문화에만 나타나는 것이 아니라 인간의 모든 삶을 구성하는 요소이기도 하다. 니체에 의하면 소크라테스 이전까지는 그리스 문화에서는 이들 두 요소가 조화를 이루고 있었지만 소크라테스 이후에는 아폴로적인 것이 일방적으로 승리하여 그리스 문화는 쇠퇴의 길을 걷게 되었다. 니체는 소크라테스의 오류를 다음과 같이 3가지로 지적한다. ① 소크라테스에 이르러 그리스 문화의 위대한 비극성은 사라지고 천박한 낙천주의가 지배하게 되었다. ② 이성과 감성의 조화가 깨지고 이성이 감성을 억누르는 주지주의가 등장했다. ③ 삶을 도덕적 규범으로 판단하려는 합리적 윤리주의가 등장했다.

소크라테스에 대한 비판에서도 알 수 있듯이 니체는 진리의 절대성을 부정했다. 절대적이라고 주장할 수 있는 것은 아무것도 없다는 것이다. 모든 주장과 주의는 단지 관점일 뿐이다. 니체가 "신은 죽었다"고 말할 때 그 의미는 바로 이런 진리의 관점성(Perspektivität)을 표현하는 것이라고 보아야 할 것이다. 우리가 진리라고 하는 것, 절대적인 것이라고 주장하는 것은 사실은 하나의 관점에 불과하다. 이런 의미에서 그는 현대의 포스트모더니즘의 선구자라

할 수 있을 것이다.[24]

진리를 하나의 관점으로 보는 니체의 견해는 인간에 관한 그의 견해에서도 나타난다. 그는 인간을 "넘어서는 자"(초인: Übermensch)이어야 한다고 주장한다. 인간이 끊임없이 넘어서는 자로서 존재할 수 있는 것은 그가 그렇게 넘어서려는 의지를 가지기 때문인데, 니체는 이런 의지를 "힘에의 의지"(Wille zur Macht)라 한다.

넘어서는 자(초인)는 다음과 같은 특징을 가진다. ①넘어서는 자는 아폴로적인 요소와 디오니소스적인 요소가 조화를 이룬 인간, 즉 이성과 감성이 조화를 이룬 인간이다. ②초인은 완전한 허무주의자이다. 그는 형이상학적인 것, 이상적인 것, 도덕적인 것, 종교적인 것에 매이지 않고 현실의 삶을 그대로 긍정하는 사람이다. 이런 점에서 볼 때 니체가 주장하는 허무주의는 현실의 삶에 대한 부정이 아니라 오히려 변하지 않는 어떤 절대적 가치도 존재하지 않는다는 의미에서 이해되어야 할 것이다. 진정한 허무주의란 우리가 신처럼 절대적인 것으로 생각하는 것은 없음을 인식하는 것이다. 신의 죽음에 대한 니체의 선언은 바로 이런 의미의 허무주의

---

24) '진리의 관점성'은 물리학적으로도 증명되었다. 20세기 비결정론적 세계관의 핵심적 인물인 하이젠베르크(Werner Heisenberg, 1901-1976)는 1927년 양자역학 분야에서 '불확정성 원리'(Unbestimmtheitsrelation)를 발표했다. 우리는 전자의 위치를 정확히 알려고 하면 그만큼 더 짧은 파장의 빛으로 관찰해야 한다. 하지만 빛의 파장이 짧아질수록 '콤프톤 효과'(compton effect) – 빛의 입자인 광자(光子)가 전자에 부딪힐 때 전자에게 에너지를 뺏겨 파장이 길어지게 되고 전자는 그 에너지에 의해 운동하게 되는 효과, 즉 정지해있는 전자에 X선을 때리면 전자는 움직이고 X선은 약해지는 효과 – 에 의해 전자의 유동성이 커져 그 전자의 운동량에 대해서 그만큼 부정확한 값을 얻게 된다. 결국 위치와 운동량은 아주 작은 범위에서는 서로 불확실한 관계에 있게 되는 것이다. 사람의 관찰 행위의 경우도 마찬가지이다. 관찰행위가 대상에 영향을 미치기 때문에 관찰된 대상은 더 이상 이전의 대상이 아니고 관찰자도 그 대상에 의해 변한 상태가 된다. 위에서 언급된 '콤프톤 효과'에서 전자와 광자 사이의 역학적 관계가 그렇듯이 말이다.

를 표현하는 것이다.

8.4.3. 베르그송(Henri-Louis Bergson, 1859-1941)

"시간이 존재한다. 그리고 그것은 공간에 속하는 것이 아니다."
베르그송은 자신의 철학을 한 마디로 요약해 달라는 어느 청중에
게 이와 같은 짤막한 말로 대답하였다고 한다. 이 말 속에는 그의
철학체계 전체가 들어 있다고 볼 수 있겠다. 따라서 베르그송의
철학을 이해하려면 바로 베르그송 자신의 이런 대답이 가지는 의
미를 이해하는 것이 가장 좋은 방법일 것이다.

베르그송은 모든 현실의 진리를 생명의 형이상학적 통일성으로
부터 설명하는데, 생명은 언제나 자신의 정체성을 보존하면서 새
로운 창조를 일으키는 창조적 힘을 가지고 있다. 그는 이런 창조
적 힘을 "엘랑 비탈"(élan vital: 생명의 약동)[25]이라 하며, 이렇게 약동하
는 생명의 힘에 의해 일어나는 지속적인 창조를 "창조적 진화"라
한다. 창조적 진화는 생명 자체에 내재하는 화석화 경향에 저항하
는 정신의 힘이기도 하다. 화석화란 엔트로피의 법칙에 따라 재생
되지 않는 에너지의 결과라 볼 수 있겠다. 여기서 베르그송은 유

---

25) 열역학 제2의 법칙인 '엔트로피 법칙'에 의하면 에너지는 이용이 가능한 에너지에서 이용이
불가능한 에너지로 바뀌며 따라서 그 결과 모든 물질 특히 무기물은 질서 있는 상태에서 무
질서의 상태로 변한다. 모든 물질 특히 무기물은 엔트로피의 법칙에 따라 엔트로피 즉 이용
불가능한 에너지가 점점 증가하지만 생명체에 내재하는 "엘랑 비탈"은 무기물의 엔트로피
경향을 거부하고 질서를 보존하는 생명의 힘이다. 양자역학의 창시자인 슈뢰딩거에 의하면
생명체가 그의 엔트로피를 감소시키는 대가로 주변의 엔트로피는 더 많이 증가한다고 한
다. 그렇다면 결국 우주는 다시 혼돈의 상태로 돌아가게 될 것이다.

물론적이고 기계론적인 진화론을 거부하고 특히 스펜서와 다윈의
진화론을 비판한다.

그런데 생명의 이런 창조적 진화는 시간의 의미 속에 이미 내재
되어 있다. 이런 사실은 『창조적 진화』의 내용과 『기억과 물질』의
내용 사이의 상호관계에서 잘 드러난다. 모든 생명체는 창조적
힘인 "엘랑 비탈"의 작용에 의해 과거의 기억을 현재까지 간직하
는데,[26] 이것은 "엘랑 비탈" 자체가 순수 시간인 "지속"(la durée)이
기 때문에 가능하다. 여기서 베르그송의 시간관에 관해 잠시 살펴
보자.

칸트에 의하면 시간과 공간은 인식 주체 특히 직관의 형식으로
서 본질적으로 차이가 없다. 그러나 베르그송에 의하면 그 둘을
전적으로 다른 본질에 속한다. 공간은 동질적인 점들의 집합이
다. 우리는 임의로 한 점에서 다른 점으로 넘어갈 수 있다. 합리적
이고 분석적인 자연과학은 언제나 이런 공간 속에서 일어나는 현
상들을 탐구한다. 자연과학적 의미에서 운동은 그 안에 있는 물
체들의 위치가 연속적으로 이동하는 것에 불과하다. 자연과학에
서 측정하는 시간도 실제로는 공간 속에서의 변화를 측정하는 것
에 불과하다. 그런 시간은 나눌 수 있는 시간이다.

물리학적인 공간과 시간과는 달리 생명체의 시간은 공간과 달
리 동질적이지 않다. 그런 시간은 되돌릴 수 없는 연속이기 때문

---

26) 과학자들에 의하면 물은 그가 외부에서 받은 물리적 영향이나 화학적 영향을 기억하는 많은
독특한 속성들을 가진다. 물이 이런 속성을 가지지 않는다면 생명체의 기원에 관해 해명할
길이 없기 때문이다. 데리아긴(Boris V. Deryagin)과 츄래브(N. V. Churaev)는 1971년에 최
초로 물의 "기억"에 관해 학문적으로 연구한 사람들이다.

에 나눌 수 없다. 그런 시간은 본질적으로 나눌 수 없는 운동 자체이며, 지속적이고 예상할 수 없으며 되돌릴 수 없는 "지속"(la durée)이다. 생명체의 추진력인 "엘랑 비탈"은 지속을 본질로 한다. 따라서 모든 생명체는 바로 이런 지속 가운데 창조적으로 진화한다.

베르그송은 물질과 생명을 전적으로 분리하여 생각하지는 않는다. 생명은 물질의 에너지를 이용한다. 뿐만 아니라 물질과 생명은 모두 "지속"을 본성으로 한다. 그렇지만 그 둘은 서로 다르다. 물질은 "지속" 가운데 에너지를 상실하지만, 생명은 비약한다. 원의 가장 작은 부분이 직선의 일부와 다르지 않은 것처럼 보이듯이 생명의 지속이 물리적 또는 화학적 힘과 다르지 않은 것처럼 보일 수도 있다. 그러나 사실은 원이 직선과 다른 것처럼 그 둘은 본질적으로 다르다. 마찬가지로 인간의 의식도 육체에 의존하는 것이 아니다. 옷걸이에 걸린 옷이 옷걸이가 떨어지면서 함께 떨어진다고 옷과 옷걸이가 동일하다고 볼 수 없는 것과 마찬가지이다.

9장
현대철학

9장
현대철학

9.1. 실존주의

　실존주의는 두 차례에 걸친 세계대전을 겪은 후 객관적이고 낙관주의적인 세계관에 절망하고 개인의 주관적인 삶에 눈을 돌린 철학사조이다. 여기서는 합리주의적인 것보다는 불안과 절망과 같은 문제들이 화두로 등장한다. 이 사조에서 중요한 것은 보편적이고 필연적인 진리보다는 구체적인 인간의 삶과 관련된 '주체적 진리'이다. 실존주의의 어떤 공통적인 특징을 한마디로 요약하기는 불가능할 것이다. 그러나 대체적인 성향은 보편적 본질을 개체보다 중요하게 생각하는 객관주의적인 형이상학을 거부하는 것이라 할 수 있을 것이다. 그러므로 실존주의자들은 논리적인 논증보다는 역설이나 잠언 등을 통해 인간으로 하여금 진정한 자기로 돌아가도록 촉구한다. 대표적인 실존주의 철학자들인 키에르케고르, 야스퍼스와 사르트르에 대해 살펴보자. 하이데거는 실존주의적 사상가이긴 하지만 그의 철학의 중심적 관심은 오히려 존재론이기 때문에 다른 단원에서 다루는 것이 좋을 듯하다.

9.1.1. 키에르케고르(S. Kierkegaard, 1813-1855)

신약성서에 보면 "사람이 온 세상을 얻는다 할지라도 그의 목숨을 잃으면 무엇이 유익하리요"라는 구절이 있다. 키에르케고르는 이 구절을 다음과 같이 바꾸어 말한다. "사람이 비록 온 세계를 잃더라도 그의 주체성을 잃지 않는다면 무엇을 염려하리요." 그는 젊은 시절에 이미 일기장에 다음과 같이 기록하였다. "소위 훌륭한 객관적 진리라고 하는 것을 발견하였거나 철학의 체계를 세웠다 하자. 그러나 그것이 어쨌단 말인가. 내가 그 속에 살고 있지 않은 것은 아닌가? 남의 구경거리를 제공하는데 불과한 것이 아닌가? 객관적인 것은 결코 본래적인 나의 것이 아니다. 자신의 실존의 가장 깊은 뿌리와 서로 얽힐 수 있는 것, 그런 것을 나는 갈망하고 있다. 나는 그것을 추구하리라."

키에르케고르는 당시의 철학, 특히 그중에서도 철학적 체계를 세우고자 하는 헤겔의 철학을 신랄하게 비판하였다. 소위 철학자들은 훌륭한 사상의 궁궐을 지어 놓고 실제로는 보잘 것 없는 오두막집에 살고 있다는 것이다. 읽은 책이 산더미같이 쌓였다 할지라도 그것이 나의 실존과 무슨 상관이 있단 말인가. 진리는 피와 땀으로 대지를 갈 듯이 나의 실존의 주체성 깊은 곳에 있는 것이다. 진리는 객관적으로 주어지는 것이 아니다. 주체성이 진리이다.

인간은 단독자이다. 그는 신 앞의 단독자이다. 그는 모든 것을 스스로 판단하고 행동해야 한다. 그리고 신 앞에서 그렇게 해야 한다. 신 앞의 단독자란 그의 판단과 행위에 대한 철저한 책임을 강조하는 것이다. 인간은 단독자로서 철저히 자유인이며, 그렇기 때문에 그는 언제나 불안의 기분에 의해 지배된다. 진정한 자유인은 언제나 이 불안에 의해 지배된다. 그렇지 않다면 그는 실존적 인간이 아니며, 진정한 자유인이 아니다. 자유는 무에 근거하는데, 이 무로 인하여 자유인은 불안을 가진다.

불안은 동물에게는 없고 보통 사람에게는 적으며 실존적 삶을 추구하는 사람에게는 늘 따르는 것이다. 불안은 밑바닥 없는 심연을 보고 느끼는 아찔한 기분이다. 실존적 인간은 언제 이것이냐 저것이냐의 기로에 서있는데, 그 선택은 어떤 것에도 의존하지 않는 자신만의 결단이다. 따라서 그 선택의 결과에 대해서도 어느 누구도 아닌 자기 자신이 책임을 져야한다. 바로 이 '어떤 것도 아님'(無)과 '어느 누구도 아님'(無)이 불안의 근원이다.

진정으로 실존적인 사람은 어떤 사람인가? 키에르케고르는 인간의 실존의 모습을 세 단계로 나눈다. 첫 번째 단계는 미적실존의 단계이다. 이 단계는 감각적인 것에 사로잡혀 있는 단계로 진정한 자유인의 단계가 아니다. 이 단계의 실존의 특징은 '사로잡혀 있음' 또는 '빠져있음'이다. 무엇에 빠져있는가? 오락에, 스포츠에, 잡담에, 소유에, 감각적 향락에 빠져있음이다. 그러나 키에르케고르가 말하는 미적 단계의 삶에는 단순히 육체적 쾌락추구만이 아니라 지적 심미주의자의 보다 세련된 쾌락추구도 포함된다. 심미주의자는 아름다운 모습과 예술작품을 감상하는데서 즐거움을 발견한다. 미적 단계의 삶에서는 끊임없이 새로운 쾌락을 추구한다. 이 단계의 삶을 추구하는 사람들이 가장 견디지 못하는 것은 지루함이기 때문이다. 마치 농사를 지을 때 그루갈이를 하듯이, 그들은 끝없이 새로운 쾌락을 추구한다. 그렇다면 이렇게 빠져있는 사람들은 삶을 포기한 사람들인가? 그렇지 않다 그들의 빠져있음은 구원을 찾는 하나의 모습일 것이다. 그러나 그들은 거기서 구원의 길을 찾을 수 있는가? 아니다. 오히려 거기서 무상함을 느끼게 된다. 이 무상함이 절망의 원인이다. 그리고 이 절망은 빠져있음에서 윤리적 단계로의 초월을 가능하게 한다.

감각적인 것에 빠져있음에 절망하는 사람은 이제 두 번째 단계의 실존에 이르게 된다. 쾌락을 추구하는 미적 실존은 개인이 자신의 행위를 선택하는 삶의 단계이다. 미적 단계의 삶을 사는 사람들은 쾌락을 스스로 선택할 수 없고 외부의 자극에 그저 반응할 뿐이다. 그러나 윤리적 실존의 단계에 있는 사람들은 언제나 내재적 동기에 의해 행동한다. 그는 스스로의 선택에 의존하여 윤리적 규범들을 배우고 따른다. 그는 자신의 선택에 대해 책임을 진다. 그의 삶은 자기성찰을 포함한다. 그는 "보편적 개인"으로서 모범적 인간이 되고자 노력한다. 그는 심미주의자가 결코 할 수 없는 방식으로 진정한 인간성의 아름다움을 추구한다.

그러나 윤리적 삶도 아직 완전한 실존적 자유의 단계는 아니다. 비록 그가 윤리적 규범들을 철저히 지킴으로써 보편적 개인이 되고자 노력하지만 말이다. 그는 아직 완전히 실존적인 자율적 인간은 아니다. 왜냐하면 그는 여전히 법에 매여 있기 때문이다. 그리고 그가 법을 지키려고 노력하면 할수록 그는 그 법을 지킬 수 없음을 깨닫게 된다. 이 단계에서 그는 다시 한 번 절망하게 된다. 그래서 성경은 율법의 기능이 죄를 깨닫게 하는 것이라고 말한다. 그는 참된 사람의 무늬를 가진 "보편적 개인"이 되고자 하지만 절망하게 된다. 그렇게 절망하는 사람은 이제 세 번째 단계, 즉 종교적 단계의 실존으로 초월한다. 그는 이제 신의 은총에 의존하게 된다. 이제 비로소 그는 신 앞의 단독자로서 진정한 실존이 된다. "절망은 죽음에 이르는 병이다. 그러나 그것은 동시에 삶에 이르는 병이기도 하다."

9.1.2. 야스퍼스(Karl Theodor Jaspers: 1883-1969)

원래 정신 병리학 의사였던 야스퍼스의 관심은 무엇보다도 치료에 있었다. 그런데 그는 정신 병리학만으로는 인간의 정신을 치료할 수 없음을 알게 되었다. 그래서 그는 철학을 통해 정신 병리학적 방법론의 한계를 극복하고자 했다. 그는 모든 종류의 정신병을 전적으로 뇌질환이라고만 생각하는 정신과적 선입관들을 지적하였으며, 프로이드의 이론들도 정신병을 치료하는 의사들이 극복해야 할 선입관이라고 생각했다.

9.1.2.1. 철학적 출발점

야스퍼스 철학의 중요한 원천은 키에르케고르, 스피노자, 니체, 특히 후서얼과 칸트이다. 그렇지만 야스퍼스는 칸트가 인간관계의 영역 특히 사랑의 영역을 이해하지 못했다고 비판했다. 그 외에도 그의 철학에는 생철학적 요소들이 깊이 스며들어 있다. 자연과학이 자아정립(확인)에 아무런 도움도 제공해 주지 못하는 무의미한 현실에서 인간은 그의 실존을 냉정하게 직시하는 것이 중요하다. 이런 실존인식의 토대에서만 비로소 그는 주체적 결단을 감행할 수 있기 때문이다.

그의 관심사가 심리학으로부터 철학으로 넘어가는 시기인 1919년에 쓴 『세계관의 심리학』(Psychologie der Weltanschauungen)은 현대 실존주의 철학의 최초 저작이라 할 수 있다. 이 책에서 그는 죽음, 고통, 죄책, 역사성과 같은 "한계상황들"을 중요한 쟁점으로 다루었다. 야스퍼스에 의하면 인간의 모든 행위는 이런 한계상황의 지평에서 이루어진다. 바로 이 한계상황에 부딪칠 때 인간은 좌절하게 되기도 하고, 회의주의와 허무주의를 극복할 수 있기도 하다. 한계상황을 넘어서는 것이 인간의 실존임을 자각함으로써 말이다. 야스퍼스는 이 책의 서문에서 다음과 같이 말한다. "비로소 놀라움을 갖기 시작하는 사람, 스스로를 반성하는 사람, 현존재의 무상함을 깨닫는 사람, 인생을 개인적이고 비합리적이며 어떤 것으로도 대체될 수 없는 책임으로서 경험하는 사람만이 한계상황에 직면한 인간의 실존을 자각할 수 있다."

인간은 이렇게 그의 실존을 자각함으로써 자아를 실현하는데, 야스퍼스에 의하면 자아실현은 다음과 같은 네 단계의 존재방식을 통해 이루어진다. ① 생물학적 존재방식: 무반성적인 생존본능의 단계인데, 이 단계에서는 힘과 자기과시와 향락에 관심을 가진다. ② 논리적 사유의 존재방식: 객관적 인식에 관심을 가진다. ③ 정신으로서의 존재방식: 총체적이고 의미부여적인 이념에 관심을 가지는 존재방식이다. 이 단계는 다양한 정보들을 종합할 수 있는 단계이다. ④ 인간의 고유한 존재방식으로서의 실존적 존재방식: 더 이상 경험적으로 파악할 수 없는 고유한 자아존재의 영역이다. 이 단계에서 인간은 비로소 진정한 인간존재의 가능성을 가지게 된다.

9.1.2.2. 철학의 과제

야스퍼스는 1932년에 『철학』(Philosophie)이란 제목으로 세 권의 책을 출판했다. 1권의 제목은 『철학적 세계정위』(Philosophische Weltorientierung), 2권은 『실존조명』(Existenzerhellung), 3권은 『형이상학』(Metaphysik)이다. 이 세 권의 책은 각각 그 제목들이 암시하듯이 전통적인 철학적 주제들, 특히 특수 형이상학의 주제들인 세계, 영혼, 신에 관한 문제들을 다루고 있다. 철학은 "감히 범접할 수 없는 인간의 자기확신의 근거를 향해 감행하는 모험"(Philisophie I, VII)이기 때문이다. 세계, 신, 영혼은 인간의 자기확신의 근거들이다. 철학은 사물들에 대한 개관적 지식을 확보하는 것으로 만족해서는 안 된다. "철학함에서 요구되는 것은 나의 의식을 변화시키는 사유"(VII)이다. 철학함은 "역사적 존재자로서의 인간이 존재를 파악하는 인간의 길"(VII)이다. 철학함은 초월자를 보기 위해 인간의 존재를 조명하는 작업이다. 야스퍼스에게 있어서 철학은 결코 학문이 아니라 전체로서의 존재에 관심을 가지는 "실존조명"(Existenzerhellung)이다.[1] 철학은 인간 존재의 무기력함과 연약함을 밝혀 보여주는 것이다. 따라서 야스퍼스는 학문적 진리와 실존적 진리를 구분하였다. 학문적 진리가 객관적으로 성취될 수 있는데 반해 실존적 진리에 관해서는 인식이란 개념을 사용할 수 없다. 실존적 진리는 초월적 대상들(신, 자유)과 관련되기 때문이다. 학문은 진보하지만 철학은 진보하지 않는다.

학문적 진리와 실존적 진리를 구분함에 있어서 야스퍼스는 "설명"과 "이해"를 구분하는 딜타이와 맥을 같이 한다.[2] "설명"은 외적인 사태를 인과율의 원리에 따라 객관적으로 제시하는 것이다. "이해"는 심리학에서 특히 중요한 방법론인데 반해, 설명은 자연과학적 방법론이다. 심리학에서 중요한 것은 단순히 인과관계를 설명하는 것이 아니라 의미연관을 이해하는 것이다. 이때 "이해"는 다시 "발생론적 이해"(genetisches Verstehen)와 "정적인 이해"(statisches Verstehen)로 세분된다. 정적인 이해란 사태의 '객관적 의미'(Bedeutung)

---

1) "실존조명"이란 실존을 밝혀 보여주는 과정인데, 이런 과정을 통해 인간은 한편에서 자기 자신의 실존을 자각하게 되며, 다른 한편에서는 타인의 실존을 자각시켜주는 기능을 한다. 사리를 밝혀주는 작업으로서 철학의 기능은 바로 이런 실존조명 이외의 다른 것이 아니다.

2) Wilhelm Dilthey: *Ideen über eine beschreibende und zergliedernde Psychologie*, Berlin 1894

를 있는 그대로 파악하는 것이다. 정신 병리학에서는 환자의 객관적 상태를 밝히기 위해 환자의 상태를 객관적으로 기술하는 것이 중요한데, 정적인 이해란 바로 이런 객관적 기술을 위해 요구된다. 야스퍼스에 의하면 정적인 이해는 엄밀한 현상학적 기술을 통해 이루어진다. "발생론적 이해"는 주로 '해석학적 의미파악'이라 볼 수 있겠다. 해석학이란 사태를 발생시킨 '주체의 의도'(Sinn)를 파악하는 것인데, 이때 중요한 것은 텍스트와 해석자 사의의 지평이 서로 융합되는 것이 중요하다. '지평융합'이란 저자와 해석자 사이의 차이를 극복하는 방법으로 일종의 - 전적으로 동일하지는 않지만 - '감정이입'(empathy)이라 볼 수 있을 것이다.[3] 딜타이의 '이해하는 심리학'(verstehende Psychologie)에서 중요한 것은 바로 이런 발생론적 이해이다. 한 사람의 심리상태는 겉으로 드러난 객관적 사태만 가지고는 파악할 수 없고, 왜 그런 현상이 발생했는지 그 사람의 내면에 들어가 섬으로써 비로소 이해할 수 있게 된다는 것이다.[4] 학문은 가설에 근거하여 확실하고 보편타당한 것을 추론하는 방법론적 인식이다. 그러나 그런 학문은 절대적인 것에 이를 수 없으며, 무한한 반복을 피할 수 없으며, 세계의 통일성

---

3) '이해'란 의미를 파악하는 것인데, 독일어에서는 '의미'를 가리키는 단어가 두 종류 있다. 'Bedeutung'과 'Sinn'이 그것이다. 'Bedeutung'은 같은 어군에 속하는 'deuten'(두드러지게 하다)과 'deutlich'(두드러지게)'라는 단어에서 알 수 있듯이 'Bedeutung'은 '어떤 것이 같은 유에 속하는 다른 종들과 두드러진 내포적 속성'을 가리킨다. 다시 말하면, 어떤 사태를 최근류와 종차를 통해 정의할 때 바로 그 정의적 의미를 가리킨다. 'Sinn'은 '주체가 어떤 사태를 표현했을 때 그가 가지고 있던 가장 중요한 기획의도'(Woraufhin des ersten Entwurfs)를 가리킨다.

4) 독일어 'Verstehen'(이해하다)에서 'Ver-'는 어원적으로 볼 때 'in-'(~안에)을 의미한다. 따라서 'Verstehen'은 어원적으로 'In-stehen'(~안으로 들어서다)을 의미한다.

에 도달할 수 없다는 한계를 가진다. 학문은 칸트가 그렇게 주장하듯이 시간과 공간에 현존하는 대상과 인식주체의 상호관계에서 성립한다. 따라서 학문은 시간과 공간 및 카테고리에 의해 제약된다. 그러나 인간의 실존은 사물을 인식할 때처럼 카테고리에 의해 파악되지(조명되지) 않는다.

9.1.2.3. 실존조명

야스퍼스에게 있어서 철학의 과제는 실존을 조명하는 일이다. 그렇다면 그렇게 조명된 실존의 본질은 무엇인가? 야스퍼스의 철학에서 중요한 역할을 하는 "포괄자", "실존", "초월"이란 개념들을 중심으로 실존을 조명해 보자.

1) 포괄자

존재란 무엇인가? 존재를 사유하는 방식으로 파악할 수 있는가? 이 물음에 답하기 위해 우리는 우선 존재자와 존재자체를 구분할 필요가 있겠다. 존재자란 다른 것들과의 비교를 통해 이러저러하게 규정된 어떤 것을 말한다. 그런 존재자는 사유의 대상으로 사유에 의해 그렇게 규정되어 파악될 수 있다. 그런 존재자는 다른 존재자들에 의해 한계지어져 있다. 그리고 이렇게 서로 한계지어져 있는 존재자는 언제나 더 포괄적인 어떤 존재자 안에 존재한다.

그렇다면 개별적인 존재자들을 모두 포괄하는 전체로서의 존재 또는 존재자체는 어떤가? 만일 우리가 모든 존재자들을 포괄하는 포괄자로서의 존재 자체를 특정한 범주들에 의해 파악하고자 한다면 우리는 특정한 종류의 존재자를 존재 자체로 절대화시키는 오류를 범하고 만다. 존재 자체를 물질, 에너지, 생명, 정신으로 파악하려는 모든 시도들은 그런 오류에 빠질 수밖에 없다. 존재자체는 사물들과 같은 방식으로 파악될 수 없다. 우리가 알 수 있는 모든 존재자는 포괄자로서의 그 존재자가 아니다.

우리 주변에 있는 존재자들이 서로 결합되어 일정한 범주의 우리들 세계가 구성된다. 이 세계가 하나의 지평으로서 우리를 포괄하고 있으며, 우리는 그 지평 속에서 존재한다. 그리고 우리를 둘러싸고 있는 지평들은 무수히 많다. 우리가 하나의 지평을 넘어서면 또 다른 지평이 언제나 하나의 한계로서 우리 앞에 나타나기 때문이다. 드디어 우리가 한 지점에 도달하여 그곳에서 완결된 전체로서의 존재를 볼 수 있는 그런 지점은 결코 존재하지 않는다. 존재는 결코 완결되지 않는 열린 지평이다. 언제나 우리의 눈에서 멀어지기 때문에 결코 완결된 전체로서 파악될 수 없는 이 존재를 야스퍼스는 "포괄자"(Das Umgreifende)라 부른다. 이 존재는 결코 대상화될 수 없으며, 대상들의 지평으로서 언제나 대상들 저편에 있다. 그는 '저편'(초월자)이다. 그 존재는 '포괄자들의 포괄자'이다. 그것은 단지 한계로서 암시될 수 있을 뿐이다. 철학의 과제는 바로 모든 특정한 존재자들을 넘어 이 포괄자(초월자)를 향해 초월하는 것이며, 사람들을 그렇게 이끌어 주는 것이다. 포괄자는 "대상도 아니고 주체도 아니다. 포괄자는 양자를 서로 결합하고 압도하면서, 양자 속으로 분화하면서, 그 분화에서 자기를 성취하면서 양자 속에서 자기를 나타낸다."(Philosophie I, XLIX)

2) 실존

실존과 초월자는 대상화되지 않는다. 대상이 주체에 의해 대상화되어 파악되지만 그 대상을 구성하여 파악하는 자아는 대상화될 수 없듯이, 존재 자체도 대상으로서 파악될 수 없다. 대상화될 수 있는 것은 이러저러한 존재자일 뿐 모든 존재자들의 존재는 대상화될 수 없다.

실존(Existenz)은 인간의 고유한 존재방식이다. 하이데거에 의하면 "인간은 그의 존재에 있어서 그의 존재(가능성)가 중요한 존재자"이다. 이것은 야스퍼스의 경우도 마찬가지이다. "사물들처럼 단순히 있는 것이 아니라 있을 수 있고, 있어야 하며, 따라서 자기 존재의 영원성을 시간적으로 결정하는 존재, 이런 존재야말로 실존으로서의 나 자신이다."(Philosophie II, 1) 실존은 완결된 하나의 개념 체계에서 기술될 수 없다. 실존은 단지 실존의 고유한 범주들, 즉 자유, 상호교류(Kommunikation), 역사성, 초월 등의 범주들을 매개로 해서 조명될 수 있을 뿐이다. 그리고 이런 실존조명(Existenzerhellung)을 통해 자신의 존재를 망각하고 세상에 빠져있던 인간이 잃었던 자기 자신을 다시 발견하는 한에 있어서 인간은 실존한다.[5] 이제 그 실존범주들에 관해 간단히 살펴보자.

a. 자유

실존은 다른 존재자들과는 근본적으로 다른 존재방식을 가진다. 자유는 실존의 근본적인 존재방식이다. 자유는 우리 인간 자신의 가장 깊은 근거, 즉 인간 내면 중에서도 가장 깊은 내면이다. 실존은 도대체 존재가 아니라 존재가능성이다. 실존적 인간은 끊임없는 선택의 기로에 서며, 끊임없이 결단하도록 촉구된다. 그는 매 순간 자신을 확보하든가 아니면 잃는다. 그는 자유이다. 실존은 사유되지 않고 단지 행위에서 실현될 뿐이다. 실존적 자유는 결정론이냐 비결정론이냐의 물음과는 전혀 다른 차원의 문제이다. "사물들은 감각적으로 경험할 수 있는 방식으로 거기에 있다. 실존은 자유를 본질로 한다. 사물들은 전적으로 시간적이다. 그러나 실존은 시간 안에서 시간 이상이다."(Philosophie II, 2) 자유는 우리 자신의 근거이며 인간의 가장 내밀한 본질이다. 우리가 철학적 용어를 사용하여 '실존'이라 부르는 그것은 종교적으로 표현하면 '영'이라 할 수 있다. 실존은 존재가 아니라 존재가능성이다. 실존

---

5) 하이데거는 인간의 실존양태를 "본래적 실존"과 "비본래적 실존"으로 구분한다. 후자는 자신의 존재(가능성)로부터 도피하여 세상사람(Das man)으로 살아가는 존재방식을 가리키며, 후자는 비본래성으로부터 다시 자신으로 돌아와 자신의 고유한 존재(가능성)에 관심을 가지는 존재방식을 가리킨다. 야스퍼스에게 있어서 실존은 하이데거의 '본래적 실존'의 양태를 가리킨다고 볼 수 있겠다.

으로서의 인간은 언제나 선택의 기로에 서 있다. 이런 선택은 자유를 전제로 한다. 자유는 인간 실존의 본질이다. 자유는 "선택의 순간에 일어나는 근원으로부터의 자기창조"이다.

b. 상호교류

실존은 타자와의 실존적 결합에서 실현된다. "실존은 단독으로 완전한 존재가 아니다. 실존은 다른 실존과 관계를 맺고 전적 타자로서의 초월자와 관계를 맺음으로써 단독으로 존재할 수 없음을 의식할 때에 비로소 실존이기 때문이다."(ebd.) 타자와의 그런 결합은 상호교류(Kommunikation)이다. 그 교류는 단순히 인간들 사이의 대화나 사회적 교류가 아니라 사랑에 기초한 "사랑의 투쟁"(liebender Kampf) 즉 '타자를 향한 실존적 개방성'이다. 그럼 여기서 상호교류가 왜 사랑의 투쟁에 기초하는지 살펴보자.

먼저 사랑이란 무엇인지 살펴볼 필요가 있겠다. 사랑은 사람의 존재이다. 사랑은 사람이 사람으로서 존재하게 하며, 사람은 사랑함으로써 존재한다. 이때 사람은 사람이다(사람한다). 사람의 모든 조건을 갖추었어도 사랑이 없으면 사람이 아니다. "믿음, 소망, 사랑 이 세 가지는 항상 있어야 하는데 그 중에 제일은 사랑이다." "항상 있어야 하는 것"이란 말은 사람이기 위한 절대적 조건을 의미한다. 모든 존재자들은 무엇인가 한다. 사람도 한다. 사람은 사람한다. 사랑은 사람이 하는 것이다. 사랑한다는 것은 사람이 사람하는 것이라 할 수 있을 것이다.

사람은 또한 존재자로서 관계성을 본질로 한다. 존재자는 본질적으로 '관계하는 것'이기 때문이다. 그리고 관계성은 '주고받음'에 있다. 사람의 고유한 존재방식은 사랑이며 동시에 관계성이다. 그리고 관계성은 주고받음을 본질로 한다. 따라서 사람의 고유한 존재방식 즉 실존은 주고받음에 있다.

사랑이 사람의 근원적인 존재방식이고 사람의 근원적 존재방식이 주고받음에 있다면 사랑이란 결국 주고받음에 있다. 그런데 이때 주고받음은 궁극적으로 선의 이념(이데아)에 의해 방향이 설정되어야 한다. 주고받음이 이렇게 선의 이념에 의해 주도될 때 사람들 사이에 올바른 관계가 형성되는데 우리는 이런 관계를 '의'(righteousness; Gerechtigkeit)라 한다. '사랑의 투쟁'이란 사람들 사이에서 이루어지는 이런 '올바른 관계'를 의미한다고 볼 수 있겠다.

실존은 언제나 타자 지향적이다. 자기 자신으로 존재하기 위해서는 본질적으로 다른 사람들과의 소통이 필수적이다. 실존은 사람에 대한 사람의 소통을 통한 철학 '사랑의 투쟁'에서 실현된다. 이 투쟁에서는 공격과 방어가 힘을 얻는데 사용되지 않고 사람들이 서로 가까워지고 서로 희생한다. 그렇게 함으로써 사람들은 존재를 내적으로 인식하게 되고, 사랑의 빛에서 완전한 평화에 도달한다.

c. 역사성(Geschichtlichkeit)

실존은 언제나 상황 속에 있다. 실존은 역사성이다. 무슨 말인가? 이것을 이해하기 위해서는 "역사성"을 가리키는 독일어 'Ges-chichtlichkeit'란 개념이 단순한 역사적 사실을 의미하는 'Historie'와는 달리 역사적 상황 속에서 일어나는 실존적 인간의 주체적 결단과 관계가 있음을 주목할 필요가 있다. 따라서 "실존은 역사성이다"란 명제는 사실로서의 역사적 상황 속에서 인간이 실존적 결단을 하는 순간 비로소 그가 실존하게 됨을 의미한다고 볼 수 있을 것이다. 이때 실존적 인간의 역사성은 단순한 시간성이나 시간의식과는 다르다. 역사성이란 내가 시간 속에 있지만 나 자신의 본질이 시간적이지는 않음을 인식하는 것이다. 역사성은 시간과 영원의 통일성이다. 실존적 결단의 이 시간은 단순히 한 순간의 시점이 아니라 영원함이다. "근원적 자유로부터 나오는 행위에서, 모든 형태의 절대적 의식에서, 모든 사랑의 행위에서 시간성은 훨씬 더 선명하게 결단과 선택으로서 영원으로 화한다. 본래적 존재의 현상인 실존적 시간은 객관적 시간이면서 동시에 영원 속에서 이 시간의 초월이다." 실존적 결단의 순간 시간과 영원은 하나가 된다.

d. 초월

인간은 본질적으로 '세계내존재'로서 타자와 관계를 맺고 그 관계 속에서 살아간다. 이 관계는 그를 둘러싸고 있는 한계이기도 하며, 따라서 그는 이 한계를 넘어서고자 한다. 그는 상황 속에 존재하면서 그 상황을 넘어서는 존재자이다. 인간을 둘러싸고 있는 관계들 또는 한계들을 야스퍼스는 "포괄자들"이라 부른다. 그리고 이런 포괄자들은 다시 최후의 절대적 "포괄자"에 의해 포괄되어 있다. 야스퍼스는 이 포괄자를 "초월자"라고 부른다. 초월자는 "포괄자 자체(Das Umgreifende schlechthin) 즉 모든 포괄자들을 포괄하는 포괄자"이다. 야스퍼스에게 있어서 "존재 자체", "포괄자 자체", "초월자"란 개념은 모든 동일한 대상을 지칭하는 개념들이다. 인간은 한계상황들에서 그 한계를 넘어 초월자를 향해 초월한다.

초월이란 초월자와의 만남이다. 그런데 이런 만남은 결코 직접적으로 이루어질 수 없다. 인간은 현상세계에 살고 초월자는 현상을 넘어서 있기 때문이다. 플라톤에 의하면 인간은 이데아를 직접볼 수 없고 단지 차선책인 "디아렉티케"를 통해 직관할 수 있을 뿐이다. 야스퍼스에게 있어서도 인간은 초월자에게 직접 초월할수 없다. 인간은 "암호"를 통해 간접적으로 초월자를 만날 수 있을 뿐이다. 그런데 여기서 말하는 '암호'는 우리가 흔히 생각하는 비밀스런 기호나 상징이 아니라, 물질적으로 파악할 수 없는 것을 인간에게 매개해 주는 사유체험들을 말한다. (예를 들면, 초월자의 암호는 '신-하나'이며, 자연의 암호는 우주이다).

9.1.3. 사르트르(Jean Paul Sartre, 1905-1980)

사르트르의 사상은 1943년에 출판된 『존재와 무』와 1945년에 출판된 『실존주의는 휴머니즘이다』에 잘 요약되어 있다.

9.1.3.1. 『존재와 무』

『존재와 무』에서 인간은 대자적 존재이며, 그가 대자적 존재
일 수 있는 것은 인간의 의식이 무이기 때문이다. 인간은 다른 존
재자들처럼 즉자적(의식하지 못함) 존재가 아니라 자신의 존재를 지
향하는 또는 자신의 가능성을 지향하는 대자적 존재자이다. 그
가 대자적일 수 있는 것은 의식의 본성 때문이다. 의식은 '그가 아
닌 것이면서 동시에 그인 것이 아니다.' 다시 말하면 인간의 의식
은 무이다. 인간의 의식은 그의 존재의 한 가운데 있는 '갈라진
틈'(gap)이다. 물론 '갈라진 틈'은 인간의 의식이 아무것도 아니라
는 의미는 아니다. 그 틈은 인간 존재의 핵심적 본질이다. 틈은 틈
없는 틈이다. 틈은 '트임'이다. 틈은 개방성이다. 따라서 인간의 의
식은 틈이며 무이다. 인간의 의식은 자신에게만 갇힌 즉자적 존재
가 '아님'(무)이며, 트임이다. 이는 그 자체로 존재한다는 의미가 아
니라 타자를 향해 지향하는 본성을 말한다. 따라서 의식은 과거
를 반성하고 미래를 지향할 수 있다.[6] 인간의 의식은 이렇게 타자
를 향한 '트임'(무)이기 때문에 언제나 어떤 것에 대한 의식이다. 인
간의 의식은 무이기 때문에 어떤 것을 지향하는 지향적 의식이다.

---

6) 하이데거에 의하면 이미 세계에 던져진 존재자로서(피투성) 미래를 앞당겨 계획하여(기투
성) 결단하는 인간 존재의 본질은 "시간성"(Zeitlichkeit)에 있다. 그리고 "시간성"은 존재의
한 가운데 열린 공간(틈, 트임)에서 일어나는 '시공간성'으로서의 존재사건이다. 인간의 의
식은 이런 존재사건, 즉 시간의식이라 할 수 있다. 따라서 의식이 존재 한가운데 열린 틈이라
는 말은 인간의 의식이 시간의식이라는 의미이다.

결국 인간의 의식이 무라고 하는 것은 인간이 대자적 존재라는 의미이다. 인간의 존재는 대자적 존재이며, 인간의 의식은 타자를 향한 트임이기 때문에 대자적이다.

사르트르의 중요한 관심사는 인간의 고유한 존재방식이 '무(無)와의 관계성'에 있음을 밝히는 것이다. 인간 이외의 다른 존재자들과 달리 인간은 무를 생각할 수 있는 존재자이다. 그렇다면 여기서 '무와의 관계성'이란 무엇을 말하는가? 이것을 이해하기 위해 우리는 사르트르가 모든 존재자를 두 부류의 존재방식으로 구분함에 주목할 필요가 있다. 그에 의하면 "즉자적(卽自的) 존재방식"으로 존재하는 존재자가 있고 "대자적(對自的) 존재방식"으로 존재하는 존재자가 있다. "즉자적 존재"는 사물들처럼 타자와 관계하지 않고 자기 자신에 머물러 있는 존재방식을 가리키며,[7] "대자적 존재"는 자기 자신을 목적으로 하는 존재, 즉 의식을 가지고 자신을 계획하고 그 계획을 목표로 하여 추구하는 존재자인 인간의 존재방식을 가리킨다. 인간만이 자신의 존재가능성을 향하여 나아가는(對自的) 존재자이기 때문이다.[8] 다시 말해, 인간은 현재 있는 그대로 존재하는 존재가 아니며, 지금 아닌 것으로 존재하는

---

[7] 물론 모든 존재자들은 본질적으로 다른 존재자들과 관계를 맺고 있다. 따라서 여기서 '타자와 관계하지 않음'이란 표현은 엄밀한 의미에서 다른 존재자들과 관계를 맺고 있지 않음을 말하는 것이 아니라 존재맺음을 의식하지 못하는 상태를 말한다. 헤겔은 인간의 의식이 아직 자신을 대상화하지 않고 자기 자신에게 머물러 있는 상태를 "즉자적"(an sich)이라 한다. 사르트르에게 있어서 "즉자적 존재"는 바로 이런 상태를 말하는 것이다.

[8] 즉자적으로 존재하는 사물은 이미 자기 충족적이며, 따라서 자기 이외의 어떤 다른 존재자들과도 관계를 맺을 필요가 없다. 인간은 의식을 가진 존재자이며, 의식은 지향성을 본질로 한다. 인간은 자기 자신의 존재가능성을 지향하여 자기 자신과 관계를 맺는 존재자이며, 자신이 아닌 다른 존재자들을 지향하여 그 존재자들과 관계를 맺는 존재자이다. 인간이 "대자적 존재"인 것은 그가 의식을 가진 존재자로서 지향성을 본질로 하기 때문이다.

존재이다. 그는 '아직 아님'(無)과 '더 이상 아님'(無)과 관계하는 존재자이다. 그는 '무와의 관계성'을 특징으로 하는 존재자이다. 이런 '무와의 관계성'은 인간이 의식을 가지고 자신의 존재를 이해하는 존재자라는 본질적 존재구조에서도 분명해진다. 의식은 언제나 이미 어떤 것에 대한 의식으로 대상을 지향한다. 그리고 이런 지향작용에서 의식은 이미 자신이 이 대상이 아님을 의식한다. 인간에게는 대자적 존재로서 자신의 존재가 중요하기 때문이다. 대자적 존재자는 언제나 즉자적 존재자의 '아님'으로 존재한다.

이와 같이 무와 관계하는 유일한 존재자로서 인간은 운명적으로 자유와 책임으로부터 벗어날 수 없다. 자유는 본질적으로 '~로부터의 자유'와 '~을 향한 자유'이다. 자유의 근원은 '무'(~로부터의 자유)이며, 자유의 목표는 '무'(아직 아닌 존재 가능성)이다. 인간은 이와 같이 '무로부터 무를 향하여' 어느 누구에게도 의존하지 않고 스스로 결단해야 하며, 그렇게 결단한 것에 대해 책임을 져야 한다. 그런데 여기서 주목해야 할 것이 있다. 인간의 자유는 타자에 의해 제한되며 따라서 그의 책임도 타자에 대한 책임을 포함한다는 사실이다. 인간은 대자적 존재이면서 동시에 대타적(對他的) 존재자이기 때문이다. 사르트르에 의하면 타자는 자아를 존재하게 하면서 동시에 제한하는 기능을 한다. 대자적 존재는 즉자적 존재에 의해 규정되는 한 대자적일 수 있기 때문이다. 대자적 존재자로서 인간의 제한된 자유와 타자에 대한 무한책임과 관련하여 사르트르는 이렇게 말한다.

그러나 만일 실존이 본질에 앞선다면 인간은 현재의 자신에 대해 책임을 져야 한다. 따라서 실존주의의 중요한 과제는 모든 사람들이 자신의 본질을 깨닫게 해주는 것이며, 그의 실존에 대해 전적으로 스스로 책임을 지도록 깨우쳐 주는 것이다. 그렇지만 인간이 자기 자신에 대해 책임이 있다고 말할 때 그것은 그가 자기의 개인적 존재에 대해서만 책임이 있음을 의미하는 것이 아니라 모든 인간에 대해 책임이 있음을 의미하는 것이다.

우리는 위에서 인간의 실존이 아직 현실화되지 않은 자신의 존재가능성을 지향하는 "대자존재"에 있음을 보았다. 이제 우리는 대자존재를 구성하는 본질적인 두 요소로서의 "현사실성"과 "초월"에 관해 살펴보자. 인간은 대자적 존재로서 아무것에도 매이지 않고 스스로 선택한다. 그런 의미에서 그는 철저히 자유인이다. 그러나 그런 선택은 동시에 상황 속에서 일어난다. 인간은 대타적 존재로서 타자에 의해 제한되기 때문이다. 상황에 의해 제한되어 있는 운명과 같은 인간의 이런 모습은 그가 거부할 수 없는 엄연한 현실, 즉 인간의 현사실성이다. 그러나 인간은 동시에 대자적 존재자로서 이런 현실을 초월하는 존재자이다. 인간은 그의 현실을 넘어설 수 있는 존재자이다. 나는 비록 육체를 가진 존재자로서 육체의 유한성에 의해 제한되어 있지만 육체성보다는 정신적인 것에 더 큰 의미를 두고 추구함으로써 이런 현실을 넘어설 수 있다.[9] 초월도 마찬가지로 무에 대한 경험 때문에 가능하다. 예를 들어, 내가 까페에서 어떤 사람을 만나기로 약속했는데 약속한 사람이 거기 없다면, 나는 그의 부재(무)를 느낀다. 마땅히 있어야 할 것이 없을 때, 즉 아쉬울 때 우리의 의식은 무를 지향한다. 아무리 많은 사람들이 거기 있다 할지라도 나의 의식은 오직 약속한 그 사람의 부재(무)만 의식한다. 부재중인 그 사람(무)을 향하여 초월한다. 인간이 아직 아닌 것을 지향하는 것은 바로 인간 의식의 이런 속성 때문이다.

9.1.3.2.『실존주의는 휴머니즘이다』

『실존주의는 휴머니즘이다』의 주제는 "실존이 본질에 앞선다"는 유명한 명제에 잘 표현되어 있다. 인간을 이성적 존재자라든가 신적인 본질을 가진 존재자 등으로 규정한다면 인간은 그의 실존에 앞서 이미 특정한 존재방식에 한정된다. 사르트르는 실존에 앞서는 이런 모든 의미규정을 비판한다. 인간을 인간으로서 파악하기 위해서는 그의 고유한 개별적 실존으로부터 출발해야 한다는 것이다. 그렇다면 모든 본질에 앞서는 인간의 실존은 무엇인가? 하이데거와 마찬가지로 사르트르에게 있어서도 인간은 본질적으로 그의 존재 또는 존재 가능성이 중요한 존재자로서 다른 존재

---

9) 대자적 존재의 본질적인 요소를 현사실성과 초월로 보는 사르트르의 분석은 "한계상황"과 "초월"이란 개념을 통해 실존을 해명하는 야스퍼스와 맥을 같이 한다.

자들과는 달리 그의 존재를 이해하는 존재자이다. 그리고 인간의 이런 존재이해는 오직 자기 자신의 실존적 체험에 의해 가능하다. 인간을 존재이해로 이끄는 근본적인 실존체험은 죽음, 자유, 불안 그리고 책임이다. 인간이 그의 궁극적인 존재 가능성인 죽음, 즉 무(無)를 앞당겨 경험할 때 그는 자신이 철저한 자유인이며 따라서 그의 모든 결단과 행위에 대해 스스로 책임을 져야 함을 느낀다. 그리고 이때 가지는 기분이 바로 불안이다. 불안이란 뚜렷한 대상에 대해 느끼는 공포와는 달리 무(無)에 대해 느끼는 감정이기 때문이다. 인간은 철저한 자유인으로 모든 것을 스스로 결단하고 그 결과에 대해 홀로 책임을 져야 하는 존재자이다. 인간은 어떤 윤리적이거나 종교적인 규정에 앞서 스스로 결단하는 존재자이다. 그렇다고 사르트르가 종교적 삶 자체를 거부하는 것은 아니다. 중요한 것은 신앙은 실존적 체험이 되어야 한다는 사실이다. 이상에서 본 사르트르의 사상은 다음과 같은 말에 잘 표현되어 있다.

"내가 주장하는 무신론적 실존주의는 다음과 같이 요약될 수 있겠다. 만일 신이 존재하지 않는다면, 최소한 실존이 본질에 앞서는 하나의 존재자 즉 어떤 개념으로 규정되기 이전에 실존하는 존재자가 있다는 것이다. 이런 존재자가 바로 인간이다. 이런 존재자가 바로 하이데거가 말하는 인간의 실상이다. 여기서 실존이 본질에 앞선다는 것은 무슨 의미인가? 인간은 그의 본질이 규정되기 이전에 먼저 실존하고 스스로를 이해하고 세계 속에서 생활하는 존재자라는 것이다."

9.1.4. 까뮈((Albert Camus, 1913-1960)

까뮈는 1942년에 출판된 『시지포스의 신화』에서 부조리의 철학을 전개했다. 자신을 결코 실존주의자라고 생각하지 않은 까뮈는 사르트르와 마찬가지로 이 세상에서 그 자체로 의미가 있는 것은 아무것도 없다고 생각한다. 의미란 인간에 의해 부여되는 것이기 때문이다. 이런 점에서 실존이 본질에 앞선다는 사르트르의 주장은 까뮈에게도 타당하다. 그러나 까뮈의 궁극적인 철학적 관심사는 자살의 문제였다. 무의미한 세상으로부터 벗어날 수 있는 유일한 방법은 자살이다. 모든 것이 무의미하다면 왜 살아야 하는가? 그렇지만 까뮈는 자살을 거부한다. 자살이란 부조리에 굴복하는 것이기 때문이다.

까뮈에 의하면 모든 것이 부조리하다는 의식을 가지고 계속 사는 것, 부조리를 직시하는 것이야말로 부조리에 대항하여 취해야 할 저항이다. 우리가 신을 믿을 수 없고 우리 자신을 믿을 수도 없다면, 우리에게 확실히 남는 것은 무엇인가? 아무것도 없다. 아무것도 믿을 수 없는 상황에서 인간이 취해야 할 유일한 방도는 무엇인가? 부조리를 직시함으로써 부조리에 끊임없이 저항하는 것이다. 인간은 인간과 세계의 부조리한 관계를 인정함으로써 그가 자유로운 존재임을 인식한다. 이것이 바로 인간의 실존이다. 까뮈는 『시지포스의 신화』에서 이런 인간실존의 예를 발견한다. 시지포스는 그에게 가해진 형벌이 부조리함을 알면서도 영원한 고통의 멍에를 벗어던지지 않음으로써 신들을 비웃는다. 시지포스는 부조리한 운명을 수용하는 현대인의 위대함을 상징한다.

9.2. 현상학

현상학(Phänomenologie)이란 현상(Phänomen)을 드러내는 해석학의 한 방법론으로 후설(E. Husserl: 1859-1938)에 의해 20세기의 대표적인 철학적 사조로 자리 잡았다. 현상학은 실존주의와는 달리 왜곡되지 않은 객관적인 "사실 자체"(Sache selbst)를 파악하고자 한다. 이때 드러내어져야 할 현상 즉 사실 자체는 일상적 의미의 현상이 아니라 '본질현상'을 말한다. 하나의 사물을 현상과 본질로 구분할 때, 현상학이 드러내고자 하는 현상은 본질을 의미한다. 그리고 그 본질은 언제나 현상적 사물의 본질로 그 사물 내에 은폐되어 있다. 따라서 현상학이란 소박한 사실 내에 은폐되어 있는 본질현상을 그의 원본적인 모습 그대로 드러내는 것이다. 현상학은 "사실 자체에로!"(Zur Sachen selbst!)를 모토로 한다.

본질현상으로서의 사실 자체가 원본적으로(origiär: original)[10] 드러나는 곳은 인간의 의식이다. 본질 또는 사실 자체는 우리가 의

---

10) "원본적"(originär)이란 복사본처럼 희미한 것이 아니라 원본처럼 선명하게 나타나는 것을 의미한다.

식 자체에서 즉 순수 내재성에서 본질적으로 통찰할 수 있는 것이다. 따라서 현상학의 과제는 의식이 자기 자신에게로 향하여 거기에 원본적으로 주어져 있는 사실자체를 본질직관에 의해 파악하는 것이다. 순수의식의 영역에 드러난 순수한 본질현상을 파악하는 것이 중요하다. 그러나 이런 본질은 일상적으로 사물을 대하는 태도에 의해서는 드러나지 않는다. 그럼 그런 본질현상 즉 사실자체로 돌아가기 위해서 우리는 어떤 방법을 취해야 하는가?

본질이 순수의식에 원본적으로 드러나도록 하기 위해서는 먼저 대상을 대하는 소박한 태도 – 후설의 표현을 빌면 "자연적 태도의 일반정립" – 를 보류하고 현상학적인 태도를 취함으로써 그 대상이 의식에 내재적이 되게 하는 작업이 중요하다. 자연적 태도란 우리가 일상적으로 경험하는 사실을 사실 자체와 구분하지 않는 태도를 말한다. 앞에서 우리는 현상학의 목표가 순수의식에 원본적으로 주어져 있는 것을 직관적으로 파악하는 것이라고 했다. 이 때 중요한 것은 '순수의식에 원본적으로 주어짐'이다. 어떤 사실이 순수의식에 원본적으로 주어지도록 하기 위해서는 자연적 태도를 잠정적으로 중단하는 작업이 선행되어야 한다. 후설은 이런 작업을 '에포케'라 부른다. 에포케란 어떤 것을 괄호 속에 묶어 놓음으로써 판단을 유보하는 것을 의미한다. 이것은 외적으로 드러나 있는 어떤 사실이 그대로 사실 자체라고 생각하는 소박한 존재확신에 대해 의문을 제기하는 것이다. 어떤 대상의 존재에 대해 의문을 제기할 때 비로소 그 대상은 의식에 내재적이 되기 때문이다. 이러한 작업에 의해 사실적인 것이 그의 순수한 현상(의식에 내재적이 된 현상)으로 환원될 수 있다. 이러한 환원을 통해 대상이 의식에 내재적이 되기 때문에 후설은 그것을 "선험적 환원" 또는 좁은 의미의 "현상학적 환원"이라 부른다.

그러나 선험적 환원으로 에포케의 작업이 끝나는 것은 아니다. 선험적 환원을 통해 의식에 주어진 대상은 의심의 여지가 없이 확실하기는 하지만 아직 그 본질에 있어서 완전히 명증적이지는 못하다. 그 대상은 여전히 우연성과 개별성을 가진다. 그 대상은 아직 그 대상과 동일한 유에 속하는 모든 대상들에 보편적으로 타당한 본질이 아니다. 의식에 주어진 것을 모든 우연성과 개별성으로부터 해방시키고 그의 순수한 본질로 환원시키는 작업 즉 그 본질을 구성하는 작업이 필요하다. 그리고 이런 작업은 다음과 같은 과정을 거쳐 이루어진다. ①한 사실이 가진 우연성과 개별성으로부터 해방되어야 한다. 그러기 위해서는 먼저 관점성(Perspektiv-ität)으로부터 자유로워져야 한다. 하나의 관점에 사로잡혀 있다면 이데아를 볼 수 없다. 관점을 변경하는 것이 필요하다. 관점을 자유로이 변경함으로써 하나의 사실에 대해 무수히 많은 가능한 상(象)들이 형성될 것이다. ②자유변경에 의해 형성된 다양한 상들 전체에 걸쳐 서로 겹치고 합치되는 부분이 종합 통일되어야 한다. 이런 종합의 과정에서 시선을 변경하여도 전혀 영향을 받지 않는 일반적인 것이 있다. 이것이 바로 한 사물의 본질 즉 이데아이다. 후설은 이러한 환원을 "본질적 환원" 또는 "이데아적 환원"이라 부른다.

두 차례에 걸친 환원에 의해 지향하는 의식(intentio: νόησις)과 지향된 대상(intentum: νꞁημα)이 완전히 일치하게 되며, 이때 지향된 대상이 의식에 원본적으로 주어진다. 이렇게 원본적으로 주어진 것이 이제 "원본적으로 부여하는 직관"(originär gebende Anschauung) 또는 "본질직관"(Wesensanschauung)에 의해 그대로 받아들여진다. 즉 지향된 것이 지향하는 의식에 의해 구성된다. 그런데 이 구성은 대상을 산출하는 것이 아니라 의미구성(Sinn-Konstitution), 즉 대상의 의미를 드러나 있는 그대로 받아들이는 것이다.

9.3. 하이데거(1889-1974)

9.3.1. 철학의 과제: 존재를 근원적으로 다시 물음

하이데거에 의하면 지금까지 철학의 역사는 "존재망각"(Seins-vergessenheit)의 역사였다. 철학은 언제나 존재의 열림의 영역에서 움직이고 있지만 이것을 주제로 다루지는 못했다는 것이다. "왜냐하면 형이상학은 존재자로서의 존재자에 대해 묻고 존재자에 머물며 존재로서의 존재에 대해서는 관심을 갖지 않기 때문이다."[11] "그러나 우리는 어디서도 존재 자체의 경험을 발견하지 못한다. 우리는 어디서도 존재 자체의 진리와 존재로서의 진리 자체를 중요시하는 생각을 만나지 못한다. (…) 물론 ἔστιν (ἐὸν) γὰρ εἶναι

---

11) M. Heidegger, "Einleitung zu 'Was ist Metaphysik'", in: Wegmarken, S. 362.

라는 표현은 존재 자체를 가리킨다. 그러나 그 표현은 존재(Anwesen)를 고유한 의미의 존재(Anwesen)로서 생각하지는 못하고 있다. 존재의 역사는 필연적으로 존재망각과 함께 시작된다."[12] 하이데거에 의하면 형이상학의 역사는 존재망각의 역사인데, 이때 존재가 망각되었다는 것은 인간이 존재자들에게 취하는 모든 태도의 지평을 이루고 있는 존재가 존재자와는 다른 영역으로서 주제화되어 다루어지지 못했음을 의미한다. 즉, 존재와 존재자의 차이가 주목되지 않았다는 말이다. "존재망각은 존재와 존재자의 차이에 대한 망각이다."[13] 여기서 "존재와 존재자의 차이"란 무엇을 말하는가? 하이데거에 의하면 존재는 존재자가 아니다. 존재자는 우리가 경험을 통해 만날 수 있지만 존재는 그렇게 경험될 수 있는 어떤 대상이 아니라는 것이다. 하이데거는 존재와 존재자의 이런 차이를 "존재론적 차이"(ontologische Differenz)라 부른다.

형이상학의 역사는 존재망각의 역사이며, 존재망각은 "존재론적 차이"의 망각이다. 하이데거에게 있어서 철학의 과제는 이 "존재론적 차이"를 다시 기억하여 주제화하는 것이다. 그런데 여기서 주의해야 할 것은 존재를 존재자와 다른 어떤 것으로 생각해서는 안된다는 것이다. 존재는 존재자 밖에 있는 어떤 것으로서 존재자를 존재자로서 가능하게 하는 것이 아니다. 그것은 '존재자로부터 경험된 존재'이다. 그것은 언제나 '존재자의 존재'이다. 이때 우리

---

12) M. Heidegger, "Nietzsches Wort 'Gott ist tot'", in: *Holzwege*, Frankfurt a.M. 1980, W. 259 (이후로는 HW라고 표기함).

13) M. Heidegger, "Der Spruch des Anaximander", in: *Hozwege*, Frankfurt a.M. 1980, S. 360.

는 '존재자의 존재'를 주격적 소유격(genetivus subjectivus)의 의미로 이
해해야 한다.[14] 그렇다면 '존재자의 존재'는 '존재자가 ~ 이다'라
는 표현에서 바로 '~ 이다'의 명사화인데 하이데거는 이 '이다'를
타동사로 이해해야 한다고 주장한다.[15] 그렇다면 '존재자의 존재'
란 표현은'존재자가 존재한다'를 의미하게 된다. 존재란 존재자와
다른 어떤 것이 아니라 바로 존재자의 '존재하기'이다. 그리고 '존
재한다'는 것은 '존재자가 드러나 있다'는 것과 같은 의미이다. 이
런 사태를 보다 구체적으로 설명할 필요가 있다. 존재자는 존재
와 다르다. 그리고 존재자가 드러나 있는 어떤 것이라면 존재는
있는 어떤 것이 아니라 무이다. 그렇다면 존재자가 무와 다르다
는 것은 무슨 의미인가? 무는 결코 드러나지 않기 때문에 존재자
가 무와 다르다는 것은 그것이 드러나 있다는 것을 의미한다. 그
러므로 존재자가 '존재와 다르다'는 것과 '존재자가 드러나 있다'
는 것은 동일한 의미이다. 존재론적 차이란 바로 이렇게 '존재자
가 드러나는 사건'을 의미한다.

그렇다면 존재자는 어떻게 존재하는가? 존재자는 어떻게 드러
나는가? 어떤 것이 드러나는 것은 그것이 다른 것과의 차이에 의
해 한정되어 규정되기 때문이다. 따라서 존재한다는 것은 규정되

---

14) 하이데거는 『동일성과 차이』(Identitaät und Differenz) 59쪽에서'존재자의 존재'
   를 목적격적 소유격의 의미로 이해해야 하며, '존재의 존재자'를 주격적 소유격의
   의미로 이해해야 한다고 주장하는데 이는 존재론적 차이의 관점에서 볼 때 모순
   이다. 왜냐하면 하나의 판단에서 주어의 위치를 차지할 수 있는 것은 존재자뿐인
   데 존재는 존재자가 아니기 때문이다. 이런 모순에도 불구하고 하이데거가 그런
   주장을 한 것은 존재와 존재자의 관계에서 존재의 존재론적 우선성을 강조하기
   위한 것이라고 보아야 할 것이다.

15) 참조, M. Heidegger, *Identität und Differenz*, Pfullingen 1957, S. 62.

어 드러나 있다는 뜻이다. 그렇다면 존재자는 어떻게 드러나는
가? 규정되어 있는 존재자가 규정되기 이전의 최초의 상태는 아
무런 규정을 가지지 않는 "순수존재"(reines Sein)이며, 그 이외의 "어
떤 것도 아니다"(Nichts). 즉 순수존재는 무이다. 여기서 우리는 존
재자 내에서 일어나고 있는 존재에서 무로의 운동을 발견한다. 그
런데 이 무는 동시에 존재자가 존재하는 방식이다. 즉 아직 규정
되어 있지 않은 상태의 존재자가 존재하는 방식이다. 따라서 무
는 존재자의 존재이다. 여기서 우리는 무에서 존재에로의 운동을
발견한다. 무에서 존재에로의 운동은 "생성"이며, 존재에서 무로
의 운동은 "소멸"이다. 이와 같이 존재에서 무로의 운동(소멸)과 무
에서 존재에로의 운동(생성)이야말로 '존재자의 존재하기'이며, 따
라서 (그것이 존재자를 존재하게 하는 한) 우리는 이것을 존재자의 존재
라고 부른다.[16] 존재자는 이렇게 무에서 존재에로의 운동(생성)과
존재에서 무로의 운동(소멸)으로서 존재한다. 가다머(H-G. Gadamer,
1900-2002)에 의하면 이런 운동은 "이리 저리"(Hin und Her)의 놀이이
다. 바로 이런 운동에 의해 존재자가 존재자로서 드러날 수 있는
장이 열린다는 것이다. 'a는 b이다'에서 '~ 이다'라는 계사는 존재

---

16) 『아낙시만드로스의 잠언』(Der Spruch des Anaximander)에서 하이데거는 니체와 관련하여
"존재의 특성은 운동(Werden)이다. 이것이야말로 최고의 힘에의 의지이다."(HW 328) 라
고 말했다. 존재는 본질적으로 생성과 소멸 사이의 운동(γένεσις - φθορά)을 그 특징으로 한
다(참조, HW 338쪽). 우리가 '존재한다'라고 말할 때 '한다'는 바로 존재자가 드러나는 드
러남의 사건으로서의 이런 생성 소멸을 의미한다.
1942/43년에 행한 Parmenides란 강의에서 하이데거는 aletheia (진리: 탈은폐성: 드
러남)란 개념을 어원적 의미에 기초하여 해명하고 있다. 이때 진리(드러남)는 "탈은
폐"(Enrbergung)와 "은폐"(Verbergung) 사이의 모순작용을 본질로 하는데, 하이데거는 진
리를 이루고 있는 이 두 계기들을 "존재의 본질적 특성"(Grundzug des Seins)이라 부른다
(M. Heidegger, Parmenides, Framkfurt a.M. 1992, S. 105).

자에게서 일어나는 이런 놀이이다. 이 놀이에 의해 놀이터가 열리고, 이 놀이의 장에서 존재자가 드러나는 것이다. 존재자에게서 일어나는 이런 모순운동은 헤겔의 표현에 의하면 "스스로에게 관계하는 부정"(Sich auf sich beziehende Negativität)이다. 이러한 "절대적 부정성"(absolute Netativität)의 원리야말로 존재자에게서 일어나는 존재하기의 운동이며, 모든 존재자의 나타남의 근거인 존재자의 존재사건(Ereignis)으로서의 존재이다.

존재론적 차이를 기억한다는 것은 존재자에게서 이 존재하기를 주제로 삼아 드러내는 것이다. 그런데 존재는 언제나 존재자의 존재이기 때문에 존재해명은 존재자를 매개로 해서만 가능하다. 이제 인간이란 특수한 존재자를 매개로 하여 존재를 해명하고자 하는 하이데거의 철학적 방법론에 주목해 보자.

9.3.2. 하이데거의 철학적 방법론

9.3.2.1. 현존재의 존재적 우월성

하이데거 철학의 궁극적 관심사는 존재를 해명하는 것인데, 존재해명은 직접적으로는 불가능하다. 왜냐하면 존재는 어디에도 드러나 있지 않고 단지 '존재자의 존재'이기 때문이다. 그것은 언제나 존재자 속에 은폐되어 있다. 따라서 존재해명은 존재자를 매개로 해서만 가능하다. 하이데거는 존재해명을 위해 가장 효과적인 존재자로서 인간을 선택한다. 인간은 자신의 존재를 이해하는 존재자이기 때문이다. 인간은 그의 존재에 있어서 자신의 존재가능성이 중요한 존재자이다. 인간의 모든 생각과 행위는 바로 이 존재 가능성에 초점이 맞추어져 있다. 인간은 그의 존재 가능성을 미리 앞당겨 이해하고 이런 이해에 기초하여 결단하는 존재자이다.[17] 하이데거는 이렇게 자기의 존재 가능성을 이해하며 결단하는 존재자를 "현존재"(Dasein)라 하며, 현존재의 이런 존재방식을 "실존"이라 한다. 현존재로서의 인간이 존재를 해명하는 철학적 과제와 관련하여 다른 존재자들보다 우월한 것은 그가 실존적 존재자라는데 있다. 인간은 존재를 이해하는 존재자이기 때문에 존재물음에 있어서 존재적 우월성을 가진다.

그런데 현존재의 존재관계로서의 존재이해는 이중적 구조를 가진다. "존재이해"는 한편에서는 "현존재 자신의 본질규정", 즉 '현존재 자신에 속하는 본질적 경향'이다(Sein und Zeit 15). ""존재이해"는 현존재의 자유에 속한다. 그것은 존재와 관계를 맺는 현존재의 자유로운 행위이기 때문이다. 그러나 다른 한편, 현존재는 이러한 자유 즉 자유로운 존재이해의 행위를 임의로 어찌할 수 없다. 현존재가 임의적으로 어떤 때는 존재를 이해하고 어떤 때는 이해하지 않을 수 있다는 것이 아니다. 현존재는 존재를 이해하도록 던져진 존재자이다. 그는 그가 존재를 이해한다는 사실(Daß)을 거

---

17) 이때 '존재이해'는 주체가 대상의 본질을 추론적으로 파악하는 대상인식과는 다른 것이다. 어원적으로 볼 때 '이해는' '~ 안에 서 있음'을 의미한다. 독일어 'Verstehen'에서 'Ver-'라는 전철은 'in'을 의미하는데, 이때 'in'은 어원적으로 라틴어 'per'(~을 넘어서 ~에로)에서 유래했다. 따라서 '존재이해'는 '존재자를 넘어서 존재 안에 서 있음'을 의미하며, 이것은 다시 존재와 관계를 맺고 있음을 의미한다. 따라서 "존재이해"(Seinsverständnis)와 "존재관계"(Seinsverhältnis)는 동일한 의미로 이해되어야 한다.

부할 수 없다. 존재이해는 현존재의 운명이며 존재 자체의 소명 (Schickung)이다. 그것은 존재 자체의 사건으로 현존재가 거부할 수 없는 사실(Faktum)이다. 존재이해는 한편에서는 목적격적 소유격(genetivus objectivus)의 의미에서, 다른 한편에서는 주격적 소유격(genetivus subjectivus)의 의미에서 이해되어야 한다. 목적격적 소유격이란 의미에서의 존재이해는 현존재의 존재행위로 "존재와 사유는 사유에서 일치한다"는 헤겔의 명제에서 특징적으로 나타난다. 한편 존재이해는 "현존재의 존재규정"(SZ 12)이다. 이때 "존재규정"은 주격적 소유격의 의미로 이해되어야 하며 "존재와 사유는 존재에서 일치한다"는 하이데거의 명제에서 특징적으로 나타난다.[18]

9.3.2.2. 현존재의 존재론적 우월성

우리는 위에서 현존재의 존재적 우월성 즉 인간이 다른 존재자들보다 우월한 점이 그의 존재이해에 있음을 보았다. 그런데 현존재는 이렇게 존재적으로 우월한 것은 그가 존재를 이해하는 존재자라는 사실에만 있는 것은 아니다. 그는 그렇게 이해된 존재를 주제로 하여 드러낼 수 있는 존재자이기도 하다. 인간은 반성적

---

18) 참조, L. Eley, „Vorwort„ zu: *Hegels Theorie des subjektiven Geistes in der „Enzyklopädie der philosophischen Wissenschaft im Grundrisse„* , L. Eley (Hg.), Stuttgart-Bad Cannstatt 1990, S. 13-14. 한편 하이데거는 존재이해의 이러한 이중성을 후에 존재사유의 이중성이란 관점에서 보다 분명하게 제시한다. "단적으로 말해, 사유는 존재의 사유이다. 이때 소유격은 이중적인 의미를 가진다. 사유가 존재에 의해 일어나 존재에 속하는 한 그 사유는 **존재**의 것이다. 동시에 사유가 존재에 속하면서 존재의 소리를 듣는 한 그 사유는 존재의 **사유**이다"(M. Heidegger, "Brief über den Humanismus", in: *Wegmarken*, frankfurt a.M. 1976, S. 314).

존재자, 즉 그가 직접 체험한 것을 객관화하여 드러낼 줄 아는 존재자이기도 하다. 인간은 이렇게 그가 직접 경험한 존재이해를 대상화하여 드러낼 수 있다는 점에서 존재해명과 관련하여 존재론적 우월성을 가진다.

9.3.2.3. 존재물음과 현존재 분석의 이중적 동기

하이데거의 철학적 목표는 현존재의 실존론적 분석에 기초한 존재론적 분석을 통해 '존재자에게서 경험된 존재'를 드러내 보여주는 것이다. 이를 위해 그는 예비적 작업으로 『존재와 시간』에서 현존재의 실존구조를 분석한다. 이런 점에서 하이데거의 철학은 실존주의적이라 할 수 있다. 그러나 그의 궁극적인 철학적 의도에서 볼 때 그의 철학은 실존주의가 아니다. 왜냐하면 현존재의 실존론적 분석은 존재론을 향한 한 걸음에 불과하기 때문이다. 이때 중요한 것은 인간의 실존적 경험이 아니다. "인간에 대한 물음은 오히려 존재물음과 내적인 변증법적 관계를 가진다. 이러한 관계가 하이데거의 철학적 작업 전체를 구성하고 있다."[19] 이러한 사실을 분명히 하기 위해 현존재 분석의 '예비적 성격'(Vorläufigkeit)에 관해 언급할 필요가 있다.

『존재와 시간』의 예비적인 목표는 현존재의 존재가 시간성에 근

---

19) H. Köchler, *Der innere Bezug von Anthropologie und Ontologie - Das Problem der Anthropologie im Denken Martin Heideggers*, Meisenheim am Glan 1974, S. 5.

거함을 드러내는 것이다. 그런데 이렇게 드러난 현존재의 시간성은 단지 존재에 대한 물음으로 들어가는 하나의 길일 뿐이다(참조, SZ 436-437). 하이데거는 말한다. "그러나 현존재 분석은 불완전할뿐만 아니라 예비적이기도 하다. 그것은 우선 인간의 존재를 드러낼 뿐 아직 그 의미를 해명하지는 않는다. 그것은 오히려 가장 근원적인 존재해명을 위한 지평의 열림을 준비해야 한다. 이 지평이 열릴 때 비로소 현존재에 대한 예비적 분석이 보다 높고 고유한 존재론적 토대에서 다시 검토될 수 있다"(SZ 17). 현존재 분석은 단지 하나의 길이다. 또 다른 길이 있을 수도 있다. "존재론적인 근거물음을 해명하기 위해 하나의 길을 찾아 그 길을 가는 것이 중요하다. 그 길이 유일한 길인지 또는 도대체 옳은 길인지는 그 길을 간 후에 비로소 판단될 수 있다."(SZ 437) 푀겔러(O. Pöggeler)에 의하면 "특히『존재와 시간』에서 처음 시도된 모든 '내용들'과 '견해'들과 '길'들은 우연적이며 따라서 사라질 수 있다."[20] 현존재 분

---

20) O. Pöggeler, *Der Denkweg Martin Heideggers*, Tübingen 1990, S. 188. 하이데거는 현존재 분석의 이러한 예비적 성격을『존재와 시간』의 여백 주에서 보다 분명히 밝히고 있다. 그는 여기서 현존재를 존재 자체를 드러내기 위한 하나의 예로서 제시하고 있다: „Exemplarisch ist das Dasein, weil es das Beispiel, das überhaupt in seinem Wesen als Dasein (Wahrheit des Seins wahrend) das Sein als solches zu- und bei-spielt, ins Spiel des Anklangs bringt. „(SZ 7 c, 439) 현존재의 예증적 기능을 염두에 두고 Jan van der Meulen은 헤겔에게 있어서『정신현상학』이『논리학』을 위한 길잡이 역할을 하듯이 하이데거의『존재와 시간』도 보편적 존재론에 이르는 서론이라고 주장한다. (*Heidegger und Hegel oder widerstreit und widerspruch*, Meisenheim/Glan 1953). 미국에서는 특히 그램 니콜슨(Graeme Nicholson)이 *Sein und Zeit*의 예비적 성격에 주목하고 있다: "Being and Time(SZ) did not have the limited aim of a philosophical anthropology - it was written as the introduction to a universal ontological inquiry, a study of 'the question of being', *die Frage nach dem Sein*. (...) Examining being initially in our own case, grasping it from the inside, so to speak, we would gain an insight into being itself, an insight that would then permit a broadening of scope, a subsequent treatment of being quite universally. Ontology begins at home." (G. Nicholsen, "The constitution of our being", in: *American Philosophical Quarterly*, Vol. 36 (1999), S. 165.)

석은 "우리가 철학적 사유에서 사유되어져야 할 것에 다다르게 되는 기점(Standpunkt)이다."(GA 68, 12) 사유되어져야 할 그것에 도달하기 위해 이 기점이 '존재 일반의 이념'을 향한 방향으로 지향되어져야 한다(참조, SZ 436).

위에서 언급된 현존재분석의 예비적 성격과 이중적 구조에서 우리는 하이데거 철학의 방법론적 특징을 발견할 수 있다. 그 특징은 먼저 현존재 분석을 통해 현존재의 존재구조를 밝혀내고, 이 존재구조에서 드러나는 존재 자체를 주제로 하여 드러내는 데에 있다. 하이데거는 이렇게 존재자에 은폐되어 있는 존재 자체를 드러내는 것은 현상학적 방법론에 의해서만 가능하다고 한다.

9.3.2.4. 현상학적 방법론

왜 철학이 현상학적으로만 가능한가? 먼저 하이데거에 있어서 '방법'이란 개념의 의미에 주목할 필요가 있다. '방법'이란 어떤 일을 수행하기 위한 도구로, 일이 끝나면 버려도 좋은 어떤 도구와 같은 것이 아니다. 방법은 강을 건넌 후에는 버려두고 가도 좋은 배와 같은 어떤 것이 아니다. '방법'(Methode)은 'μετά'(함께, 안에, 위에, 뒤에)와 'ὁδός'(길)의 합성어로 '길 안에 있음', '길 위에 있음', '길을 따라감'이란 뜻을 가진다. 우리의 논의와 관련시켜 볼 때 '방법'이란 사태 자체를 찾아가는 길, 존재 자체를 찾아가는 길 위에 있음을 의미한다. 현존재분석은 바로 이 길 위에 있음이다. 우리가 현존재를 분석할 때 우리는 존재를 찾아가는 길 위에 있으며 따라서 우리는 현존재분석을 존재에 이르는 방법이라 이른다. 길을 가는 사람은 그 길을 경험하며 그 길이 어떠함을 드러내 보여줄 수 있다. 하이데거는 헤겔의 『정신현상학』에 관한 주석에서 다음과 같이 말한다. "우리가 이와 같이 실제로 일하는 의미에서 인내를 가지고 이 작품과 함께 갈 때에만 그 작품의 진정한 의미(Wirklich-keit)가 드러나며 그와 함께 그 작품의 내적 형태도 드러난다."[21] "함께 가는 자만이 그것이 하나의 길임을 안다."[22]

헤겔의 『정신현상학』「서론」에 대한 주석에서 하이데거는 빈번하게 "길을 감"(Gang)에 관해 언급한다: "길은 걸어감(땅 위를 걸어감)과 통과해 감(땅 아래의 통로)이라는 이중적 의미에서의 통로이다. 보다 정확하게 말해서 걸어감으로서의 통로(Gang)에서 비로소 그 통로(Gang)가 통로(Durchgang)로서 경험된다.(er-fahren: fahren의 의미가 강조됨: 필자) 다시 말해서 그 길이 열려서 드러날 것이 드러날 수 있게 된다. 이 걸어감을 걸어가는 사람과 통로를 통과함은 표상(Vor-stel-len)으로서의 의식 (현존재)이다. 표상(Vor-sich-stellen)이 앞으로 나아가고 열어놓으며 드러낸다. 이때 그 표상은 나타남의 에테르가 된다."[23] 우리는 여기서 의식의 "경험"에 주목해야 한다. 헤겔에게 있어서 "경험"은 의식 내에서 이루어지는 작용이기는 하다. 그러나

21) M. Heidegger, *Hegels Phänomenologie des Geistes*, Frankfurt a.M. 1988, S. 61.
22) H.-G. Gadamer, "Martin Heidegger – 85 Jahre", in: *Heideggers Wege*, Tübingen, 1983, S. 100.
23) M. Heidegger, *Hegel. 1. Die Negativität (1938/39, 1941), 2. Erläuterung der "Einleitung" zu Hegels "Phänomenologie des Geistes"*, Frankfurt a.M. 1993, S. 101 (이후로는 GA 68).

이 경험에서 중요한 것은 감각을 통해 주어진 대상들에 대한 경험이 아니라 그 의식이 절대자의 움직임 또는 그의 길을 경험한다는 사실이다. 이러한 사실은 헤겔의 다음과 같은 주장에서 보다 분명해진다: "논리학에서 중요한 것은 사고 작용 밖에 놓여있는 어떤 것에 대한 생각 즉 진리의 단순한 징표들을 제시해 줄 형식들이 아니다. 사고 작용의 필연적 형식들과 그의 고유한 규정들이 내용이며 최고의 진리 자체이다"(WdL I, 44). 하이데거의 다음과 같은 주석도 같은 의미로 이해되어야 한다. "의식은 '경험'에서 존재의 본질을 경험하기 때문에 그 의식은 자기 자신을 자세히 조사하여 자기 자신으로부터 이 조사의 척도가 되는 것들을 드러내 보여준다."(GA 68, 105)

이상에서 보았듯이 하이데거에게 있어서 중요한 것은 현존재의 존재를 인간론적인 관점에서 제시하는 것이 아니라 현존재분석의 길에서 나타나는 사태자체를 밝히는 것이다. 그런데 이것은 현상학적으로만 가능하다. "현상학은 존재론의 주제가 되어야 하는 것에 이르는 접근양식이며 그 주제를 분명하게 규정하는 방식이다. 존재론은 현상학으로서만 가능하다."(SZ 35)

후설에게 있어서 현상학의 과제는 의식이 자기 자신에게로 향하여 거기서 일어나고 있는 것을 자세히 관찰함으로써 사실자체를 파악하는 것이다. 이를 위해서는 먼저 대상에 대한 소박한 태도, 즉 자연적 태도의 일반정립을 유보함으로써 그 대상이 의식에 내재적이 되게 하는 작업이 필요하다. 이러한 작업에 의해 사실적인 것이 그의 순수한 본질로 환원될 수 있다. 이러한 환원을 통해 대상이 의식에 내재적이 되기 때문에 후설은 그것을 "선험적 환원" 또는 좁은 의미의 "현상학적 환원"이라 부른다. 그런데 이러한 환원을 통해 의식에 주어진 대상은 의심의 여지가 없이 분명하기는 하지만, 아직 그 본질에 있어서 완전히 명증적이지는 못하다. 의식에 주어진 것을 모든 우연성과 개별성으로부터 해방시키고 "이데아적 직관"에 의해 그의 순수한 본질로 환원시키는 작업이 필요하다. 후설은 이러한 환원을 "본질적 환원"이라 부른다. 이러한 환원에 의해 지향하는 의식(intentio: νῃσις)과 지향된 대상(intentum: νῃμα)이 완전히 일치하게 되며, 이때 지향된 대상이 의식에 충전적이고 근원적으로 주어진다. 이렇게 원본적으로 주어진 것이 이제 "원본적으로 부여하는 직관" 또는 "본질직관"에 의해 그대로 받아들여진다. 즉 지향된 것이 지향하는 의식에 의해 구성된다. 그런데 이 구성은 대상을 산출하는 것이 아니라 의미구성, 즉 대상의 의미를 드러나 있는 그대로 드러내는 것이다.

하이데거는 후설의 현상학적 방법론에서 중요한 개념들을 수용하여 존재론적으로 확대 적용한다. 후설에게 있어서 현상학적 환원이 자연적 태도로부터 초월론적 의식과 그 의식의 노에시스적-노에마적 체험 — 이 체험에서 대상이 의식의 상관자로서 구성된다 — 에로 관점을 전환하는 작업이라면, 하이데거에 있어서는 그것이 존재자로부터 존재에로 시선을 돌리는 작업, 즉 존재자의 존재를 주제화하는 작업이다. 한편 우리는 존재자를 파악하듯이 존재에 직접적으로 접근할 수는 없고 오직 존재자를 통해서만 가능하다. 하이데거는 이 존재자 (현존재로서의 인간)의 존재와 그 존재의 구조를 밝히는 작업, 즉 현존재에 대한 실존론적인 분석을 "현상학적 구성"이라 부른다. 여기서 현존재의 노에마적-노에시스적 의미가 구성된다. 그러나 이것으로 현상학적 방법론이 완결되는 것은 아니다. 존재 자체를 드러내기 위해서는 "현상학적 구성"에 의한 현존재의 존재구성을 "해체" 하는 작업이 필연적이다.[24] 여기서 하이데거는 "해체"라는 개념을 철학적 전통에 대한 비판적 접근이란 의미에서 사용하는데, 보다 근원적으로 보면 현상학적으로 구성된 현존재의 존재구성을 해체하는 것으로 보아야 할 것이다.[25]

선험적 환원, 현상학적 구성, 그리고 이 구성의 해체라는 현상학적인 방법들은 존재물음의 삼중적 구조와 일치하기도 한다. 선험적 환원에 의해 존재자로부터 존재에로의 방향전환이 일어남으로써 존재에 대해 물음이 제기되고(Gefragtes), 현상학적 구성에 의해 그 물음이 일어나는 장소로서의 현존재가 물어지며(Befragtes), 해체 작업에 의해 존재 자체가 물음의 의미(Erfragtes)로서 드러나게 된다.

이상에서 보았듯이 존재해명은 현존재의 의미에 대한 현상학적 구성과 해체라는 현상학을 통해서만 가능하다. 그런데 우리는 여기서 현상학이 존재해명의 유일한 길임을 밝히기 위해 하이데거가

---

24) 후서얼과 하이데거의 현상학적 개념들에 관해서는 참조, M. Heidegger, *Grundprobleme der Phänomenologie*, Frankfurt a.M. 1989, S. 26-32.

25) 우리는 여기서 '해체'라는 개념을 포스트모더니즘의 '해체구성'(Dekonstruktion)이란 의미로 이해해야 할 것이다. 해체구성이란 하나의 구조를 그 고유성에서 드러내기 위해 그 구조를 해체하는 작업이라 볼 수 있다. 데리다는 하이데거를 따라 이러한 작업을 "가위표로 지우기"에 비유하는데 이것은 일상적인 사고방식의 지배로부터 자유로워지기 위한 작업이다. 가다머는 하이데거의 '해체'를 해체구성이란 의미로 이해하여 다음과 같이 말한다: "'해체'는 당시의 독일어 어감에서 볼 때 파괴를 의미하는 것이 절대로 아니다. 그것은 어떤 목표를 가지고 건물을 부수는 것, 즉 근원적인 사고경험에 도달할 때까지 그것을 덮고 있는 층들을 벗겨내는 작업을 의미한다."(H.-G. Gadamer, Heidegger und Sprache", in: GW 10, S. 17).

'현상학'이란 개념에서 '현상'(Phänomen)과 '학'(-logie)을 어떻게 이해하고 있는지 살펴볼 필요가 있다.

'현상'을 나타내는 그리스어 '파이노메논'(φαινμενον)은 " … 을 밝은 곳으로 드러내다"는 뜻을 가진 '파이노'(φαίνω)의 중간태 동사 '파이네스타이'(φαίνεσθαι)에서 유래한다. 따라서 여기서 우리는 그리스어에서 중간태 동사가 가지는 특수한 기능에 주목할 필요가 있다. 중간태는 동작의 목적과 원인이 주어 자체에게 있음을 나타내는 동사이다. 'φανω'라는 타동사는 동작의 주체 밖에 있는 어떤 것을 나타나게 하는 것인데 반해, 'φανεσθαι' (나타나다)라는 동사는 그 나타남의 주체가 바로 나타나는 것 자체임을 알 수 있다. 'φαίνω'라는 타동사에서 보면 나타남이 어떤 다른 원인에 의해 주어지는데 반해, 'φανεσθαι'라는 중간태에서는 나타남이 어떤 다른 외적인 원인에 의해 주어지는 것이 아니라 바로 나타나는 것 자체가 그 나타남의 원인이다. 따라서 φαινμενον은 '스스로가 원인이 되어 나타나는 것'을 의미한다.

하이데거는 현상, 즉 '스스로가 원인이 되어 나타나는 것'을 이중적인 관점에서 ① '현상학적 의미의 현상'(Phänomen)과 ② '소박한 의미의 현상'(Erscheinung)으로 구분한다. 이때 '소박한 의미의 현상'은 '현상학적 의미의 현상'이 자기를 알리는 장소이다. 하이데거는 소박한 의미의 현상을 경험적 직관에 의해 주어지는 존재자라고 보며, 현상학적 의미의 현상은 그렇게 주어지는 존재자의 '존재'라 한다. 그런데 우리는 여기서 하이데거가 개념사용에 있어서 철저하지 못했음을 발견한다. 즉, 그는 존재를 현상학적 의미의 현상과 동일한 의미로 사용하고 있는데, 이것은 존재론적 차이에 대한 그의 주장과 모순된다. 존재를 현상이라고 보는 것은 존재론적 차이와 모순되기 때문이다. 존재는 존재자가 아니기 때문에 결코 스스로 나타날 수 없다. 존재자만 나타나고 무는 나타날 수 없다. 존재는 존재자가 아니기 때문에, 즉 그것은 무이기 때문에 나타나지 않는다. 오직 존재자만 있고 무는 없기 때문이다. 나타난다는 것은 존재한다는 것인데 우리는 오직 존재자에 대해서만 '존재한다', '있다'(이다)라고 할 수 있다. 만일 존재를 나타나는 것으로 본다면 '존재가 존재한다'는 표현이 가능해야 하는데, 그렇다면 이 경우 존재는 존재가 아니라 존재자가 된다. 이러한 모순을 피하기 위해 우리는 '현상학적 의미의 현상'이란 개념 대신 '우리에 의해 현상학적으로 드러내져야 할 것'이란 표현을 쓰는 것이 좋을 것이다. 존재자만이 현상이며 존재는 결코 스스로 드러나지 않는 것으로서 우리에 의해 비로소 주제화되어야 하기 때문이다. 존재는 결코 스스로 나타나지 않기 때문에 우리는 그것을 존재자를 매개로 해서 드러내야 할 것이다.

결코 스스로 나타나지 않는 존재를 주제로 하여 드러내는 것이 현상학의 과제이다. 'Phänomenologie'란 개념에서 '-logie'는 바로 이러한 '주제화'를 가리킨다. 이렇게 존재를 주제화하여 드러내는 작업을 달리 표현하면 '이론화 작업'(Theoretisierung)이라 할 수도 있다. 주제화하는 작업과 이론화하는 작업의 이러한 동일성에 대해 하이데거는 다음과 같이 말한다: "존재자의 내부를 관찰할 때 보여지는 존재의 모습을 그리스어로 '테아'(θεά)라 한다. '파악하여 보는 것'을 그리스어로 본다는 의미에서 '호라오'(óράω)라 한다. 어떤 모습을 보는 것, 즉 그리스어로 '테안 - 호란'(θεάν - óράν)을 '테오라오, 테오레인, 테오리아'(θεοράω, θεορείν, θεορία라 한다."(Par. 219) 여기서 볼 수 있듯이 하이데거에게 있어서 현상학은 존재를 드러내는 작업이며, 그런 한에 있어서 해석학이다. "현존재의 현상학에서 로고스(λóγος)는 '헤르메뉴에인'(érμηνεύειν, 드러내다)의 특징을 가진다. 현존재의 현상학은 단어의 근원적 의미에서 볼 때 드러내는 작업을 가리키는 해석학이다." (SZ 37)

현존재 분석의 길에서 우리는 길 자체(존재 자체)를 함께 경험한다. 『존재와 시간』은 이렇게 함께 경험된 길을 '말함으로써 드러내고' 있다. 하이데거는 이렇게 말하여서 드러내는 것을 "신화"라고 한다.[26] 그리고 이때 신화는 "존재의 집"으로서의 언어와 같은 기능을 한다. 신화는 존재가 그 속에 거하는 존재의 집이다. 그런데 우리는 '집'이라는 개념이 가지는 또 다른 측면을 간과해서는 안 된다. 집은 존재를 그 안에 제한하여 은폐하기도 한다는 사실이다. 신화(말)는 존재를 제한함으로써 드러낸다. 그러므로 존재를 완전하게 드러내기 위해서는 존재를 그의 집(제한, 한정, 정의)으로부터 해방시키는 작업이 필요하다. 집을 허무는 작업이 필요하다. 현상학의 과제는 이 집을 해체하여 존재를 해방시키는 작업이다. 다시 말해, 현상학은 이 신화 속에 주제화되지 않고 은폐되어 있는 것을 주제화하여 드러내는 작업이다. 우리는 이러한 작업을 불트

---

26) M. Heidegger, *Was heißt denken*, Stuttgart 1992, *S*. 11.

만의 용어를 빌어 그 신화의 "탈신화"라고 부르자. 탈신화는 그것이 현존재에 은폐되어 있는 존재를 드러내는 작업인 한 "신화적인 언표 즉 텍스트에서 그 진리내용(Wirklichkeitsgehalt)을 묻는 해석학적 작업"이다.[27]

이렇게 탈신화하는 '전환'에 의해 비로소 하이데거의 존재물음에 대해 대답이 주어질 수 있다. 그렇다면 여기서 전환이란 무엇인가? 여기서 전환은 현상학적 구성에 해당하는 현존재의 존재론적 분석을 해체하는 작업이다. 이러한 전환은 하이데거 철학의 해석학적 방법론에서 볼 때 '스캔들'이 아니라 필연적인 과정이다. 전환은 존재물음의 예비적인 단계로부터 본질적인 사유로의 넘어감이며, 현존재의 "시간성"(Zeitlichkeit)으로부터 "존재의 시간성"(Temporalität)으로의 넘어감이다. 하이데거의 철학을 시대적으로 구분하여 전기와 후기 (또는 전기, 중기, 후기)로 나눌 수는 있다. 그리고 이런 구분에 근거하여 후기 하이데거를 전기로부터의 전환이라고 부를 수도 있다. 후기 하이데거는 존재에 관해 전기와는 다른 입장을 취하고 있는 것처럼 보이는 것도 사실이다. 그런데 이렇게 본다면 그의 전환은 하나의 스캔들이다. 그러나 우리는 그의 철학의 전환을 시대적인 구분에서보다는 오히려 내적 필연성에서 이해해야 할 것이다. 즉 구성과 그 구성의 해체라는 해석학적인 과제에서 전환의 필연성을 찾아야 할 것이다. 이렇게 볼 때 전

27) R. Bultmann, "Zum Problem der Entmythologisierung," (1963), in: *Glauben und Verstehen* IV, Tübingen 1975, S. 128.

환은 현존재의 존재에 대한 물음(기초적 존재론)과 존재 자체에 대한 물음 사이의 '해석학적 순환'에 속한다고 볼 수 있다.

9.3.2.5. 하이데거의 철학체계

이상에서 보았듯이 하이데거에 의하면 현존재의 실존론적 분석에 근거하여 해명된 존재(있음)는 현존(Anwesen, 지금 있음)과 부재(Abwesen, 지금 없는 방식으로 있음)의 변증법적인 존재사건이다. 여기까지는 헤겔의 존재논리와 다르지 않다고 볼 수 있다.

그러나 더 나아가 하이데거는 존재사건을 밝히는데 그치지 않고 그 존재사건의 (실존적)의미를 묻는다. 존재를 향한 기점으로서의 현존재가 이미 조명된 존재 자체로부터 재조명되어야 한다는 것이다. 존재의 이념으로부터 그 이념에 도달하기 위한 기점인 현존재의 존재를 재조명할 때 비로소 현존재 분석과 존재해명 사이의 순환적 과정은 완결된다. 여기서 우리는 하이데거의 철학을 다음과 같이 하나의 체계로서 구성할 수 있을 것이다. 하이데거는 ①현존재의 존재를 실존론적으로 분석한다. ②그리고 이런 분석에 근거하여 존재 일반의 구조를 드러내 보여주며, ③이렇게 드러난 존재일반의 구조로부터 현존재의 존재를 재조명한다.

하이데거에게 있어서 중요한 것은 단순히 존재자 일반의 존재를 해명하는 것이 아니라 인간이란 특수한 존재자를 존재하게 하는 존재사건이 무엇인지 밝히는 것이다. 인간의 모든 활동의 지평을 이루고 있는 것이 무엇인지 밝히는 것이다. 인간이 사유하고 결단하고 행동할 때 그런 모든 것의 토대가 되는 지평은 무엇인가? 하이데거에 의하면 인간의 모든 활동은 "하늘, 땅 신적인 것, 죽을 자"라는 네 요소들의 상호작용의 지평에서 이루어지는데, 그는 이 지평을 "사방세계"(Das Geviert)라 부른다. 이 존재사건은 실존적 인간이 존재하는 지평으로서의 세계지평이다.[28] 실존적 인간은 이 지평에서 비로소 실존적 인간으로 존재한다. 이때 인간은 단순히 생명을 이어가는 존재자가 아니라 거주하는 존재자이다.

인간은 다음과 같이 네 가지 방식으로 거주함으로써 실존적 존재자로서 존재한다. ①인간은 그가 땅을 구원하는 한 거주한다. ②인간은 하늘을 하늘로서 수용하는 한 거주한다. ③인간은 신적인 것을 신적인 것으로서 기다리는 한 거주한다. ④인간은 그의 고유한 본질 즉 죽음을 죽을 수 있는 본질에 순응하여 잘 죽을 수 있는 한 거주한다.

9.4. 구조주의

9.4.1. 소쉬르(Ferdinand de Saussure, 1857-1913)의 언어이론과 구조주의

소쉬르에 의하면 언어는 "기호들의 체계이다." 소쉬르의 이 정의

---

28) 『존재와 시간』에 의하면 '세계'는 '존재자들 사이의 관계맺음의 총체적 그물망'이다. 그런데 여기서 '세계지평'(Das Geviert)은 인간이란 존재자가 다른 존재자들과 관계를 맺을 때의 지평을 말한다.

에서 우리는 중요한 두 개의 개념을 발견한다. "기호"와 "체계"가 그것이다. 물론 이 두 개념은 밀접하게 연관된 개념들이다. 언어로서의 기호는 본질적으로 기호들의 상호관계에 의해 형성된 체계(system) 속에서만 그 의미를 가진다는 것이다. 이를 이해하기 위해 먼저 언어로서의 기호가 가지는 특성을 살펴보자.

기호는 기표(記標; signifiant)와 기의(記意; signifié)로 구성되며 자의성(恣意性: Willkürlichkeit: arbitrary)을 그 본질로 한다. 언어로서의 기호는 특정한 기표와 기의가 결합된 자의적 형성물이라는 것이다. 기표와 기의 사이에는 아무런 필연성도 존재하지 않는다. 바로 이 '언어의 자의성'이야말로 소쉬르 언어학의 방법론적 핵심이다. 그렇다면 언어의 자의성이란 무엇인가? '자의적'이란 개념은 필연적이란 개념과 대조되는 개념이다. 따라서 언어가 자의성을 가진다는 것은 기표와 기의 사이에 아무런 필연적이고 본질적인 관계도 존재하지 않는다는 것을 말한다. 예를 들어, 개라는 기의(개념)를 지금 우리가 사용하는 기표(표현)인 '개'라고 표현해야 할 어떤 선험적 필연성도 존재하지 않는다는 것이다. '쾌'나 '멍'이나 기타 어떤 식으로 표현해도 개를 나타내는데 문제가 발생하지 않는다.

언어로서의 기호의 자의성이란 하나의 대상을 표현하는 절대적인 보편적 기표와 보편적 기의가 그 자체로 존재하지 않는다는 것을 말한다. 즉 '시니피앙'(signifiant) 자체도 자의적이며, '시니피에'(signifié) 자체도 자의적이다.

만일 언어로서의 기호가 자의성을 본질로 한다면 그 자의성은 어디에 성립하는가? 기표나 기의는 다른 것들과의 차이의 구조에서 성립한다는 것이 자의성의 본질이다. 하나의 개념(기의)은 다른 개념들과의 차이에 의해 발생하는 가치개념이다. 예를 들어, 특정한 하나의 색깔은 그 자체로는 아무런 의미가 없고 단지 '색깔체계' 내에서 다른 색깔들과의 비교에 의해 비로소 그 의미가 규정된다. 마찬가지로 기표와 기의도 다른 기표와 기의와의 차이의 관계에서 바로 그 기표와 기의로 규정된다. 그리고 이와 같은 차이의 관계를 본질로 하는 그물망이 바로 언어체계이다. 이와 관련하여 소쉬르는 다음과 같이 말한다.

이 모든 경우에서 우리가 포착하는 것은 미리 주어진 관념이 아니라 체계에서 발생하는 가치이다. 가치가 개념에 해당된다고 말함으로써 사람들이 암시하는 바는 다음과 같다. 즉 개념은 순전히 차별적인 것이며, 따라서 그 본질적 내용에 의하여 적극적으로 정의되는 것이 아니라 체계 내의 다른 사항들과의 관계에 의해서 소극적으로 정의된다. 개념(시니피앙)이라는 것의 가장 두드러진 특징은 그것이 다른 시니피앙과는 다르다는 바로 그 사실에 있다. (『강의』, 162쪽)

a. 랑그(langue)와 파롤(parole)

랑그는 위에서 언급된 언어체계이며, 파롤은 개별적인 언급이나 진술이다. 언어학자로서 소쉬르는 파롤보다는 랑그에 더 많은 관심을 가지고 있었다. 그는 개별적인 진술들이 생겨나는데 주도적

인 역할을 하는 일련의 규칙들이나 약속들을 찾아내어 규정하고
자 한다. 그런데 여기서 주의해야 할 것은 언어체계로서의 랑그는
무시간적인 실체가 아니라는 것이다. 랑그는 단지 2항적 대립관계
를 특징으로 하는 기호들 사이의 관계체계이다. 그러므로 개개의
기호가 변하면 그 체계 자체도 변하게 된다. 언어는 세포들이 변
화에 따라 변화하는 생물과 같다.

전체가 변한 것도 아니고 한 체계가 또 다른 체계를 낳은 것도
아니다. 처음 체계의 한 요소가 변했던 것이며, 바로 이것만으로
새로운 체계가 나타날 수 있었다. (『강의』, 121쪽)

b. 통시성(通時性, diachronic)과 공시((共時性, synchronic)

언어로서의 기호는 기표와 기의로 구성되어 있으며, 기표와 기
의는 다른 기표들과 기의들의 관계체계 속에서 자의적으로 구성
된다. 그리고 우리는 여기서 기호의 자의성과 함께 필연적으로 대
두되는 언어의 또 다른 특성을 만나게 된다. 언어의 역사성이 그
것이다. 언어는 자의성과 함께 역사성을 가진다. 만일 기표와 기의
사이에 본질적이고 필연적인 관계가 있다면 기호는 시간의 흐름
과는 상관없는 본질적인 표현양식(시니피앙; signifiant)과 의미내용(시니
피에; sinifié)을 가질 것이다. 그러나 기호는 무시간적인 본질을 가지
지 않고 단지 '차이의 관계체계' 내에서 기표와 기의가 우연히 결

합된 자의성을 특징으로 한다. 기호는 다른 기호와의 상관적 관계에서 의미가 규정되는 상관적 실체이다. 따라서 기호는 기표와 기의에 있어서 모두 변할 수 있는 역사성을 가진다. 즉 어느 특정한 시점에서 특정 기표와 특정 기의의 결합은 역사적 과정의 우발적 결과이다. 기호는 자의적이고 따라서 역사적 변화에 철저히 의존한다.

언어로서의 기호는 다른 기호들과의 관계에서만 의미를 가지는 가치체계이다. 그렇다면 그 관계는 어떤 유형의 관계이며, 그 관계는 언어의 역사성과 어떤 관계에 있을까? 언어는 기호들 사이의 순수한 관계의 그물망 이외의 다른 것이 아니다. 그리고 이 관계 체계는 '통시적 관계'와 '공시적 관계'의 양면성을 가진다. 통시적 관계란 시간적인 연속성의 관계이다. 서로 다른 시대에 속하는 두 요소들 사이의 관계이다. 하나의 기호는 이전 시대의 기호와 통시적 관계에 있다. 그것은 하나의 단어나 구(句)가 그 이전의 단어나 구와 함께 공유할 수 있는 관계성이다. 한편, 공시적 관계란 시간적 연속성과는 아무런 관계가 없이 동일한 시대에 속하는 기호들 사이의 관계이다. 그것은 하나의 단어나 구가 언어나 이야기에 있는 모든 다른 단어나 구와 함께 공유할 수 있는 관계성이다. 통시적 관계는 경우에 따라 수평적 관계라고 부를 수도 있고, 공시적 관계는 수직적 관계라고 부를 수 있다.

하나의 기호는 다른 기호들과의 관계 속에서 끊임없이 변한다. 그런데 이때 변하기 이전의 기호와 변화된 형태의 기호가 일정기간 동안 공시적 동일성의 상태를 유지한다. 바로 이런 공시적 동일성이 있기 때문에 하나의 기호는 이전의 기호와 상당히 다른 형태로 진화했다 할지도 통시적 동일성을 유지할 수 있게 된다. 예를 들면, 프랑스어 mer(바다)나 독일어 Meer(바다)는 라틴어 mare에서 파생되었다고 볼 때, 이 둘 사이에는 통시적 동일성을 가진다고 할 수 있다. 그런데 이런 통시적 동일성이 유지될 수 있는 것은 mer와 mare 사이에는 무수히 많은 공시적 동일성의 상태들이 있었기 때문일 것이다. 이와 관련하여 소쉬르는 다음과 같이 말한다.

calidum과 chaud(쇼)만큼이나 서로 다른 두 낱말 사이에 통시적 동일성이 있다는 것은 calidum에서 chaud까지 이르는 동안 일련의 공시적 동일성의 단계가 있었기 때문이다. (『강의』, 250쪽)

calidum은 일정 기간 동안의 파롤의 과정을 거친 후 calidu로 변했지만 두 단어들이 서로 번갈아 가며 쓰이면서 공시적 동일성을 유지했을 것이다. 그러다가 calidu는 caldu가 되었고 caldu는 다시 cald로 변했을 것이다. …

소쉬르의 영향은 데리다(Jacques Derrida, 1930~2004)의 해체구성(Dekonstruktion)이론과 구조주의에서 발견된다. 데리다가 근대적 사고의 특징인 구성주의를 거부하고 모든 구성은 해체구성이라는 주장을 하게 된 것은 언어는 차이의 관계를 본질로 하는 체계라는 소쉬르의 영향이 컸다. 데리다는 말한다.

"언어체계에는 차이만 존재하며 바로 이 차이의 놀이에 의해 종합과 연장이 이루어진다. 그리하여 단 한 순간도, 단 한 번만이라도 그 자체로 의미를 갖는 언어요소는 없게 된다. 글로 된 담론이든 말로 된 담론이든 그 어떤 요소도 실재하지 않는 다른 요소와 관계를 맺지 않고는 기호로서 기능을 발휘할 수가 없다. 이러한 연결 관계로 인해 우리는 각 요소는 그 안에 있는 다른 요소의 흔적과 관련될 때에만 언어단위로 구성될 수 있음을 알 수 있다. 이러한 연관관계 혹은 직조가 바로 텍스트이며, 이 텍스트는 다른 텍스트의 변형을 통해서만 생산된다. 그러므로 요소 속의 혹은 체계 속의 그 어느 곳에도 실재하거나 부재하는 것은 없다. 오직 차이와 차이의 흔적만 있을 뿐이다." (Jacques Derrida, Positionen, Chicago 1981, 26쪽)

과학철학자인 화이트헤드의 다음과 같은 언급도 같은 맥락에서 이해되어야 할 것이다.

지난 수 세기 동안 철학적 저서들을 사로잡아 온 잘못된 관념은 '독립된 실체'가 있다는 믿음이었다. 그러나 이런 존재양태는 없다. 모든 실재는 우주의 나머지 것들과 함께 구조적 연관관계에 있다는 관점에서만 이해될 수 있다.

9.4.2. 방법론으로서의 구조주의

구조주의는 현상들은 결코 서로 분리되어 나타나는 것이 아니라 다른 현상들과 연계되어 있다는 기본적인 입장에 기초한다. 구조주의는 현실에서 실제로 일어나는 모든 것들의 기본적인 틀이 기호체계로서의 언어에 들어있다고 주장한다. 이때 체계로서의 언어(langue)와 일상적으로 사용되는 언어(parole)가 구분된다. 파롤은 언어를 사용하는 개인들을 통해 랑그가 현실화된 것이다. 랑그는 하나의 배타적인 문법체계와 발음체계를 포함한다. 파롤을 말하는 사람들은 바로 이 문법체계와 발음체계 내에서 움직인다. 이 체계가 언어적 표현들의 틀을 구성한다. 랑그는 파롤에서 현실화된다. 그러나 랑그는 파롤을 떠나서 독립적으로 존재하지는 않는다. 파롤을 말하는 사람들은 대체로 랑그를 의식하지 않은 채 말한다. 랑그의 또 다른 두 가지 특징은 언어기호의 자의성과 그 기호가 가지는 의미의 차별적 생성[29]이다. 언어적 기호는 의미 담지체로서의 기표(Signifikant)와 의미 내용으로서의 기의(Signifikat)로 이루어져 있다. 내용들 사이의 차이가 처음으로 기의와 기표를 생산한다. 의미가 가지는 차이성은 이분법적인 대립들, 즉 '남자/여자', '위/아래', '선/악' 등과 같은 이분법적인 대립들에서 가장 두드러지게 발견된다. 선은 악과의 차이에 의해 비로소 그의 의미를 획득한다. 악이라는 개념이 없다면 선이라는 개념도 없을 것이다. 이

---

29) '의미의 차별적 생성'이란 언어의 의미(개념)는 선험적으로 본질로서 주어지는 것이 아니라 다른 기호들과의 차이를 통해 생성된다는 것을 말한다.

런 사실은 서양장기의 예에서 가장 분명히 발견된다. 장기판에 있는 개개의 장기 알들은 다른 장기 알들과의 기능적 차이에 의해 규정된다. 장기 알들과 마찬가지로 개개의 사물들과 사건들은 단지 그것들이 그 체계 내의 다른 요소들과의 관계와 그 관계의 기초가 되는 체계 자체에 관해 정보를 제공해 줄 때에만 의미를 가진다.

구조주의는 분석된 현상들을 일종의 네트워크[30]와 관련하여 파악하려는 시도이다. 네트워크에서는 모든 요소가 각 요소들의 상호관계로부터 도출될 수 있는 특징적 징표들, 상호관계들, 그리고 대립들을 통해 규정된다. 라캉(Jacques Lacan, 1901-1981)은 인간의 주체의식까지도 이런 구조주의적 관점에서 이해한다. 그에 의하면 주체는 상징적 체계에서 기원되었다고 한다. 무의식적인 것은 언어와 같은 구조를 가지며 언어에 의해 생산된다는 것이다. 라캉은 'cogito ergo sum'의 통일성, 즉 생각하는 자아와 존재하는 자아의 일치성을 부정한다. 대신 그는 다음과 같이 주장한다. "내가 생각하는 곳에 나는 없다." 나의 사유는 나와 다른 주체들과의 관계를 통해 형성되는 상징적 체계의 일부일 뿐 나의 존재의 근거는 아니라는 것이다.

9.4.3. 레비스트로스(Claude Levi-Strauss, 1980 ~)

대표적인 구조주의자인 레비스트로스는 파리의 소르본 대학에

---

30) 이 네트워크는 상징들을 통해 그 현상들이 공시적이고 통시적으로 정돈된 것이다.

서 법학과 철학을 공부했다. 라온에 있는 김나지움에서 2년 동안 강의를 한 후, 그는 1935년에 사오 파울로 대학의 교수가 되었다. 그는 1935년부터 1939년까지 아마존 지역에서 많은 인종학적 과제들을 맡아 수행했다. 2차 세계대전 직전 프랑스로 다시 돌아와 1939년부터 1940년까지 군복무를 마친 후 다시 프랑스를 떠나 뉴욕에 있는 사회 연구학교에서 강의한다. 거기서 그는 로만 야콥슨을 알게 되었는데, 그의 언어학적 사상은 야콥스에게서 결정적인 영향을 받게 되었다.

레비스토로스는 1944년 프랑스 외무성에 의해 본국으로 소환되었으며, 1945년에는 프랑스 대사관의 문화담당 고문으로 다시 뉴욕에 파견되었다. 1948년에 사표를 내고 다시 연구에 전념하였다. 또한 1959년부터 1982년까지 꼴레 드 프랑스 대학에서 사회 인류학 교수로 있었다.

- 중요한 주장들 -

레비스트로스에 의하면 인류학의 목표는 인간의 정신이 어떤 방식으로 작용하며, 정신적 구조와 인지적 구조가 어떻게 이루어져 있는가를 이해하는 것이다. 인간의 정신적 구조와 인지적 구조를 이해할 때 비로소 구체적인 문화들과 언어의 의미체계에 내재하는 보편적인 사고원리를 찾아낼 수 있기 때문이다.

이런 보편적인 사고원리들 중 하나는 이원적인 대립, 즉 상호보완적인 이분법의 체계이다. 이것은 인간의 사고가 동일한 권리를 가지는 두 방향으로 향하는 원리를 말한다. 예를 들면, 뜨거움과 차가움, 위와 아래, 오른쪽과 왼쪽 등과 같이 말이다. 이런 원리는 인간의 사유 속에서 일어나는 변증법의 원리이다.[31] 이런 유형의 사고원리는 단지 그 표현양식이 다를 뿐 모든 문화권에 공통적이다. 문화적 현상들을 자세히 조사해보면 사고의 보편적인 틀을 찾아낼 수 있을 것이다. 레비스트로스에 의하면 가장 기본이 되는 대립은 "자연"과 "문화" 사이의 대립이다.

뿐만 아니라 모든 인간은 그가 어떤 문화권에 속하든 자신의 환경세계를 분류하고자 하는 경향을 가진다. 레비스트로스에 의하면 이때 사용된 도식들은 어떤 문화권에나 다 적용될 수 있는데, 여기서 우리는 인간의 사유구조가 문화적 차이와는 무관하게 동일하다는 것을 알 수 있다. 이와 관련하여 레비스트로스는 "원시적 사고"라는 개념을 사용하였다. 구조주의 인류학이 발견한 가장 중요한 사실은, 소위 원시적인 문화에 살던 사람들의 사고가 인지적 관점에서 볼 때 현대 산업사회에 사는 사람들의 사고보다 조금도 떨어지지 않는다는 것이다. 단지 그들은 지향하는 목표가 달랐을 뿐이다.

레비스트로스는 인간의 사유구조가 시대적 차이나 문화적 차

---

31) 인간은 왜 이렇게 이분법적으로 사유하는가? 레비스트로스는 이에 대해 더 이상 설명하지 않는다. 그러나 프랑스의 현상학자 메를로 퐁티의 이론을 참고하면 도움이 될 것이다. 현상학자 후서얼에 의하면 인간의 의식은 기본적으로 지향성과 시간의식을 특징으로 한다. 그런데 퐁티에 의하면 이런 지향성과 시간의식은 인간의 신체적 구조에 기인한다. 즉 팔을 뻗을 수 있는 인간의 신체구조가 바로 지향성과 시간의식의 시작이라는 것이다. 그렇다면 인간의 의식이 이분법적인 원리에 따라 작용하는 것은 인간의 몸이 대칭적 구조를 가지기 때문이라고 보아야 할 것이다.

이와 무관하게 동일하다는 사실을 신화의 예를 들어 설명한다. 다양한 문화권들에서 발견되는 다양한 신화들은 전체성을 목표로 하는 원시적 사고의 모델들이다. 그 신화들은 비록 그 내용에 있어서는 서로 다르지만 그 근저에는 공통되는 몇 개의 "신화소들"(mythme)이 서로 결합되어 있음을 알 수 있다. '신화소'란 신화의 토대를 이루고 있는 가장 작은 단위의 요소들로, 그 자체의 내용만으로는 아무 의미가 없고 단지 다른 신화소들과의 관계를 통해서 비로소 의미를 가지게 된다. 신화는 그 신화를 구성하는 가장 작은 요소들인 "신화소들"이 아직 분명하게 규정되지 않은 모종의 규칙들에 따라 결합되어 서로 상반되는 관계들을 형성함으로써 구성된다. 그리고 신화소들에 의해 형성된 이런 상반되는 관계들이 바로 사고구조의 토대가 된다. 따라서 신화를 분석해 보면 인간 사고의 근본적인 구조를 발견할 수 있다. 신화는 그 신화가 탄생된 문화의 산물이기 때문에 우리는 신화를 통해 그 문화를 구성하는 사고법칙들을 알 수 있다. 한편, 사고법칙들은 인간의 뇌의 구조와 작용방식을 통해 규정되고, 인간의 뇌의 구조와 작용방식은 다시 인간의 표현형식들을 구성한다. 따라서 우리는 신화를 분석해 보면 모든 인간이 가지는 보편적인 사고구조들을 발견할 수 있게 된다. 실제로 레비스트로스는 북아메리카와 남아메리카의 여러 신화들을 조사하였으며, 그것들을 서로 비교하여 그 신화들의 "내적 질서"를 찾으려 하였다. 그 결과 그는 여러 신화들에 반복해서 등장하는 기본적인 유형들을 발견했다.

9.5. 포스트모더니즘 또는 후기구조주의

레비스트로스에게서 보았듯이 구조주의는 구체적인 문화와 역사를 지배하는 일정한 추상적 법칙들을 강조한다. 그러나 포스트모더니즘은 구조 자체가 역사적 연속성을 가진다고 생각하지 않는다. 포스트모더니즘은 고정된 형태의 구조들과 담론들보다는 오히려 그런 구조들과 담론들의 형성조건들에 더 관심을 가진다. 언어학에서 기호학의 구조주의적 개념들과 관련하여서도 기의와 기표의 관계를 더욱 철저히 분석하였으며, 언어와 담론의 구조가 변할 수 있음에 주목하게 되었다. 따라서 후기 구조주의자들은 특히 데리다의 "해체구성"과 푸코의 "담론분석"의 영향으로 한 단어의 의미는 언제나 앞서 형성된 차이들의 결과로 형성될 수 있을 뿐이라고 주장한다. 여기서는 포스트모더니즘의 대표적인 인물인 데리다의 사상을 간략하게 살펴보겠다.

9.5.1. 데리다(Jacques Derrida, 1930-2004)

a. 차이의 철학

전통적인 철학이 동일성을 추구하는 철학이었다면 데리다를 비롯하여 미셸 푸코(Michael Foucault), 들뢰즈(Gilles Deleuze)와 료타르(Jean Francois Lyotard)와 같은 소위 포스트모더니즘에 속하는 철학자들의 철학은 '차이의 철학'이라 할 수 있을 것이다. 차이의 철학은 서로 다른 것들을 일반화하여 보편적인 개념을 이끌어 내는 개념적 사고와는 다른 사고방식이다. 개념적 사고체계에서는 특수한 것이 개념의 체를 통해 걸러내어 지지만, '차이의 철학'에서는 동일성이 아니라 차이를 생각하여 드러내는 것이 중요하다. 그렇다면 여기서 드러내고자 하는 '차이'는 무엇을 말하는가?

데리다는 그가 주장하는 '차이'라는 개념의 의미를 명확하게 설명하기 위해 일상 언어에서 사용하는 프랑스어 '디페랑스'(différence) 대신 '디페랑스'(différance)란 개념을 만들어 사용한다. '차이'를 의미하는 이 두 단어는 모두 발음은 동일하지만 철자는 다르다. 데리다는 '디페랑스'(différence) 대신 '디페랑스'(différance)란 단어를 사용함으로써 자신이 의도하는 '차이'는 일상적인 의미의 '차이'와는 다름을 강조한다. 그는 '차이'란 개념이 상황에 따라 다르게 사용될 수 있음을 강조하기 위해 'différance'란 단어를 사용한 것이다. 이와 마찬가지로 다른 단어들의 의미도 다른 단어들과의 관계에 있어서 상황에 따라 다른 의미로 변할 수 있다. 데리다가 의미하는 '차이'(différance)는 차이(다름)의 상태가 지속되는 차이가 아니라, 그 차이가 끊임없이 미끄러져 잡을 수 없는 '차이'이다. 따라서 'différance'란 단어는 '차이'가 아니라 '차연'(差延)이라 옮기는 것이 좋을 것이다. 다시 말해, '차연'이란 다른 것들과의 차이 속에서 '차이가 나는 것'이 드러나는데, 이렇게 드러난 차이도 끝없이 연장되어 미끄러진다는 의미이다.[32]

----

32) '차연', 즉 '차이의 미끄러짐'은 단순히 언어학의 영역에서만 유효한 이론이 아니다. 물리학

데리다의 '차이의 철학'은 소쉬르의 언어이론을 보다 철저화한 것이라 볼 수 있다. 소쉬르에 의하면 특정한 '시니피앙'이 어떤 특정한 '시니피에'와 선험적 필연성에 의해 결합되는 것이 아니다. 어떤 시니피앙이 의미를 가지게 되는 것은 문법체계 내에서 다른 시니피앙들과의 관계에서이다. 마찬가지로 데리다에게 있어서도 기호는 언제나 다른 기호들과의 차이에서 의미를 생산하는데, 이때 생산된 의미는 언제나 고정된 실체가 아니라 단지 흔적으로서만 존재한다. 그런데 흔적은 언제나 지나간 흔적이다.

b. 해체구성

기호는 언제나 기호들과의 차이에서 의미를 생산한다. 이것은 의미를 구성하는 것과는 다르다. 오히려 기호들 사이에서 일어나는 차이의 사건에서 기호의 의미가 스스로 드러나도록 한다는 말이다. 다시 말하면, 하나의 기호가 가지는 기존의 의미를 해체함으로써 새로운 의미가 드러나도록 하는 것이다. 이것을 "해체구성"(Dekonstruktion)이라 하자. "해체구성"이란 무엇을 말하는가? 이 개념에서 무게중심은 해체에 있는가? 아니면 구성에 있는가? 아니면 둘 다에 있는가? 그 어느 것도 아니다. "해체구성"이란 개념에서 '해체'는 해체가 아니며, '구성' 역시 구성이 아니다. 해체는 어

에서도 이미 '소립자의 미끄러짐'을 내용으로 하는 '불확정성 이론'에 의해 소립자의 위치와 운동을 동시에 파악할 수 없음이 증명되었다. 전자와 광자 사이의 역학관계 때문에 말이다. 마찬가지로 기호들 사이의 차이도 끝없이 미끄러진다. 이때 기호들을 전자라고 한다면 관찰자는 광자와 같다. '불확정성 이론'에 관해서는 위의 주(註) 117번을 참조하라.

떤 개념을 '가위표로 지우기'이다. 예를 들어, '존재'란 개념에 관해 지금까지의 절대적이라고 생각되었던 모든 의미를 괄호 속에 묶어 보류해 두는 것이다. 그렇게 함으로써 그 의미가 드러나게 하는 것이다. 해체는 '판단중지'이며, 구성은 '드러냄'이다.

해체구성이 단순한 구성도 아니고 해체도 아니라면 무엇인가? 위에서 보았듯이 하나의 기호가 가지는 의미는 다른 기호들과의 차이 이외의 다른 것이 아니다. 그런데 이때 다른 것과의 차이란 결국 다른 것과의 비교에 의해 형성된 관점이다. 그런데 이 차이는 어느 한 순간도 고정됨이 없이 끝없이 미끄러진다. 마찬가지로 하나의 관점도 끝없이 바뀐다. 따라서 해체구성이란 결국 관점변경이라고 할 수 있을 것이다. 이것은 하나의 관점을 절대화시키는 것을 거부하고 모든 진리는 관점에 불과하다고 주장한 니체의 영향이라고 볼 수도 있겠다.[33] 후설도 관점변경을 통한 본질직관을 말한다. 그러나 그는 본질직관에 의해 대상의 본질이 현상학적으로 구성된다고 보는 점에서 여전히 전통적인 철학의 영역에 머문다. 데리다에게 있어서 관점변경은 의미를 구성하기 위한 작업이 아니며 해체하는 작업도 아니다. 단지 다른 것과의 차이를 드러내는 가운데 '차이가 나는 것'이 드러나게 하는데 목적이 있다. 여기서 우리는 이미 차연(差延)과 해체구성이 밀접하게 연관되어 있음을 알 수 있다. 해체구성은 '차연'의 원리에 기초한 해석학적 작

---

33) 해체구성이 관점변경이라는 주장에 관해서는 참조, H. Kimmerle, *Derrida zur einführung*, Hamburg 1992, 1장 2절, 특히 50쪽.

업이라 할 수 있다. 하나의 기호의 의미는 새로 읽을 때마다 다른 의미를 가지고 미끄러진다. 따라서 해석학의 분야에서도 우리는 하나의 본문을 언제나 새로이 읽어 그런 과정에서 드러나는 의미에 주목해야 한다.

데리다의 "해체구성"이란 개념은 하이데거의 "해체"라는 개념과 비교해 보면 그 의미가 더욱 선명해 질 것이다. 하이데거는 전통적 형이상학을 해체하는 작업에 관해 다음과 같이 말한다.

> "해체는 존재론적 전통을 폐지하는 것이 아니라, 오히려 그 전통에서 은폐되어 있던 긍정적인 가능성들을 드러내는 작업이다. 다시 말하면, 수시로 물음을 제기하고 이런 물음으로부터 가능한 탐구 영역의 범위를 미리 정함으로써 그 전통의 한계들을 드러내는 작업이다."[34]

여기서 하이데거가 의도하는 것은 구성과 해체의 방법론적 교차이다. 이런 방법론적 교차는 다음과 같은 세 단계의 과정을 거쳐 이루어진다.

 1. 현상학적 환원: 존재자로부터 존재로의 방향전환
 2. 현상학적 구성: 존재자의 존재를 파악함
 3. 해체: 전통적 개념들을 비판적으로 해체함

---

34) M. Heidegger, *Sein und Zeit*, Frankfurt a. Main 1986, 22쪽 이하.

해체구성이 해체와 구성의 이런 교차라고 본다면 그것은 텍스트의 정당성이나 의미를 공격하는 것이 아니라 그 이해의 조건들과 타당성 조건들을 비판적으로 분석하는 작업이다. 텍스트의 해체구성에 관해 데리다는 다음과 같이 말한다.

"내가 텍스트라 칭하는 것은 모든 것이다. 실제로 모든 것이 텍스트이다. 즉 하나의 흔적이 다른 흔적과 차이가 일어나는 곳에는 언제나 텍스트가 있다. 그리고 이런 차이는 결코 한 곳에 머물러 서있지 않는다. 하나의 흔적과 다른 흔적의 차이는 무한히 연장된다. 하나의 흔적은 지금 여기에 머물러 있지도 않고 부재하지도 않는다. 따라서 이런 새로운 텍스트 개념에 의하면 우리는 어느 순간에도 차이의 그물망 밖에서는 아무것도 발견할 수 없다. 텍스트 밖은 없다. 해체구성을 설명하기 위해 나는 텍스트 개념을 이렇게 전략적으로 확장할 수밖에 없었다."35)

위의 인용문에서 우리는 '해체구성'이 '차연'에 기초하고 있음을 알 수 있다. 텍스트는 차이가 일어나는 곳에 존재하며, 이런 차이는 끝없이 연장된다는 것이다. 단지 차이만 강조된다면 그 차이는 구성에 머무는 것이다.

---

35) Peter Engelmann, *Postmoderne und Dekonstruktion: Texte französischer Philosophen der Gegenwart*, Reclam, Stuttgart 2004, S. 20쪽 이하.

9.6. 과학철학

9.6.1. 칼 포퍼(Karl Popper)

포퍼는 제2차 세계대전의 격동기와 오스트리아가 독일에 합병되기 직전 정치적으로 불안정한 시기에 살았다. 그는 히틀러가 오스트리아에 이르기 전에 조국을 떠나 뉴질랜드에 머물고 있었다. 그곳에 머무는 동안 그는 전체주의의 지성적 뿌리들과 전체주의의 발생을 억제할 수 있는 사회형태를 분석한 논증적 저서를 쓰면서 정치 사상사를 다시 생각하는데 정열을 기울였다. 그렇게 탄생한 『열린사회와 그의 적들』(The open Society and its Enemies)은 표면적으로는 플라톤, 헤겔과 마르크스를 집중적으로 다루지만, 실제로는 훨씬 더 광범위한 내용을 다루고 있다. 그 책이 처음 출판된 것은 1945년이었는데, 이때는 유럽인들이 한편에서는 여전히 정치적 권위주의의의 파괴적 폭력을 감수하고 있었으며, 다른 한편으로는 그런 사건들이 다시 일어나지 않는 방식으로 사회를 재건할 필요를 느끼고 있을 때였다. 과학방법론과 사회이론에 관한 그의 주장을 살펴보자.

포퍼의 과학방법론에서 중요한 개념은 "반증"(falsification)이란 개념이다. 그에 의하면 과학은 '검증'(verification)을 통한 가설들의 확증이라기보다는 오히려 '반증원리'에 기초한 일련의 "추측과 반박"이다. 과학은 확실한 증거를 발견하는 과정이 아니라, 과감하지만 반증 가능한 가설들을 제시하고 그 가설들을 논박하는 것이다. 논리적으로 볼 때 검증 사례들이 아무리 많다 할지라도 경험적 전제들을 확증할 수는 없지만, 귀납적으로 일반화된 이론을 관찰에 의해 논박할 수는 있다. 과학자들은 가설들을 생성하고 그것들을 다시 논박하는 상상력이 풍부한 사상가들이다. 그들은 옛 가설들에 대한 비판에 비추어 새로운 가설들을 제시한다. 따라서 과학 이론들은 비판을 통해 완전히 폐기되는 것이 아니라, 부분적인 개정을 통해 발전한다.

포퍼는 『탐구의 논리』(*Logik der Forschung*, 1934)에서 자연과학을 위해 경험론적 방법론을 옹호하는 논리실증주의를 비판한다. 이 방법론은 먼저 많은 사례들을 체계적으로 수집한 후 그 자료들을 논리적 명제들로 정리하고, 다음에는 귀납적 방법을 통해 보편타당한 자연법칙을 도출하는 것이다. 이런 견해는 아리스토텔레스와 프란시스 베이컨에서 시작하여 대다수의 자연과학자들이 옹호하였다. 그러나 포퍼는 형식논리에 기초하여 개별적 사례들로부터 보편적 법칙을 이끌어 낼 수 없고, 단지 보편적 명제들의 모순을 지적할 수 있을 뿐이라고 주장하는 흄의 이론을 지지했다. "우리는 우리가 아는 것보다 더 많은 것을 알 수 없다."

포퍼는 추상적으로 관찰된 이론들이 자유롭게 제시될 수 있어야 한다고 주장한다. 그렇게 자유롭게 제시된 이론들은 실험을 통해 기초명제들(공리들)이 확정된다. 그런데 이런 공리들은 합리적으로 정당화될 수 없기 때문에 "임의적"일 수밖에 없다. 따라서 다음 단계에서는 만일 제안된 이론들로부터 추론된 결론들이 실험에서 타당성이 입증되지 않는다면 그 이론들이 확정된 공리들을 통해 반증된다(논리적 모순이 입증된다).

포퍼의 사회이론은 『열린사회와 그의 적들』에 잘 나타난다. 포퍼는 그 책의 제목이 암시하듯이 닫힌 사회를 야기하는 위험요인들을 분석하고 열린사회의 비전을 강력하게 제시하고자 한다. 포퍼는 과학에서와 마찬가지로 정치학에서도 "현실 상황"(status quo)과의 비판적 연대에 기초한 방법론이 필요하다고 생각했다. 그의 정치철학은 과학의 비판적이고 합리적인 방법론들을 사회 조직에 적용하려는 시도이다. 그에 의하면 민주주의는 그런 합리적인 비판적 논쟁과 개혁을 고려한 유일한 정치체제이다. 그는 플라톤, 헤겔 그리고 마르크스는 현대 전체주의에 기초를 제공한 책임이 있다고 주장했다. 이 책은 대부분 그들의 사상과 영향을 지속적으로 공격한다. 세 철학자들은 모두 대규모의 유토피아적 사회 개조를 주창했다. 포퍼는 그들의 주장이 근본적으로 잘못되었다고 생각하여, "점진적 사회공학"(piecemeal social engineering)[36]을 강조했다. 그렇다면 그가 제시하는 열린 사회란 어떤 사회인가?

포퍼에게 있어서 열린사회는 전통적 권위에 대해 의문을 제기

---

36) 포퍼는 과학의 비판적이고 합리적인 방법을 열린사회의 문제들에 적용할 것을 주장했다. 이 점에서 그는 민주주의적 사회공학(그가 "점진적 사회공학"이라 부르는)과 유토피아적 사회공학을 철저히 구분했다. 포퍼에 의하면 "점진적 사회공학은 가장 궁극적인 선을 찾아 실현하는 것보다는 오히려 가장 크고 가장 긴급한 사회악이 무엇인지 찾아 퇴치하는 방법을 채택한다." 포퍼에 따르면 "점진적 사회공학"과 "유토피아적 사회공학" 사이의 차이는 "많은 사람들을 교화하는 합리적 방법과 실제로 시도되면 자칫하면 인간의 고통을 참을 수 없이 증폭시킬 수도 있는 방법 사이의 차이이다. 그 차이는 어느 순간에도 적용될 수 있는 방법과 자칫하면 조건이 더 좋아질 때까지 실천을 계속적으로 연기하는 수단이 될 수도 있는 방법 사이의 차이이다. 그 차이는 또한 지금까지 언제 어디서든 실제적으로 성공적이었던 유일한 문제 개선방법과 그것이 시도되는 곳에서는 어디서든 이성 대신 폭력사용의 원인이 된 방법 사이의 차이이다."

하고 거부할 수 있도록 허용하는 사회이다. 열린사회의 구성원들은 인간미, 자유, 평등과 합리적 평가에 근거해 새로운 전통을 수립하고자 한다. 그들은 제시된 정책들을 비판하고, 만일 그 정책들이 바람직한 결과를 가져올 가능성이 없어 보이면 필요에 따라 그 정책들을 포기한다. 이와 반대로 '닫힌사회'는 사상과 언어와 행동을 통제하는 권위에 복종한다.

a. 플라톤의 전체주의 비판

포퍼에 의하면 우리는 단순히 "위대한 사람들"의 직위 때문에 그들에게 지나치게 경의를 표시해서는 안 된다. 포퍼는 역사상 가장 존경받는 철학자들을 근본적으로 논박한다. 그는 대표적인 철학적 아이콘인 플라톤을 그렇게 비판한다. 포퍼에 의하면 플라톤은 유럽 사상에서 전체주의의 씨를 뿌린 대표적인 철학자였다. 플라톤은 이상적인 사회의 비전을 제시한 그의 『국가론』에서 현실을 왜곡하거나 부적절한 정서적 연대를 조장한다고 생각되는 모든 종류의 예술이나 표현수단에 대한 검열이 정당하다고 주장했다. 비록 진리를 보전하려는 취지이긴 하지만, 플라톤은 고상한 거짓말을 통해 하층 계급의 구성원들이 그들의 신분을 이탈하지 못하도록 해야 한다고 주장했다. 그 거짓말에 따르면 통치자 계급으로 태어난 철학자들은 그들의 혈통에서 금 성분을 가지고 있으며, 조력자 계급의 사람들은 은 성분을 가지며, 노동자들은 철과 구리 성분을 가진다. 이것은 이상적인 국가에 관한 플라톤의 올바른 제안은 아니었다. 그는 이상적인 국가의 이데아 또는 본질을 드러내고자 했다.

b. 헤겔의 역사주의 비판

플라톤의 사회관을 공격한 후 포퍼는 18세기의 헤겔에게로 공격의 화살을 돌린다. 그에 의하면 헤겔은 현대 역사주의의 원천이다. 포퍼에 의하면 역사주의는 어떤 결과들이 불가피하다고 선언하는 비과학적 경향이었다. 역사주의란 역사는 일정한 법칙에 따라 예측 가능하고 불가피한 과정을 따라 전개되어 나간다는 잘못된 견해이다. 『열린사회와 그의 적들』의 대부분은 이런 유형의 예언을 비판한다. 역사주의는 증거에 의한 비판적 참여나 논박을 전혀 허용하지 않는다. 역사주의에 따르면 사실들은 단지 하나의 방향으로 일어날 것이기 때문에 인간이 경험에 근거하여 그들 자신의 미래를 형성할 수 있는 가능성은 없다. 역사주의는 헤겔 철학의 중심에 있다. 역사주의는 하나의 중립적인 지성적 입장처럼 보일 수도 있다. 그러나 포퍼에 의하면 그것은 20세기 중엽의 유럽이 전체주의가 되도록 조장한 일종의 결정론적 사상이다. 헤겔은 민족주의를 조장했고, 국가를 찬양하도록 하였으며, 국민들이 숙명적 의식을 갖도록 조장했다는 것이다. 포퍼는 헤겔의 철학을 "거대한 신비화"라고 비판하고 헤겔을 사기꾼이라고 비판한 쇼펜하우어의 의견에 동조했다.

c. 마르크스 비판

포퍼는 마르크스에 관해서는 헤겔에게처럼 그렇게 공격적이지 않았다. 마르크스는 헤겔의 역사주의를 수용하였으며, 자본주의는 필연적으로 몰락하고 계급투쟁은 끝날 것이라고 믿었다. 마르크스에게 있어서 정치의 역할은 이런 사건이 평온하게 일어나도록 하여 출산의 고통을 줄이는 것이었다. 포퍼는 마르크스의 역사주의를 비판하고, 마르크스가 역사주의에 지성적 신뢰성을 부여해 주었다고 비판한다. 그러나 그는 사회적 문제들에 대해 합리적 해결책을 찾으려 한 마르크스의 노력을 존중한다. 마르크스는 잘못된 대책들, 즉 인간성을 해치는 대답들이 무엇인지 찾아냈다. 그런데 포퍼가 볼 때 마르크스도 이전의 플라톤과 헤겔과 마찬가지로 열린사회의 적이다.

9.6.2. 토마스 쿤(Thomas Kuhn)

과학은 세계에 관한 경험적 연구이다. 과학은 이론과 관찰을 특유의 방식으로 결합함으로써 의학, 계산, 운송과 기타 우리 삶의 많은 다른 측면들에서 진보를 이루게 했다. 과학은 우주선을 우주공간에 보낼 수 있게 해주었다. 17세기에 과학의 진보는 인류역사에서 가장 중요한 발전들 중 하나였다. 그러나 과학은 지식을 계속 축적함으로써, 즉 각 세대의 과학자들이 세계에 관한 그들의 이해를 더욱 심화시켜 실재의 본질을 보다 정확하게 묘사함으로써 발달하는가? 1960년대 초까지만 해도 이것이 과학 철학자들 사이에 지배적인 견해였다. 하지만 쿤은 그런 견해가 과학의 실제적 기능에 관해 오해를 야기했다고 생각했다. 발전은 생각했던 것처럼 그렇게 점진적으로 이루어지지 않으며, 진리에 더 가까워지지 않을 수도 있다.

쿤에 의하면 정상적인 과학의 시기들 다음에는 위기의 시기들이 뒤따르고, 그런 다음에는 – 필연적이지는 않지만 – 과학혁명이 일어난다. 통상적인 과학에서 과학자들은 과학적 탐구를 위한 규칙과 방법과 표준에 관해 일치하며, 어떤 특정한 영역에서의 탐구방법에 관해 대체로 의견이 일치한다. 혁명의 시기에는 이런 규칙들과 기대들이 바뀐다. 방법과 설명에 있어서 독점이 해체되며, 대안적 주장들과 방법론들이 전면에 등장한다. 쿤은 이런 사실을 그의 유력한 과학사 연구서인 『과학혁명의 구조』(The Structure of Scientific Revolutions)에서 주장한다. 이 책의 연구방법은 역사적 탐구에 근거하고 있지만 본질적으로는 철학적이다. 이 책에서 그는 과학자들이 어떤 영향을 끼치며, 그들이 어떻게 "새로운 패러다임"에 비추어 그들의 예측을 바꾸는지 "패러다임의 전환"에 따라 이해가 어떻게 바뀌는지 광범위하게 설명한다. 쿤은 원래 물리학자였지만 후에 과학사와 그로부터 나타나는 철학적 쟁점들에 관심을 가지게 되었다. 따라서 그의 저서들에는 과학적 예들이 많이 발견된다. 그렇지만 그 책은 과학적 탐구의 본성에 관한 대단히 일반적인 주장들을 다루기 때문에 실제로는 철학적 설명이다.

a. 쿤이 논박하는 것은 무엇이었는가?

쿤 이전의 철학자들과 역사가들은 새로운 발견들에 의해 정보가 축적되면 과학이 직선적으로 발전한다고 믿었다. 과학자들은 자기들이 과학계에 얼마쯤 기여했으며, 그 결과 과학적 지식이 진보했다고 생각했다. 이런 설명에 따르면 과학은 세대가 계속되면서 조금씩 인간의 이해를 풍성하게 한다. 포퍼(Karl Popper)에 의하면 과학적 가설들이 '귀납적 일반화'로서 표현된다면 그 가설들의 진위를 입증하고자 하는 것은 논리적으로 불가능하며, 따라서 과학자들은 반증(falsification; counter-evidence)을 통해 그 가설들을 논박하고자 한다. 그에 의하면 과학에서의 발전은 일련의 추측과 반박 과정인데, 이런 과정을 통해 과학자들은 더 나은 세계관에 도달하게 된다. 과학은 보다 정교한 경험적 가설들의 연속적인 반박에 의해 발전했다는 것이다. 그러나 쿤은 이렇게 "축적에 의한 발전"이란 모델을 통해 과학적 발전을 설명하지 않고, 통상적인 과학이 연속적으로 일련의 파동을 겪은 후 지적인 위기가 초래되고 그 결과 과학혁명이 일어난다고 생각했다. 과학은 완전히 논리적인 과정을 거쳐 발전해 오지 않았다.

b. 통상과학과 혁명

쿤에 따르면 과학자들은 많은 시간을 통상적인 과학을 연구한하는데, 통상과학(normal science)이란 과학단체에 의해 인정된 기존의 체제 내에서 이루어지는 과학이다. 훌륭한 과학적 실천의 한계는 합의(consensus)에 의해 결정된다. 통상과학의 시기에는 특정 영역에서 활동하는 과학자들이 그들의 탐구를 어떻게 수행해야 하는지에 관해, 적합한 방법과 기술에 관해 그리고 그들의 탐구를 기술할 언어에 관해 일반적인 합의가 이루어진다. 그런 시기에는 훌륭한 과학의 조건이 무엇인지에 관해 거의 논란의 여지가 없다. 탐구자들도 결과를 해석하는 방법에 관해 일치한다. 통상과학은 급진적인 독창성을 목표로 하거나 성취하고자 하지 않는다. 오히려 통상과학은 지배적인 과학적 견해에 의해 설정된 일련의 매개변수들[37] 내에서 문제풀기(puzzle-solving)의 한 형태이다. 통상과학의 시기에 활동하는 과학자들은 다소간 차이는 있지만 대체로 그들이 발견할 것이라고 예상하는 것을 발견한다. 그런 발견은 패러다임 자체에 도전하고자 하는 시도라기보다는 오히려 패러다임에 비추어 "마무리하는"(mopping up) 작업이다.

그러므로 지구가 우주의 중심이라고 생각한 천동설(Ptolemaic system)의 패러다임 내에서 활동한 과학자들은 그런 가설에 의해 설정된 틀에서 그들의 탐구를 수행했다. 따라서 그들은 모든 새로운 천문학적 정보들을 천동설의 필터를 통해 해석하였다. 그런 패러다임에 어긋나는 견해는 대부분 잘못된 측정으로 간주되었다. 천동설은 행성들 서로의 위치를 대단히 정확하게 제시해 주기 때

---

37) 매개변수(parameter)는 수학에서 두 개 이상의 변수들 사이에서 함수관계를 정하기 위해 쓰이는 또 다른 하나의 변수로 '조변수'(助變數)라고도 한다. 일반적으로는 프로그램을 실행할 때 명령의 세부적인 동작을 구체적으로 지정하는 문자나 숫자를 가리킨다.

문에 관찰들을 예측하는데 아주 효과적이었다. 그러나 비정상적인 사례들, 특히 춘분과 추분의 관계와 관련하여 천동설의 가설에 근거해서는 설명될 수 없는 사례들이 점점 더 많이 관찰되었다.

천문학자들은 점차적으로 기존의 체계에 결함이 있음을 깨닫기 시작했다. 그런 결함들로 인해 과학자들은 지적 위기를 느끼기 시작했으며, 관찰로부터 추론된 방법들과 결론들에 의문을 가지게 되었다. 이것은 불가피한 현상이 아니었다. 왜냐하면 통상과학의 패러다임 내에서는 설명을 필요로 하는 이례적인 결과들이 흔히 나타나기 때문이다. 그러나 역사의 특정 시점에서는 이례적인 것들이 기존의 과학을 위기에 빠뜨릴 정도로 축적된다. 과학자들은 이례적인 결과들이 실제로는 이례적이지 않다고 해명하는 방법을 모색했을 수도 있다. 그들은 그 결과들을 기존의 패러다임 내에서 해명할 수도 있었다. 아니면 이례적인 결과들을 인지하기는 했지만 다른 쟁점들에 집중하다가 나중에 이례적인 발견들에 다시 관심을 가졌을 수도 있다. 그러나 사실은 그런 이례적인 관찰들은 더 나은 해명을 찾으려는 시도를 촉발시켰다. 특히 코페르니쿠스는 단순히 오류 때문에 나온 결과라고 설명될 수 없는 관찰들이 있음을 알았다. 그는 대안적인 패러다임을 찾기 위해 다각도로 노력함으로써 이런 지적인 혼란에서 벗어날 방도를 찾으려 했다. 그는 완전히 다른 가설, 즉 지구가 아니라 태양이 우주의 중심이라는 가설에 근거한다면 이례적인 관찰사례들이 더 잘 설명될 수 있음을 알게 되었다. 이런 설명을 저지하려는 가톨릭 교회의 필사적인 노력에도 불구하고, 코페르니쿠스의 가설은 드디어 새로운 패러다임으로 정착되었으며, 통상과학은 이런 패러다임 내에서 다시 한 번 발전하게 되었다. 코페르니쿠스의 혁명은 천체에 관한 인간의 이해와 천체에 대한 우리의 관계를 바꾸어 놓았다. 천문학은 재조정되어야 했으며, 통상과학의 새로운 시기가 시작되었다.

다윈의 '자연선택에 의한 진화론'도 코페르니쿠스 혁명과 같은 파격적인 패러다임의 전환을 야기했다. 그의 이론이 등장하면서 식물과 동물을 탐구하는 기존의 방법들이 전복되었다. 그리고 생물학 세계에 대한 새로운 이해가 가능하게 되었으며, 동시에 다윈의 이론을 따르는 통상과학자들은 새로운 이해에 상응하는 과제를 가지게 되었다.

c. 패러다임의 전환과 관찰대상

"패러다임의 전환"[38]은 자기만족감에 취해있는 통상과학자들에게 새로운 탐구방법을 제시해 준다. 천문학자 허셜(William Hershel)은 18세기에 천왕성을 발견했다. 그러나 그가 천왕성을 발견하기 이전에 천문학자들은 적어도 17번이나 천왕성의 위치에 하나의 별이 있음을 관측했었다. 하지만 그들은 기존의 패러다임에 따라 그 별을 관측했기 때문에 그 별이 행성임을 알 수 없었다. 그들은 기존의 패러다임에 머물러 있었기 때문에 그 별이 무엇이며,

---

38) "패러다임 전환"이란 일단의 방법들, 가설들과 용어들이 과학자들의 공동체에 의해 인정될 때, 한동안의 과학적 위기를 거친 후에 발생하는 극적인 혁명을 가리키는 쿤의 용어이다.

얼마나 멀리 떨어져 있는지 잘못 판단했다. 허셜은 보다 면밀하게 관찰했다. 그러나 그도 처음에는 그 별이 전에 보지 못한 행성이 아니라 혜성이라고 생각하고 있었다. 그러나 일단 이 별이 행성임을 알게 되자 천문학자들의 시각이 바뀌게 되었다. 그리고 이런 시각의 전환과 함께 그들은 그후 몇 해 동안 일련의 작은 행성들을 관측하였다. 더 많은 행성들이 있을 수 있음을 깨닫게 해 준 패러다임 전환이 있기 이전에는 모든 새로운 관찰들이 다른 방식으로 설명되었지만, 그후에는 태양계를 다르게 볼 수 있게 되었으며, 더 나아가 행성들의 정체를 알 수 있게 되었다. 그들은 이보다 훨씬 전에 증거를 보았지만, 행성들은 보지 못했고 대신 혜성들과 멀리 떨어진 별들을 보았다. 허셜과 그의 후계자들은 전환된 시각을 가지고 관찰했기 때문에 새로운 행성들을 처음으로 볼 수 있었다. 비록 그 행성들의 존재가 이전에도 여러 해 동안 관찰되었음에도 불구하고 다른 학자들은 그것들이 행성임을 알지 못했다. 쿤에 의하면 새로운 행성의 발견은 시각의 변화에 의해 가능했다. 시각의 변화는 흔히 지각에서 '형태 전환'(Gestalt shift),[39] 즉 지각 대상을 형성하는 통일적 구조의 변화라고 불리는 것이다. 예를 들어, 어떤 사람에게 빨간색 대신 검은색으로 칠해진 다섯 장의 카드로 구성된 카드 패를 제시했을 때, 그 사람은 그 카드가 제시될 수 있는 배열형태에 대한 기대 때문에 이 패에서 단지 다섯 장의 하트 이

---

39) "형태 전환"이란 가시적 자료들을 구성하는 방식의 차이로 인해 자극에서는 아무런 변화가 없음에도 불구하고 보인 것에서 일어나는 변화를 의미한다. 마치 오리-토끼 그림을 보는 어떤 사람이 그 그림을 오리의 그림으로 보는 위치로부터 토끼로 보는 위치로 자리를 옮길 때처럼 말이다.

외에는 아무것도 볼 수 없을 수도 있다. 일단 그가 카드가 다섯 장의 하트라는 것을 알게 되면, 그의 망막에 도달하는 것은 정확하게 동일하지만 그가 보는 것은 완전히 달라진다. 비트겐슈타인은 이 점을 지적하기 위해 유명한 '오리-토끼' 형상을 사용했다.

d. 경쟁하는 패러다임들의 배타성(incommensurability)

과학혁명의 역사에 대한 쿤의 방법론이 가지는 가장 중요하고 대단히 논란의 여지가 있는 견해는 서로 다른 과학적 세계관들은 서로 양립할 수 없다는 그의 주장이었다. 그들을 비교할 아무런 근거, 즉 그들을 평가할 공통의 기준이 없다는 것이다. 따라서 이런 견해에 의하면 어떤 하나의 이론이 다른 이론보다 더 진보된 것이라고 주장할 수 없을 것이다. 이것은 패러다임 전환이 발전을 의미한다는 생각을 위협하는 것처럼 보인다. 그런 주장에 따르면 서로 다른 이론들은 단지 서로 다를 뿐임을 의미하는 것처럼 보인다. 그리고 그 이론들은 과학이 논의되는 경계범주(terms)를 자기에게 전형적인 방식으로 다시 정의했기 때문에, 서로 다른 이론들에 대한 어떤 의미 있는 비교도 허용하지 않을 것이다.

9.7. 롤즈(John Rawls)

9.7.1. 정의론

만일 우리가 한 사회에서 차지할 지위를 알지 못했다면 어떤 사회를 선택하여 살 것인가? 롤즈는 『정의론』(A theory of Justice)이란 책에서 이런 물음에 대해 대답하면서 공정하고 정의로운 사회의 원리를 제시한다. 1971년에 출판된 『정의론』은 정치철학의 지형도를 바꾸어 놓았다. 『정의론』은 홉스, 로크와 루소에 의해 수립된 사회계약 전통을 다시 활성화시켰다. 『정의론』은 복잡하고 때로는 무미건조하지만 20세기에 정치철학 분야에서 가장 널리 읽혀진 책들 중 하나이다. 롤즈는 공정하고 정의로운 결론에 도달하기 위해, 그리고 우리의 사회적 현실에서 공정과 정의를 성취하기 위한 방도를 도출하기 위해 "원초적 입장"(original position)이란 개념을 사용한다.

만일 어떤 사람이 가능한 최선의 사회를 통치할 원리들을 선택할 수 있다면, 그 사람은 자신의 계층, 종교, 성별 등에 따라 다양한 편견을 가질 수도 있다. 이 문제를 해결하기 위해 롤즈는 하나의 사유실험(thought experiment)을 제시한다. 그 사람 자신에 관한 모든 사실들과 그의 특별한 욕망들이 "무지의 베일"(veil of ignorance)에 가려져 그로부터 차단된 가설적 상황을 설정하는 것이다. 그 사람은 자신의 직업이 무엇인지, 성별이 무엇인지, 가족이 있는지, 어디에 사는지, 지적 수준이 어느 정도인지, 낙관주의자인지, 비관론자인지, 마약중독자인지 아무것도 모른다고 상정해야 한다. 그렇지만 동시에 그는 정치학과 경제학, 사회조직의 기초와 심리학적 법칙들에 대해 충분한 지식을 가지고 있다. 그는 거의 모든 삶의 방식에 요구되는 기초적인 것들이 있음을 알며, 이런 것들에는 적정한 자유, 기회, 수입과 자존감이 포함된다는 것을 안다. 롤즈는 사회에서 우리 자신의 위치에 관한 이런 무지의 상황을 "원초적 입장"이라 부른다.

원초적 입장의 이런 가설적 상태에서 사회의 조직을 위해 어떤 원칙들을 채택하는 것이 합리적인가? 이런 물음을 제기하는 이유는 우리의 현실 삶에서 발견되는 부적합한 모습들을 제거하기 위해서이다. 그렇지 않으면 바람직한 사회에 관한 우리의 평가에 부적절한 요소들이 개입되는 경향이 있기 때문이다. 롤즈는 원초적 입장에서 합리적으로 선택된 원리들은 정의로운 것이어야 하며, 다른 것들이 평등하다면 우리는 그 원리들을 채택해야 한다고 주장한다.

이런 과정을 거쳐 드러나는 원리들은 논란의 여지가 없어야 한다. 만일 우리가 사유실험을 효과적으로 수행했다면 거기에 참여하는 모든 사람들 사이에 어떤 차별도 없어야 하기 때문이다. 원초적 입장에서는 우리를 서로 차별하는 모든 요소들이 제거되었어야 하기 때문이다. 그렇다면 그 원리들은 합리적 참여자들이 기꺼이 동의할 원리들이어야 한다. 이런 사유실험을 실행한 후 롤즈는 두 가지 기본적인 원리들을 제시한다. 하나는 "자유의 원리"이며, 다른 하나는 재화의 "공평한 분배"에 관한 원리이다. 이런 원리들에는 자유주의적이고 평등주의적인 그의 근본적인 정치적 견해가 잘 드러나 있다.

일부 사회계약 이론가들과는 달리 롤즈는 우리 모두가 이 원리들에 암묵적으로 동의해야 한다고 말하지 않는다. 오히려 그는 원초적 입장의 사유실험을 이용하여 정의로운 사회를 규정하는 기초적 원리들을 산출하며, 그런 다음에는 정교한 조율을 위해 이 원리들을 기존의 제도들과 비교한다. 롤즈에 의하면 정의로운 사회를 위해 도출된 모든 원리들은 합리적이고 공정한 과정을 거쳐 도달된 것이기 때문에 "공평으로서의 정의"라는 이름으로 부르기에 합당하다. 이렇게 산출된 두 원리들 중 첫 번째 원리는 '자유의 원리'이다.

9.7.2. 자유의 원리

자유의 원리에 의하면 "각 사람은 평등한 기본적 자유들을 보장하는 가장 광범위한 총체적 체제를 – 이런 체제는 모두를 위한 유사한 자유체제와 모순되지 않는데 – 요구할 수 있는 평등한 권리를 가질 수 있다." 다시 말해 만일 합리적인 사람이 무지의 베일에 가려진 상태에서 선택한다면 그 사람은 그 사회의 모든 사람이 기본적인 자유들에 대해 다른 사람들과 동일한 권리를 가지도록 하고 싶을 것이다. 그렇지 않으면 그는 차별의 희생물이 될 수도 있다. 예를 들어 양심의 자유와 종교적 또는 비종교적 신념들을 받아들일 수 있는 자유는 국가가 박탈할 수 없는 본질적인 자유이다. 어떤 사람의 행위가 다른 사람들의 자유를 위협할 때에만 국가의 개입이 정당화될 것이다. 그의 자유가 다른 사람의 자유를 위협한다면 그런 자유는 다른 모든 사람들을 위한 평등한 자유와 양립할 수 없을 것이기 때문이다. 법적 규정은 사회의 각 구성원들이 가지는 다양한 자유권을 보장해 주기 위해 필요하다.

롤즈의 주장에 따르면 원초적 상태에서 모든 사람들이 합리적으로 선택하는 원리들은 사전적 순서에 따라(lexically) 배열된다. 이 것은 두 번째 원리가 고려되기 전에 먼저 첫 번째 원리가 충족되어야 하며, 세 번째 원리로 진행하기 전에 먼저 두 번째 원리가 충족되어야 하는 방식으로 정렬된다는 의미이다. 여기서는 평등한 자유권이 그의 이론에서 가장 본질적인 원리이며, 언제나 가장 우선권을 가진다는 의미이다. 이 원리의 요구조건들이 가장 먼저 충족되어야 하며, 그 조건들은 두 번째 원리의 요구조건들보다 더 중요하다. 롤즈가 제안하는 정의로운 사회는 모든 사람을 위한 평등한 자유권이 법에 의해 지지되고 강화되는 사회이다.

9.7.3. 기회균등의 원리와 차등의 원리

롤즈의 두 번째 원리는 '기초적 물자'(primary goods)[40]의 공정한 분배에 관한 원리인데, 그 원리는 다시 "기회균등의 원리"와 "차등의 원리"라는 두 개의 원리들로 이루어진다. 대체로 이 원리는 효용성을 강조하는 어떤 원리들보다 사전적 우선권을 가진다. 이것은 정의가 실용성보다 더 중요하다는 의미이다.

기회균등의 원리에 의하면 특정한 직책이나 직업과 관련된 모

---

40) '기초적 물자'란 식량과 주거는 물론이고 다양한 분야의 자유, 기회와 자존감과 같이 적정한 수준의 삶을 유지하는데 기본적으로 요구되는 것들을 말한다.

든 사회적 불평등과 경제적 불평등은 그런 직책이나 직업이 기회
균등의 조건하에서 모든 사람들에게 개방되어 있을 경우에만 존
재할 수 있다. 예를 들어 어느 누구도 성적 경향이나 인종과 같
은 비합리적인 이유로 인해 최고의 급료를 받는 직업에서 배제되
어서는 안 된다. 롤즈에게 있어서 기회균등은 단순한 차별금지보
다 더 중요하다. 예를 들어 기회균등은 모든 사람들이 재능을 개
발할 수 있도록 교육을 제공하는 것을 포함한다. 기회균등의 원
리는 롤즈의 두 번째 원리의 다른 부분인 "차이의 원리"보다 사전
적으로 더 우선권을 가진다.

차등의 원리에 의하면 모든 사회적 불평등이나 경제적 불평등
은 그로 인해 그 사회에서 가장 소외된 구성원들이 가장 큰 혜택
을 누릴 경우에만 용인되어야 한다. 이것은 '맥시민 전략'(maximin)
의 실행이다. '맥시민'은 '최소의 것(minimum)을 최대화 함(maximize)'
의 약자로 최악의 경우를 대비해 최선의 타협점을 찾으려는 전략
을 의미한다.[41] 이것은 정의로운 사회에서의 공정한 임금을 예로
들면 이해하기 쉬울 것이다. 두 가지 상황을 상정해 보자. 첫 번
째 상황에서는 대다수의 사람들은 높은 임금을 받는데 반해, 인
구의 10퍼센트는 겨우 생계를 유지할 만큼만 벌 수 있다. 두 번
째 상황에서는 평균적인 생활수준은 훨씬 낮지만, 생활형편이 가
장 열악한 10퍼센트도 적정한 정도의 생활수준을 가진다. 롤즈는

---

41) '맥시민'(maximum + minimum)은 원래 게임이론에서 최소의 득점을 최대로 많게 하는 전
술이다. 그렇게 하면 자연히 중간 득점이 많아지게 되고 게임에서 이길 확률이 높아지기 때
문이다. 마찬가지로 동일한 양을 분배할 때도 최소임금을 받는 사람들이 많아지면 자연스
럽게 중간층이 두터워지게 되어 극빈자가 줄어들 것이다.

어떤 사람이 원초적 입장에서 선택할 경우, 두 번째 상황이 더 바람직하다고 주장한다. 두 번째 상황에서는 그 사회의 모든 사람들이 적정한 정도의 생활수준에 도달할 수 있을 것이기 때문이다. 그런 상황에서는 형편이 가장 열악한 사람들도 생활수준이 나쁘지 않을 것이다. 첫 번째 상황에서는 형편이 아주 좋아질 기회가 있기는 하지만, 생계조차 유지하지 못할 정도의 임금을 받을 위험도 상당히 있다. 맥시민 전략을 선택함으로써 우리는 최악의 위험을 최소화해야 할 것이며, 따라서 두 번째 경우를 채택해야 할 것이다. 절망적인 삶을 살 위험을 안고 도박을 할 필요는 없다.

9.7.4. 정의론에 대한 비판

a. 원초적 입장에 대한 비판

원초적 입장에 대한 가장 주된 비판은 아무리 실험적 생각에서라 할지라도 심리학적으로 볼 때 내가 누구이며 무엇을 하는 사람인지 의식에서 제거한다는 것은 불가능하다는 것이다. 나의 편견은 검색되지 않는다. 내가 아는 것과 나의 개인적 실존에 대단히 중요한 것을 간단하게 의식에서 제거할 수 있다고 생각하는 것은 비현실적이다.

롤즈를 변호하는 입장에서 본다면, 이 모든 것은 원초적 입장이라는 실험적 생각을 효과적으로 수행하는 것이 얼마나 어려운지 보여주는 것이라고 주장할 수도 있다. 원초적 입장은 공정한 사회를 위한 원리들을 산출하기 위해 우리가 가지고 있는 최선의 장치일 수도 있다. 비록 인간의 심리적 특성들 때문에 그런 원초적 입장이 많은 점들에서 불완전할 수 있기는 하지만 말이다. 롤즈는 결코 그가 제시하는 방법이 완전하다고 주장하지 않았다. 그러나 그의 방법은 편견에 사로잡혀 고려할 가치가 없는 몇몇 원리들을 분명히 제거할 수 있었다.

그럼에도 불구하고 원초적 입장은 몇 가지 편견들에 기초하고 있었다. 롤즈는 사람들이 서로 협력하며 살 수 있고 선과 의에 관해 자신의 고유한 견해를 추구할 수 있는 자유롭고 관용적인 사회의 비전을 제시하는 원리들을 원초적 입장으로부터 도출한다. 원초적 입장이라는 실험적 생각이 지향하는 것은 자율성, 즉 어떤 삶을 살아야 할 것인가에 관해 스스로 결정할 수 있는 능력이다. 문화적이나 종교적 전통들 때문에 계급과 전통과 순종을 강조하는 사람들은 원초적 입장이란 사유실험에 참여할 이유를 거의 발견하지 못할 수도 있다. 원초적 입장은 합리적인 도덕적 행위에 관해 자유주의적이고 칸트적인 견해에 기울어져 있기 때문이다.

b. 공리주의적 반론

공리주의자들은 롤즈가 제시하는 원리들이 반드이 행복을 극대화하는 것은 아니라는 이유로 그의 원리들에 반론을 제기할 수도 있다. 공리주의자들에 의하면 어떤 상황에서든 도덕적으로 올바른 행위는 최대의 행복을 생산할 가능성이 가장 높은 행위여야 한다. 『정의론』에서 롤즈의 주된 목표들 중 하나는 이런 유형의 공리주의적 설명 대신 합리적 대안을 제시하는 것이었다. 다양한 자유권을 지지하는 것은, 특히 차등의 원리를 이행하는 것은 행복을 극대화할 가능성이 없다. 극빈자들에게 이익이 될 경우에만 불평등이 허용된다고 주장하게 되면 결과적으로 훨씬 더 큰 행복을 생산해 주는 많은 사회적 해법들이 불가능하게 될 것이다.

공리주의적 접근에 대해 롤즈는 당신이 원초적 입장에서 선택할 때 어떤 사회적 지위를 차지할지 모르기 때문에 합리적인 접근방식은 당신이 불행한 삶을 살 모든 위험을 제거하는 것이라고 대답한다. 공리주의는 – 적어도 가장 단순한 형식의 공리주의에서는 – 기본적인 인권과 자유를 보장해 주지 않는다. 원초적 입장에서 공리주의를 선택하는 것은 합리적이지 않을 것이다. 롤즈의 접근방식은 단순히 최고로 가능한 전체적 행복을 성취하는 것보다 더 중요한 것이 있을 수 있음을 강조한다.

'맥시민' 전략을 채택하는 것은 안전하게 게임을 하는 길이다. 그것은 생활수준이 가장 열악한 사람들이 사회적 제도들에 뿌리내린 어떤 불평등에서도 혜택을 누릴 수 있도록 보장해 준다. 그렇지만 많은 사람들은 도박의 목표가 무엇인지 알기 때문에 일확천금의 기회를 잡기 위해 어느 정도의 위험을 감수할 것이다. 내가 지금은 열악한 상황에 처해 있지만 장차 잘 살게 될 높은 가능성이 있는 사회를 원초적 입장에서 선택하는 것이 왜 합리적이지 않은가? 도박하는 사람은 차이의 원리를 적용할 때 발생하는 제한적인 불평등의 안전한 판돈보다는 위험을 감수하고 높은 가능성을 선택하는 것을 더 선호할 것이다.

롤즈는 도박하는 사람의 전략은 너무 위험하다고 대답한다. 그러나 도박꾼은 롤즈의 접근방식이 너무 보수적이라고 생각한다.

c. 자유의지론의 반론[42]

노직(Robert Nozick; 1938 ~)과 같이 자유의지론을 주장하는 철학자들에 의하면 국가는 몇몇 기본권을 보존하는 것은 물론이고 사회제도들을 지나치게 통제해서는 안 된다. 노직은 "최소한도의 국가"(minimal state), 즉 개인을 도둑으로부터 지켜주고 계약을 강화하는 국가만이 정당화되며, 그 이상의 어떤 포괄적인 활동도 억압되어서는 안 되는 인권을 침해하게 될 것이라고 주장한다. 반대로 롤즈가 제시하는 정의로운 사회는 재산에 세금을 부과하여 부의 분배가 공정하게 이루어지는 사회이다.

여기서 노직은 억압되어서는 안 되는 권리가 다양한 종류의 평등권보다 더 근본적이며, 재산권과 같은 권리들은 어떤 다른 가치보다 더 우선한다고 주장한다. 롤즈의 생각은 다르다. 그는 그가 제시하는 원리들은, 특히 평등한 자유권의 원리는 정의로운 사회의 기반이라고 주장한 노직과 롤즈는 정치철학에 대한 접근 방식에 있어서 전혀 다른 주장을 한다.

---

42) '자유의지론'(libertarianism)은 자유로운 선택을 무엇보다 더 강조하는 자유주의(liberalism)의 한 유형이다. 자유의지론자들은 정치적 제도들에 의해 자유로운 선택에 가해지는 억압을 거부하고, 단순히 폭력의 사용과 도둑을 금지하는 최소한의 국가를 지지한다.

INDEX

ㅈ

한 권으로 읽는 서양철학

— 탈레스(고대)에서 롤즈(현대)까지 —

초판인쇄 2011년 3월 10일 | 초판15쇄 2016년 2월 28일 | 개정초판인쇄 2017년 3월 10일 | 개정초판출간 2017년 3월 15일 | 저자 오희천 | 펴낸곳 종문화사 | 편집 디자인오감 | 인쇄 (주)두경 | 제본 우성제본 | 값 17,000원 | 주소 서울시 은평구 연서로34 2 3층(불광동) | ⓒ 2017, jongmunhwasa printed in Korea | ISBN 979-11-87141-24-2 93100 | 잘못된 책은 바꾸어 드립니다.